차례

읽기 전의 당부	6
프롤로그: 브라제쉬 Brajesh	10

1장 기부자, 기부를 의심하다

의심의 시작 — 21
불신의 시발점 | 불신의 주요 원인이라는 누명

의심의 확산 — 32
'단란주점'만 남은 사회복지공동모금회 | '비즈니스석'만 남은 유니세프 한국위원회 | '기부금 유용'만 남은 정의기억연대 | 모든 단체를 향하는 의심

의심의 고착 — 48
내고, 사고, 쓰는 사람이 다른 시장 | 비효율적이라는 믿음 | 정보 공유에 대해 높아진 눈높이

2장 불투명한 기부금 사용 과정

사라진 사연의 주인공들 — 61
캠페인에 연결된 전혀 다른 모금함 | 의도와 다르게 쓰이는 기부금

좋은 일에 쓰니 걱정 말고 기부하세요　　　　　　　　　81

기부단체의 부실한 설명 | 영리와의 확연한 차이

헷갈리는 운영비: 13.0% VS 40.4%　　　　　　　　　93

단체유지를 위한 비용 | 기부자 vs 기부단체: 운영비에 대한 서로 다른 관점

운영비에 관한 루머들　　　　　　　　　　　　　　107

운영비 빼고 모두 전달된다? | 법적으로 15%까지만 쓸 수 있다? | 우리는 사업비 비율이 높다?

탐탁지 않은 모금비　　　　　　　　　　　　　　　125

길거리 모금이 증폭시킨 의혹 | 모금과 캠페인의 모호한 경계

'내가 부담하는' 운영비의 증가　　　　　　　　　　138

현물기부, 어떻게 운영비를 가져올까? | 특정 사업에만 쓰이는 지정후원금 | 나와는 관계없는 외부의 보조금

3장　왜 정보를 공개하지 않을까?

정보공개 요구를 외면하는 기부업계　　　　　　　　151

비공식 토론과 무의미한 의견들 | 85% 이상은 좋은 일에 쓰니 문제없다? | 철저히 통제하고 아껴 쓰는데 억울하다? | 우린 어떻게 쓰는지 이미 다 공개했다?

정보공개의 딜레마　　　　　　　　　　　　　172

공개가 아닌 이실직고 | 생리대를 사줬다는 착각 | 의도대로 쓰인 기부금 6.6%

깨고 싶지 않은 안락한 현재　　　　　　　　184

수입을 지탱하는 탄탄한 기부자층 | 유난히 어려운 중단

4장　더 이상 외면하기 어려운 정보공개

잠재 기부금의 존재　　　　　　　　　　　　195

채리티워터 Charity: Water | 도너스추스 Donor's Choose | 1원도 빠짐없이, 곧장 기부

점점 더 커질 정부의 압박　　　　　　　　　　208

기부금과 함께 만드는 사회복지 체제 | 기부금 성장 정체에 대한 우려 | 정부의 방향은 이미 정보공개

정보공개에 진심인 단체들의 출현　　　　　　　220

제1 기준이 브랜드에서 투명성으로 바뀐다면 | 정직한 모금함: 지파운데이션 | 작게 나눈 모금함: 네이버 해피빈 | 사업별 예산의 완벽한 공개: 아름다운재단

5장 지금, 바뀌어야 하는 것들

정보공개 시대를 대비한 기부자 재신임　　　　　239

꼭 필요한 사업결정권과 높은 운영비 | 이탈 방지를 위한 대안, 모금함의 세분화

사업결정권: 사업별 모금함　　　　　253

사업별 모금함 | 사업별 모금함의 기반: 사업 분류표 | 비용 중심의 사업 정보공개 | 비교를 통한 사업 정보공개

높은 운영비: 비용별 모금함　　　　　281

비용별 모금함 | 100% 전달 모금함: 100% 전달의 입증 | 사업운영 모금함: 사용 가치와 모델의 우수성 | 단체지원 모금함: 가장 중요한 사람들 | 더 높은 모금함으로의 이동 촉진 전략

에필로그: 믿을 수 있는 기부는 가능하다　　　　　318

이런 변화들을 지금의 기부단체들이 감당할 수 있을까? | 기부자는 무엇을 할 수 있을까? | 사회에서 도울 수 있는 일은 무엇일까?

읽기 전의 당부

☐ 이 책은 기부자의 시선에서 기부의 불투명성과 그 대안을 이야기한다. 책을 쓰는 내내, 과연 이 책이 기부업계에 긍정적인 영향을 줄 수 있을 것인가를 고민했다. 책의 상당 부분이 기부단체를 비판하지만, 비판의 목적은 어디까지나 우리 사회 기부 문화의 성장이다. 기부를 불신하는 수많은 사람들의 목소리가 점점 커지고 있지만 이들의 목소리를 대변하거나, 이들의 궁금증과 오해를 해소해 줄 자료가 너무 없다. 기부를 의심하는 많은 사람들을 마주해오면서, 우리나라 기부의 작은 성장을 위해 이런 책이 적어도 한 권쯤은 있어야 한다고 생각했다.

☐ 나는 이 책을 '기부단체의 자료를 밤새 찾아본 어떤 기부자'의 관점에서 썼다. 따라서 단체의 실명을 거론하면서도 기부단체의 공식적인 의견을 묻거나 관계자 인터뷰를 하지는 않았다. 오직 미디어나 공시를 통해 공개된 자료만을 참고했다. 그리고 주어진 정보를 최대한 활용하여, 궁금한 내용들을 합리적 논거와 함께 파악하려고 노력했다. 혹시 정보가 잘못 해석되었다면, 기부자들이 오해하지 않도록

정보를 더 투명하고 이해하기 쉽게 공개하는 계기로 삼기 바란다.

☐ 나는 기부단체들이 하는 일을 존중한다. 이들의 사업과 노력이 기부불신 때문에 폄하되는 것을 막는 것도 이 책의 목적 중 하나다. 이 책은 지원방식의 혁신이나, 사업의 경쟁력 강화보다는, 기부단체들의 일을 어떻게 기부에 등돌린 사람들에게 잘 알릴 수 있을까에 집중했다.

☐ 단체명 공개 여부는 마지막까지 고민했다. 공개한 자료들을 정리한 책이지만, 비판적인 관점에서 쓰여졌기에, 애매한 불똥이 묵묵히 일하는 단체의 직원들과, 이들의 도움이 필요한 소외계층 아이들에게 튈 수 있기 때문이다. 특정 단체의 사업을 예로 선택한 경우, 특별한 기준이나 문제가 있어서라기 보단, 이 책의 주장을 가장 잘 설명할 수 있는 예시였기 때문임을 미리 밝혀 둔다.

☐ 원활한 논의를 위해 분석의 대상을 일부러 좁혔다. 먼저, 이 책은 대형 기부단체만을 다룬다. 사회복지공동모금회, 월드비전, 세이브더칠드런, 굿네이버스, 초록우산 어린이재단, 그리고 유니세프 한국위원회다. 이들이 2022년 한 해 동안 받은 기부금은 1.6조 원에 이른다. 또한 이 책은 국

내 사업만을 다룬다. 해외 사업은 국내 사업보다 내역을 파악하기 훨씬 더 어렵다. 해외 지역의 사업 환경 등을 감안하면 당연한 일이다. 국내 사업은 그래도 보다 자세한 자료들이 공개되어 있고, 관련 내부 문서들이 조금씩 인터넷에 공개되어 있기에 책을 쓸 수 있었다. 마지막으로 환경이나, 동물보호, 재난구호 등 특정 주제를 다루는 단체들도 제외했다. 이런 단체들이 잘하고 있다기 보다는, 단체별로 다른 사업구조를 가지고 있기 때문이다. 책의 초점을 투명한 기부에 맞추기 위한 선택이었다.

☐ '모금'도 하나의 시장으로 표현했다. 물론 기부는 그 자체로 따뜻한 일이지만, 기부를 따뜻하고 숭고한 일이라고 바라만 보기보다는, 고객(기부자)과 판매자(모금단체)의 관점에서 정리했다. 경영학적 관점이 불편한 사람들도 있을 것이다. 하지만 이는 냉정한 관점에서 기부불신 이야기를 풀어나가기 위한 선택이었다.

☐ 좋은 기부처를 추천하지 않았다. 책을 읽다보면, 가장 이상향에 가까운 기부단체가 어디일지 궁금해지겠지만, 책을 끝까지 읽어도 그런 내용은 나오지 않는다.

☐ 책을 처음 쓰겠다고 마음먹은 시점에 생각했던 기부불신

은 매우 단순하고 쉬워보이는 주제였다. 집필초기에는 이 책의 주제가 '기부 신뢰회복을 위한 정보공개 가이드' 정도로 쉽게 귀결될 줄 알았다. 기부자와 단체들 모두 투명한 기부를 외치고 있기 때문이었다. 하지만, 들여다보면 볼수록 기부불신 문제는 생각보다 단순하지 않았다. 2021년부터 고민했던 내용이 해를 3번이나 넘겨 24년에야 책으로 출판을 앞두고 있다.

☐ 모든 자료는 2022년 자료를 기준으로 한다. 보통 2023년 5월에 공시된 자료들이다.

☐ 매 주말 매장 문닫을 때까지 자리를 지켜도 친절하게 대해준 집 앞 '투썸플레이스'와 막판 원고 편집시기를 함께 해준 스터디 카페 '커피랑도서관', 그리고 수많은 원고 투고 실패의 끝에서 원고의 진가를 믿고 함께 해준 마음 연결 출판사 대표님과, 책의 내용에 대해 많은 조언을 해준 동료들, 그리고 책을 쓰는 시간 내내 지지하고 기다려준 가족들에게 감사를 표한다.

프롤로그:
브라제쉬 Brajesh

2005년 사회생활과 함께 시작한 1:1 결연 기부가 이어준 네팔 아이의 이름이다. 빈곤퇴치 같은 큰 뜻이 있었던 것은 아니었다. 한창 1:1 해외결연이 유행할 때였고, 사진 속의 아이들이 불쌍해 보였으며, 한 달에 커피 몇 잔 마실 돈이면 아이에게 훨씬 더 나은 삶을 선물할 수 있다는 이야기에 혹했다. 왠지 나도 기부를 해야할 것 같았고, 그렇게 나와 브라제쉬의 인연이 시작되었다.

정기적으로 브라제쉬의 사진과 편지를 받았다. 카드의 내용은 잘 기억나지 않지만, 내 이름이 적혀 있었고, 인사말과 장래 희망, 좋아하는 과목, 그리고 키 등이 적혀있었다. 삐뚤빼뚤 하긴 했지만, 꽤 정성스럽게 적혀있었다. 통장에서 매월 2만 원이 인출될 때마다, 조금이나마 좋아질 브라제쉬의 생활을 상상했다. 이 아이 역시 나에 대해 조금이나마 생각해 줄 것이라 여겼다.

생각과는 달랐던 아동과의 만남

시간이 흘러 네팔을 방문할 일이 생겼다. 사진과 편지로만 보던 아동을 직접 만나는 것은 1:1 결연을 시작하던 순간부터 내가 가지고 있던 로망이었다. 아동을 만나고 싶다고 기부단체에 연락했다. 아동과의 만남도 단체 직원과의 만남도 처음이었다. 직원과 몇 번의 이메일을 주고받으면서, 브라제쉬를 만나기 위한 일정을 잡았다.

브라제쉬는 네팔 수도 카트만두에서 550km나 떨어져 있는 비랏나가르 지역에 살았다. 브라제쉬를 만나는 날, 기대에 부푼 마음을 안고 카트만두의 호텔을 나섰다. 네팔 국내선 비행기로 이동한 뒤, 비랏나가르 공항에서 현지 단체 직원들을 만나 차로 이동했다. 마지막엔 오토바이를 타고 20여 분 동안 포장도로와 비포장도로가 섞인 길을 달렸다.

브라제쉬의 집 앞에 많은 사람들이 모여있었다. 30-40명 정도였던 것 같다. 현지 직원의 말로는 워낙 외지다 보니, 아마 외국인을 볼 일이 많지 않았을 것이라고 했다. 브라제쉬와 부모님이 나오고, 간단히 인사를 하고, 한국에서 가지고 온 선물을 주었다. 간단히 마을을 돌아본 후, 브라제쉬와 나는 현지 직원분들의 도움으로 영어와 네팔어로 조금씩 서로 이야기를 나눴다.

나는 이 만남에서 기부에 관련된 궁금증 두 가지를 확인하고 싶었다. 첫 번째는 선교였다. 이 단체는 공식적으로 선교활동과는 무관하다고 했지만, 종종 인터넷에서 종교 색채를 가진 사업을 한다는 의심을 받았다. 의심은 금방 풀렸다. 현지 담당자들을 만나도, 아이를 만나는 과정에서도 딱히 걱정할 만한 수준의 종교색은 보이지 않았다.

두 번째는 전달이었다. 내가 매월 기부하던 2만 원이 아이에게 잘 가고 있는지 궁금했다. 이 아이의 삶이 얼마나 좋아진 건지 궁금했다. 2만 원이면 그 나라에서는 큰돈일 것이라는, 지금 생각하면 부끄러운 우월감도 있었다. 하지만 이때 만난 브라제쉬와 아이의 부모님은 내 기부금에 대해 모르고 있었다. 현지 담당자는 2만 원이 모두 아이에게 가는 것이 아니라, 절반은 아이들에게 절반은 지역사회에 쓰인다고 했다. 정확한 비율과 지금까지 아이에게 지원된 금액에 대해서는 알려주지 않았다. 내가 생각한 관계는 계좌 대 계좌로 연결된 굵은 끈이었지만, 현실은 서류상의 이름이 서로 매칭된 정도의 관계였다. 물론 그동안 약간의 교류 덕분에 약간의 친밀감을 누렸지만, 그게 다였다.

내 기부금의 반이 브라제쉬가 아닌 그 지역을 위해 쓰인다는 사실은 당시 나에겐 큰 충격이었다. 지금은 이러한 정보가 결연 신청 페이지에 안내되어 있지만,[1] 당시의 나는 이 사실을 전혀 알지 못했다. 월 2만 원이면 사진 속 아이를 도울 수 있다는 말에, 2만 원이 그대로 전달된다고 의심 없이 믿었다. 내 후원금이 지역사회에 쓰

---

1 1:1 결연의 대표격인 월드비전이나 어린이재단의 설명을 보면, 후원금이 모두 마을을 위해 사용된다고 나와있다. (2024년 4월 기준). 사업 모델이 크게 변하지 않았다면 브라제쉬에게 직접 전달된 후원금은 거의 없었을 것으로 생각한다.

인다는 정보도, 그걸 내가 몰랐다는 사실도 둘 다 충격이었다. 아마 15%는 족히 넘길 운영비나 모금비(모금을 위한 비용)의 존재까지 알았더라면 혼란은 더 커졌을 것이다. 다만 그때는 나에게 기부가 그렇게 중요한 일은 아니었으므로, 혼돈의 여파는 적었다. 그 정기 기부를 몇 개월 뒤 정리하는 것으로 마무리되었다.

업계에서 만난 기부불신

이후 소셜 섹터에서 커리어를 쌓아가면서, 진지하게 기부를 고민하기 시작했다. 지인들과 함께 사단법인 '점프'[2]을 설립해서 모금도 하고, 행복나눔재단에서는 '곧장기부'[3] 프로젝트를 주도했다. 이제는 한 개인의 기부금이 기부가 필요한 아동에게 그대로 전달하는 일이 현실적으로 어렵고, 나의 기부금이 아동보단 그 마을을 위해 쓰이는 것이 더 나은 일임을 이해한다. 아이가 기부금 액수를 아는 것이 좋은 일만은 아니라는 것도 알게되었다. 하지만, 기부금의 행방을 확인하지 않고 했던 기부는 여전히 마음속에 아쉬움으로 남아있다.

지금도 많은 사람이 기부에 대해 잘 알지 못한 채 기부를 한다. 그동안 많은 해외 아동 결연 기부자들을 만났지만, 기부금의 절

---

2 "사단법인 점프". http://jumpsp.org. 다양한 배경의 청소년의 교육기회를 확대하고, 미래 포용인재를 양성하여 나눔과 다양성의 가치를 실현하는 비영리 교육 소셜벤처.
3 "곧장기부". http://thedirectdonation.org. 100% 전달과 100% 정보 공개에 집중하는 기부 플랫폼.

반 이상, 혹은 전액이 결연 아동이 아닌 지역사회를 위해 쓰인다는 사실을 아는 사람은 많지 않았다. 심지어 15% 정도의 운영비만 떼고, 기부금이 고스란히 아이에게 전달된다고 믿는 사람들도 많았다. 십여 년 전의 나처럼, 단체의 홍보문구를 의심 없이 믿는 사람들이었다.

반대로 생각하는 기부자들도 많았다. 아예 기부단체가 하는 말을 믿지 못하겠다며 기부를 중단하거나 하지 않는 사람들이다. 90%를 다 직원들이 쓰고 아이에게는 10%도 안 가는 거 아니냐며 핀잔을 주는 사람도 있었다.

내 기부금이 어떻게 쓰였는지 추적하는 일은 예전이나 지금이나 어렵다. 내가 브라제쉬를 만났을 때와 바뀐 게 별로 없다. 30초만에 스마트폰으로 계좌이체를 할 수 있는 시대가 되었지만, 기부만큼은 은행 창구에서 번호표를 뽑고 통장을 직접 가져가야 하는 그때와 변하지 않았다. 정보도 부족하고 찾기도 어렵다. 정보가 없으니 기부자와 기부단체의 관계는 맹목적 믿음이 필요한 영역이 되어버렸다. 잘못된 정보라도 믿는 사람은 기부하고, 믿지 않는 사람은 기부하지 않는다. 기부자들의 의심은 점점 커지고, 믿지 않는 사람들은 점점 더 늘어나고 있다.

기부단체는 기부불신 문제를 애써 외면한다. 기부불신 문제가 심각하다고 한 목소리로 외치지만, 진짜로 심각하게 생각하진 않는다. 문제에 대해 공감은 하면서도, 자신들은 깨끗하며, 억울하다는 말만 되풀이한다. 답답하다. 심지어 잘 알아보지 않은 기부자에게도 책임이 있다고 이야기한다. 기부자들의 비판을 겸허히 수용하고, 기부 시장을 개선해 보겠다는 단체는 거의 보이지 않는다.

기부단체와 기부자의 평행선

공급자(모금단체)들은 투명하다고 하는데, 수요자(기부자)들은 불투명하다고 주장하는 곳. 서로의 주장은 십 년 넘게 계속 평행선을 달린다. 좁혀지지 않는 평행선 때문에 많은 사람들이 기부를 주저하고, 그만큼 소외된 이웃들이 받을 수 있는 지원은 줄어든다. 사명감을 가지고 열심히 일하는 기부단체 직원들의 노력도 이런 평행선 속에 과소평가받는다. 기부불신 문제가 해결되면, 지금보다 훨씬 많은 돈이 기부되고, 우리 사회는 더 따뜻해질 수 있다.

 기부단체와 기부자의 평행선을 줄이기 위해 공개된 자료를 검토했다. 놀랍게도 숫자들을 분석하면 할수록, 오히려 기부불신을 더 확산시킬 만한 숫자들을 많이 만날 수 있었다. 아이러니하게도, 기부자들이 지금 공개된 자료들을 모두 숙지했다면 지금의 기부불신은 수십 배가 되었을지도 모른다. 기부자의 입장에서 정보공개가 왜 충분하지 않은지, 무엇을 더 공개해야 하는지 알려주고 싶었다. 기부자에게는 우리의 의심이 충분히 합리적이라는 사실과 함께, 더 나은 기부를 위해 무엇을 단체에 요구해야 하는지 이야기하고 싶었다.

 기부는 일종의 성역으로 여겨져 왔다. 누군가 사명감을 가지고 열심히 하는 좋은 일을 비판하는 것은 쉽지 않다. 기부불신이 우리 사회를 가득 메우는 동안에도 제대로 된 토론이나 팩트 체크가 없었던 이유다. 기부를 못 믿겠다는 기부자의 말은 정보를 안 찾아본 게으름으로, 모든 것을 공개했다는 기부단체들의 주장은 거짓말로 치부된 채, 생산적인 의견이 오고 간 적은 없었다. 이 책이 우리 사회에 기부불신을 해소하고 기부문화를 확산시킬 진짜 토론의 시발점이 될 수 있기를 기대한다.

1장

기부자,
기부를 의심하다

의심의 시작

절대 기부 안하고 살았는데, 후회도 죄책감도 없을 이유를 만들어주셔서 감사합니다.[1]

우리는 기부불신 사회에 살고 있다. 내 기부금이 엉뚱한 곳에 쓰일까 봐 기부를 꺼리는 '기부포비아(기부공포증)'란 말이 나올 정도다. 기부를 필요로 하는 어려운 이들을 생각하면 이런 현상은 바람직하지 않다. 기부자도, 기부단체도, 정부 관계자도 기부불신을 걱정한다.

불신의 원인이 명확하게 규명된 적은 없다. 기부금 횡령을 걱

---

[1] 기부금 유용기사의 댓글 중. 책 중간중간 단원 앞에 나오는 글들은 모두 기부 관련 기사나 글에 있던 댓글의 내용들이다. 최대한 날 것의 표현을 그대로 옮겨왔다.

정할 때도, 기부단체의 인건비를 비판할 때도, 기부금의 행방을 궁금해할 때도 기부자들은 '기부를 믿을 수 없다.'고 말한다. 하지만 횡령이나 인건비 혹은 미흡한 정보공개를 불신의 원인이라고 단정하기엔 애매하다. 기부자들의 불신은 횡령을 한 적이 없는 단체에도, 적은 인건비로 고생하는 단체에도, 정부의 규제에 따라 정보를 구체적으로 공개한 단체에도 똑같이 향하기 때문이다.

기부불신 문제를 해결하고 싶다면, 원인을 제대로 짚어야 한다. 많은 사람이 불신의 원인으로 '어금니 아빠' 사건을 지목하지만, 이 사건은 그저 의심하는 기부자들의 등장을 알리는 신호탄이었을 뿐, 불신의 주원인이라고 보기엔 무리가 있다.

불신은 복합적인 이유로 커졌다. 기부에 관한 부정적인 사건들이 발생할 때마다 기부불신은 단계적으로 증가해 왔다. '어금니 아빠' 같은 사건들 때문에, 기부자들이 본격적으로 기부를 의심하기 시작한 것은 맞다. 여기에 몇몇 유명 단체들의 기부금 유용 사례가 더해지며, 나쁜 짓은 더 이상 이름 없던 단체들만의 일이 아니게 되었다. 기부자들의 의심은 모든 기부단체를 향하기 시작했다.

하지만 이런 기부금 유용 사례만으로 업계 전반에 퍼진 불신을 설명하기에는 부족하다. 어느 산업이나 사고 치는 조직과, 의심하는 고객은 있기 마련이다. 그러나 기부업계처럼 그 때마다 업계 전반에 고객의 불신이 드리워지지 않는다. 누군가 사고를 치더라도 기존 조직들이 적극적으로 의심의 확산을 차단하고 산업을 변호하기 때문이다. 그러나 기부업계는 그러지 못했다. 기부자들의 커지는 의심을 제대로 해소해 준 기부단체들은 없었다. 그사이 의심은 점점 불신으로 진화해 왔다. 기부불신의 책임은 기부자들의 의심을 해소해 주지 못한 기부단체에 있다.

불신의 시발점

아주 오래전에도 기부금 횡령은 있었다. 수십 년 전 버스나 지하철에서 장애인과 아이들을 앞세운 모금이 존재하던 시절에도, '저기 돈 줘 봐야 가져가는 사람은 따로 있다.'는 말은 있었다. 하지만 이 문제의 실체가 드러나고 사람들의 머릿속에 각인된 것은 지금부터 소개할 '어금니 아빠' 사건과, 새희망씨앗 사건 때문이었다.

어금니 아빠 사건

2000년대 중반에 발생한 '어금니 아빠' 사건을 보자. 강력한 미디어의 힘과 인터넷을 타고, 우리 사회에 기부불신의 씨앗을 뿌린 사건이다. 인터넷 검색어 순위에 며칠간이나 순위권에 있었을 정도로 화제였다. 지금도 이 사건을 검색하면 '어금니 아빠'의 행적과 사기 행각, 그리고 그 실체를 알게 된 기부자들의 분노를 고스란히 확인할 수 있다.

'어금니 아빠'로 알려진 이영학 씨는 2005년부터 각종 미디어에 출연해서, 본인과 딸이 모두 희귀병을 앓고 있고, 찢어지게 가난해서 딸의 수술비를 구하지 못하고 있음을 끊임없이 어필했다. 직접 『어금니 아빠의 행복』이라는 책을 출판해 자신의 처지를 알리고 모금을 받기도 했다. 거대 백악종 때문에 한쪽 골반 뼈를 잘라 이식하느라 다리를 절고, 이빨도 모두 뽑아 어금니만 남게 된 상황에서 그의 천사 같은 딸마저 유전성 상하악 백악종이라는 진단을 받은 힘들었던 상황, 그럼에도 불구하고 희망을 잃지 않고 힘겨운 삶을 이어나가는 이야기가 실린 책이었다.[2] 인터넷에 직접 후원 요청 글을 쓰기도 했다. 그 결과, 국민 딸바보라는 별명과 함께 무려 12억 원을 후원받았다. 하지만, 모두 거짓말이었다. 어이없게도 이영학 씨는 이후 아내의 죽음과 성폭행 의혹으로 수사를 받았는데, 이 과정에서 당시 받은 기부금 12억 원 중 10억 원을 개인적으로 사용하며 호화롭게 생활해 온 사실이 드러났다. 졸지에 범죄자의 생활을 후원한 꼴이 된 기부자들은 당연히 큰 충격을 받았다. 거짓 사연으로 사람들을 속이고 후원금을 가로챈 이 사건 때문에, 한동안 기부자들 사이엔 허위 사연에 대한 경각심이 커졌다.

새희망씨앗 사건

'어금니 아빠'의 충격이 채 가시기도 전에 더 큰 사건이 발생했다. 새희망씨앗 사건이다. 새희망씨앗은 불우 아동을 지원하기 위해 설

---

[2] 이영학, *어금니 아빠의 행복* (서울, 북마크 2007) 책 소개 중.

립된 법인으로, 2014년부터 3년간 무려 4만 9,750명으로부터 총 130억 원을 기부받았다. 앞의 '어금니 아빠'가 개인의 욕심으로 기부금을 횡령했다면, 이 새희망씨앗은 처음부터 횡령을 목적으로 법인을 설립하고 기부금을 모았다. 이들은 유명 연예인을 앞세우고, 전국 21개 지점에서 임의의 사람들에게 끊임없이 전화로 불우아동 후원을 요청했다. '따사로운 사랑의 반쪽 날개와 아이들의 밝은 미래, 희망을 담은 씨앗'과 같은 아름다운 문구들로 자신을 포장했다. 하지만 역시 모두 거짓이었다. 수사 결과 기부금 130억 원 중 2억 원을 제외한 금액을 호화 요트 파티 등에 사용했다는 사실이 밝혀졌다. 2억 원이 아니라 2억 원을 제외한 금액이다. 그 2억 원도 교육사업을 위한 영어 학습 사이트 수강권이나 교육용 태블릿 PC 등을 좋은 일에 사용했다고 했지만, 이마저도 거의 사용할 수 없는 조잡한 수준이었다. 10만원 상당의 제품을 주면서, 장부에는 70만 원에 구매했다고 기록했다. 피해 범위가 상당했고, 피해자가 될뻔한 사람은 훨씬 더 많았다. 5만 명 가까운 사람들이 기부금을 결제하는 동안, 몇 명의 사람들이 기부 요청 전화를 받았을지 상상해 보자.

　'어금니 아빠' 사건의 이영학 씨나, 새희망씨앗의 운영진 모두 법의 심판을 받았다. 새희망씨앗의 대표는 2019년 최종 6년 형을 선고받았고, 이영학 씨는 다른 더 큰 범죄들 때문에 현재 무기징역을 살고 있다.

불신의 주요 원인이라는 누명

'어금니 아빠'와 새희망씨앗은 기부불신의 원인으로 자주 지목되는 사건이다. 하지만, 이 사건들이 현재 우리 사회에 퍼진 기부불신의 원인을 모두 설명하진 못한다. 만약 이런 사건이 불신의 진짜 주요 원인이었다면, 불신은 대형 기부단체를 제외한 중소형 단체에만 향해야 한다. 기부금을 체계적으로 운영·관리하는 대형 단체였다면, 이들이 쓴 기부금 횡령 수법들을 내부에서 차단했을 것이기 때문이다.

어금니 아빠의 수법

'어금니 아빠' 사건의 중심에는 개인 계좌 후원이 있다. 보통 모금활동에는 개인의 유용을 막기 위해 전용 계좌를 사용하며, 정상적인 기부단체들은 절대 개인 계좌로 모금하지 않는다. 지금은 모금에 개인 계좌를 활용하는 것 자체가 불법이다. 이영학 씨는 언론에 본격적으로 소개되기 전부터 인터넷에 본인의 사연과 개인 계좌를 홍보했다. 개인 계좌를 통한 모금이었기 때문에, 십억 원이 넘는 금액이 오고 갔음에도 감시가 전혀 이루어지지 않았다. 그래서 아무도 모르게 기부금을 호화생활비로 탕진할 수 있었다. 이 사건을 계기로 개인 계좌 후원에 대한 문제점이 많이 지적되었고,[3] 개인 계좌 기부의 위험성이 널리 알려지게 되었다.

---

3 김다혜 "어금니 아빠의 이중생활…'개인계좌 후원' 문제점 없나," *머니투데이*, 2017.10.5, https://news.mt.co.kr/mtview.php?no=2017101506008257432.

사실 이 문제는 기부자들이 정부의 관리를 받는 지정기부금단체를 통해서만 후원했어도 비껴갈 수 있었다. 월드비전이나 굿네이버스 같은 지정기부금단체들은 모든 모금을 전용 계좌를 통해 진행하고, 그 모금내역과 사용 내역을 매년 공시한다. 얼마 전 우리 사회를 떠들썩하게 했던 정의기억연대 사례를 보면 지금도 개인 계좌를 통한 모금이 일부 있는 것으로 보이지만[4], 적어도 시스템적으로 움직이는 대형 단체는 애초에 이런 일이 벌어질 수 없는 구조를 가지고 있다.

지정기부금단체

기부는 세제혜택과 연결되어 있어 생각보다 촘촘한 규제들을 적용한다. 그 규제의 가장 기본이 되는 것이 지정기부금단체라는 개념이다. 지정기부금단체만이 기부자들에게 세제 혜택을 위한 기부금영수증을 발급해 줄 수 있다. 즉, 좋은 일은 한다고 주장하는 모든 단체가 동등한 지위를 가질 수 없다. 법인세법 시행령 제39조에 따라 사회복지법인이나 의료법인, 혹은 국가(기획재정부)에서 심사를 통해 지정한 단체들이 지정기부금단체로서 그 지위를 갖는다. 우리가 흔히 만나는 모금단체들은 대부분 지정기부금단체들이다. 지정기부금단체가 아닌 단체에 기부할 경우,

---

[4] 전광준, 배지현, "윤미향 개인 계좌 4개로 10건 모금… 쓴 내역 공개 왜 못하나," *한겨레*, 2020.5.19, https://www.hani.co.kr/arti/society/society_general/945632.html.

세제 혜택은 커녕, 증여세가 부과될 수 있으니 주의해야 한다. 2023년 세법개정으로 이 용어가 '공익법인 등'으로 변경되었으나, 편의상 본 책에서는 실무상 자주 쓰이는 본 용어 또한 사용하기로 한다.

새희망씨앗의 수법

새희망씨앗 사건의 문제는 거짓 자료였다. 새희망씨앗은 '어금니 아빠'와 달리 정부의 감시를 받는 지정기부금단체였다. 이런 법인들은 〈기부금품의 수입 및 지출 명세서〉, 〈운영성과표〉 등을 통해, 기부금 사용을 매년 공시하게 되어 있다. 당연히 새희망씨앗도 자료들을 제출했고, 지금도 국세청에서 이 자료들을 확인할 수 있다.

기부금품의 수입 및 지출 명세서

기부단체가 한 해 동안 받은 기부금이 얼마이고, 이를 어떻게 사용했는지 보여주는 서식. 월별 기부금과 함께 기부단체들이 어디에 이 기부금을 사용했는지 보여주는 표다. 얼마나 자세하게 기입했느냐에 따라 수십 장을 넘어가는 경우도 많다. 기부자들이 확인할 수 있는 가장 자세하게 공개된 기부금 사용 내역이다. 1365기부포털(nanumkorea.go.kr)이나 국세청 공익법인 결산서류 공시 페이지에서 확인 가능하다. 이 서류가 어떻게 작성되어 있고, 어떤 아쉬운 점을 가지고 있는지는 이 책에서 계속 다룰 예정이다.

운영성과표

일반 기업으로 치면 손익계산서에 해당하는 자료다. 크게 매출에 해당하는 사업수입과 비용에 해당하는 사업비용을 확인할 수 있다. 보통 5장 정도의 분량이며, 사업수입에는 기부금, 보조금, 회비 등으로 구분된 내용이, 사업비용에는 사업수행비, 일반관리비, 모금비가 인건비나 시설비 별로 구분된 내용이 정리되어 있다. 역시 1365기부포털에서 확인가능하다.

만약 이 단체가 이 자료들을 제대로 공시했다면, 3년 동안 130억 원을 요트 파티에 쓰는 것은 불가능했을 것이다. 이런 말도 안 되는 횡령이 지속될 수 있었던 이유는, 이들이 꾸며진 자료를 국세청에 제출했기 때문이다. 당시 제출된 공시 자료를 보면, 모금액의 95%를 어려운 이웃을 돕는 데 사용했다는 숫자들이 등장한다.[5] 거짓으로 꾸민 숫자들이다. 장부를 조작한 것이다.

이런 일 역시 대형 단체에서는 일어나지 않는다. 일정 규모 이상의 기부단체들은 독립된 감사기관으로부터 기부금이 제대로 사용되었는지, 그리고 실제 사용한 대로 자료를 작성했는지 확인 받기 때문이다. 그래서 새희망씨앗이 한 짓처럼 요트 파티에 쓴 돈을 아이들을 위해 썼다고 사기칠 가능성은 아주 희박하다. 굿네이버스, 월드비전과 같이 우리가 이름을 알법한 단체들은 당연히 이런

---

5   기부금 수입 21.1억, 목적사업비 20.0억 (출처: 2016 새희망씨앗 손익계산서).

외부감사를 받는다. 그러나 당시 새희망씨앗은 규모가 작았기 때문에 상대적으로 느슨한 규제를 받아왔고 정부 지정 외부감사 대상도 아니었다. 그래서 조작된 자료를 제출하고 정부와 기부자들을 속일 수 있었다.

다행히 이런 일련의 사건들을 겪으면서, 외부감사를 받아야 하는 단체의 범위는 점차 넓어졌다. 새희망씨앗 사건 당시엔 감시 체계가 상대적으로 느슨했던 것이 사실이다. 2016년에는 전체 3만 4,743개의 공익 법인 중 1,992개 만이 의무 외부 회계감사 대상이었는데, 그중 993곳만 외부감사 자료를 제출하고, 767곳(2.2%)만 전문까지 공개했다.[6] 그러나 지금은 외부 회계감사 대상 공익법의 범위가 과거보다 넓다. 현재 2,935개의 법인이 외부감사 내용을 공시한다.[7] 새희망씨앗 역시 지금 기준이라면 외부감사 대상이다. 물론 영리 기업들의 분식회계 사건처럼 감사 기관들이 본연의 업무를 제대로 하지 않는다면 또 문제가 되겠지만, 적어도 예전보단 기부금 횡령을 막기 위한 강력한 장치가 하나 더해진 것만은 확실하다.

다시 정리해 보자. '어금니 아빠' 사건과 새희망씨앗 사건이 기부자들을 경악시킨 기부금 횡령 사건임은 분명하다. 하지만 이 사건들이 주는 교훈은 '잘 모르면 대형 단체에 기부하자'가 되어야

---

[6] 박수익, "[기부금 워치] 2-1 베일에 가린 75% 허술한 25%," *Taxwatch*, 2018. 1. 29, https://www.taxwatch.co.kr/article/tax/2018/01/26/0019.

[7] 권오용, "[세상 돌아보기] 여전히 부실한 공익 법인 외부감사," *데일리 임팩트*, 2023.3.9, https://www.dailyimpact.co.kr/news/articleView.html?idxno=93952.

논리적으로 타당하다. 대형 단체들은 개인 계좌를 쓸 일도 없고, 기부금 사용 내역을 잘 공개하며, 외부감사를 통해 자료를 검증받기 때문이다.

하지만 지금 기부자들은 대형 단체들도 불신한다. 이 사건들은 지금 우리 사회에 만연한 불신의 출발점일지언정 주원인은 아닌 셈이다. 즉, 기부불신을 이야기하면서, '어금니 아빠 때문에 우리를 오해한다.' '우린 새희망씨앗과는 다르니까.'라는 항변은 문제해결에 전혀 도움이 되지 않는다. 이들은 그저 기부에 대해 의심을 시작할 명분을 공고히 해준 대표적인 사건들일 뿐이다.

의심의 확산

기부자의 의심을 모든 기부단체로 향하게 만든 원인은 따로 있다. 지금부터 살펴볼 유명 단체들의 사례들이다. 앞의 사례가 '저런 단체에는 기부하지 않도록 조심해야겠다.' 정도의 경각심을 심어주었다면, 이제부터 나올 사례들은 '혹시 내 기부금도?'라는 걱정을 기부자에게 심어준 사건들이다.

    이 책에서는 사회복지공동모금회와 유니세프 한국위원회, 그리고 가장 최근의 정의기억연대의 사례를 다룰 것이다. 사회에 큰 논란을 일으킨 사례들이지만, 기부단체 입장에서는 일부 억울한 면도 있다. 사건 초기 제기된 의혹의 상당 부분이 잘못된 정보나 오해 등으로 판명되었음에도 불구하고 기부자들에겐 가혹한 수준의 잘못으로 각인되었기 때문이다. 기부단체는 무조건 가난해야 한다는 편견에 더 크게 비판받은 측면도 있다. 하지만 이 단체들의 잘못은 우리 사회에 크게 각인되었고, 잘못의 진짜 크기를 떠나, 기부자들의 머릿속엔 다음의 생각이 자리하게 되었다.

'그 어떤 기부단체도 안전하지 않다.'

'단란주점'만 남은 사회복지공동모금회

2010년 사회복지공동모금회가 기부금으로 단란주점에 간 사실이 보건복지부의 감사를 통해 알려진 사례다. 이 사례를 자세히 살펴보기 전, 먼저 사회복지공동모금회의 위상을 알아보자. 사회복지공동모금회는 사회복지공동회법에 의거, 우리 사회의 효율적인 '공동모금'[8]을 위해 설립된 단체로써, 우리나라에서 가장 큰 기부단체다. 2022년 모금액은 7,924.6억 원으로 2위인 월드비전(2,873.2억)보다 2.7배 이상 크다. 다른 단체들과 달리 기부금을 모금하고 여러 단체에 배분하는 '기부단체를 위한 기부단체'의 역할을 수행한다. 붉은색 작은 열매 3개가 달린 배지를 착용하는 뉴스 진행자나 유명 인사들이 많은데, 사회복지공동모금회의 상징인 사랑의열매 배지다.

하지만 보건복지부의 감사 결과는 사회복지공동모금회를 하

---

8   여러 단체가 경쟁적으로 모금을 할 경우, 단체의 경쟁력에 따라 또 다시 소외 받는 계층이 생기기 마련이다. 이런 문제를 해소하기 위해 대표 기관 한 곳이 대표로 모금을 진행하고, 문제의 시급성 등에 의거하여 이를 효율적으로 각 단체에 분배하는 방식이다.

루아침에 나쁜 단체로 낙인찍었다. 하루가 멀다하고 '사랑의열매' 공동모금회 단란주점, 노래방 등 유흥비 펑펑,[9] 사랑의 열매 맺을 돈으로 단란주점서 '배신의 열매',[10] 같은 자극적인 제목의 기사들이 쏟아졌다. 온 국민이 십시일반으로 모아준 기부금을 단란주점 에서 1,996만 원, 바다낚시와 스키장 비용으로 2,879만 원을 사용했다는 사실이 반복적으로 부각되었다.

  가장 규모가 크고, 정부의 감시 속에 운영되어 온 사회복지공동모금회가 기부금을 유용했다는 기사에 여론이 들끓었다. 이때의 여파가 컸는지, 지금도 기부 관련 기사에서는 '우리가 기부해 봤자 자기들끼리 술 마시고 논다더라.'는 댓글을 심심치 않게 볼 수 있다. 그리고 기부자들은 '가장 높은 수준의 감시를 받는 사회복지공동모금회가 이 정도라면?'이라는 생각으로 다른 단체들을 의심하기 시작했다.

  분명 단란주점에서 법인카드를 사용한 것은 잘못이다. 공무원이나 공공기관 직원들도 단란주점에서 회식을 못하게 되어있다. 하지만 그 잘못의 크기는 조금 과대 해석된 면이 있다. 기사 제목만 보면, 단란주점에서 수백만 원의 술값을 흥청망청 쓴 것처럼 보이지만, 사실 약간 과장된 제목이다. 당시 자료에서 문제가 되었던

---

9 한국경제 뉴스팀, "'사랑의 열매' 공동모금회, 단란주점·노래방 등 유흥비 펑펑," *한국경제*, 2010.11.22, https://www.hankyung.com/article/2010112221037.

10 이진한, "사랑의 열매 맺을 돈으로 단란주점서 '배신의 열매,'" *동아일보*, 2010.11.22, https://www.donga.com/news/Society/article/all/20101122/32761304/1.

1,996만 원은, 2006년부터 2010년까지 5년간 124번에 걸쳐서 사용한 돈이다. 평균 한 달에 2번, 한 번에 16만 원 정도를 썼다는 이야기인데, 단란주점에서 흥청망청 놀았다고 하기엔 애매하다. 술을 파는 노래방 정도를 간 것으로 보인다.[11]

이 금액을 전체 공동모금회가 사용한 것이 아니라, 한 지회[12]의 사무처장이 1년 3개월 동안 사용한 금액이며, 유흥주점과 술집, 식당 등에서, 기자간담회나 내부회의를 연다고 허위 보고 후 사용했다는 기사[13]도 있다. 이 경우 문제는 더 심각해지지만, 사실이라면 단란주점 이슈는 모금회 전체의 문제라기보단 오히려 한 나쁜 개인의 일탈로 봐야 한다.

'기부금으로 받은 돈으로 팀워크를 다지다니 말도 안 된다.'라고 따진다면 어쩔 수 없지만, 일을 더 잘하기 위해 이 정도의 비용을 지출하는 것이 기사 내용만큼 과해 보이지는 않는다. 마음을 가라앉히고 숫자들을 살펴보면, 이 단체에 잘못이 있었다는 사실에는 변함이 없겠지만, 당시 기사들이 약간 과한 뉘앙스로 쓰이기도 했다.

실제, 이후 정치권을 중심으로 당시 복지부의 보도자료가 과했다는 주장이 제기되기도 했다. 사회복지공동모금회가 국민의 귀한 성금을 단란주점이나 노래방에서 쓰는 잘못을 하긴 했지만, 복

---

11 단란주점은 주류와 함께 손님이 노래와 춤을 출 수 있는 영업장을 의미한다. 도우미(접대부)가 나오는 곳은 단란주점이 아닌 유흥주점으로 분류된다.
12 사회복지공동모금회는 중앙회와 서울, 부산, 경기 등 각 지역별 17개의 지회로 구성되어 있다.
13 이오성, "연예인 홍보대사가 월급을? 비리의 열매로 전락한 '사랑의열매'," *시사IN*, 2010.10.21, https://www.sisain.co.kr/news/articleView.html?idxno=8582#google_vignette.

지부가 모금회 직원들을 술 마시고 스키나 타러 가는 타락한 집단으로 다룬 과장된 보도자료를 뿌렸다는 주장이었다.[14]

하지만 기부자들의 마음속에 남은 것은, 공동모금회가 기부금으로 단란주점에서 놀았다는 내용뿐이다. 이때 떨어진 신뢰를 회복하기 위해 공동모금회는 다른 단체들보다 상당히 많은 경영 정보를 투명하게 공개하려는 노력을 하고 있다. 특히 대형 비영리 중 유일하게, 직원 수와 평균 연봉, 임원의 급여, 구성원의 초봉 등까지 모두 홈페이지에 공개한다.

'비즈니스석'만 남은 유니세프 한국위원회

이번엔 2018년에 뉴스타파의 보도[15]로 시작된 유니세프 한국위원회의 사례를 보자. 유니세프 한국위원회는 22년 기준 1,435.6억 원을 모금한 단체로, 이 책에서 다루는 대형 단체 중 유일하게 UN의 이름을 달고 있다.

당시 뉴스타파는 '우리가 한국 유니세프에 대해 몰랐던 것들'이라는 영상에서, 정식 유니세프 직속 기관(예를 들면, 유니세프 한

---

14 정세진, "사회복지공동모금회 마녀사냥식 감사," *의약뉴스*, 2011.9.27, http://www.newsmp.com/news/articleView.html?idxno=85761.
15 김지윤, "유니세프 한국위원회, '내부 고발' 직원 보복성 해고," 뉴스타파, 2018.3.8, https://newstapa.org/article/HJDFP.

국지부) 사실 여부, 출장 시 비즈니스석 탑승, 직원 성희롱, 부당대출 및 채용 의혹 등 유니세프 한국위원회에 관한 여러 이슈를 폭로했다. 이 폭로 이후 인터넷에는 유니세프 후원 취소 인증이 이어졌고, 취소 후기와 취소 방법을 알려주는 글도 넘쳐났다. 지금도 인터넷에 유니세프 기사에는 이 논란에 대한 이야기가 댓글로 달리곤 한다.

여러 논란 중 기부자들에게 크게 각인된 것은 '대한항공 비즈니스석'이었다. 정확히는 '사무총장의 대한항공 비즈니스 탑승 고집'이었다. 다른 이슈들은 어떻게든 해명을 해서 넘어가거나, 자연스럽게 화제에서 멀어질 수 있었지만, 기부금 사용과 직결되는 이 비즈니스 탑승 논란은 꽤 오랜 기간 화제의 중심에 섰다. 유니세프는 한동안 '좋은 일을 한답시고 비즈니스석을 타는 단체'의 오명을 뒤집어써야 했다. 가난해야만 할 것 같은 비영리와, 부자들만 탈 수 있는 비즈니스 좌석이라는 어울리지 않는 조합이 기부불신으로 크게 자라났다.

이 역시 잘못이 과대 해석된 면이 있다. 자세히 살펴보면 이 안에는 두 가지 논란이 섞여 있다. 하나는 (더 비싼) 대한항공의 비즈니스석을 고집한 것, 또 다른 하나는 비즈니스석 탑승 자체다.

먼저 대한항공 비즈니스석을 고집한 것은 잘못이다. 비슷한 가격과 항로의 다른 항공사 티켓이 있음에도 불구하고 값이 2배였던 특정 항공사의 티켓만 고집한 점은 비판받아 마땅하다. 소중하게 모인 기부금 몇백만 원을 단순히 비행기 항공편을 바꾸는 데 사용했기 때문이다. 더 빠르거나, 출장 시간을 효율적으로 쓸 수 있는 탑승 시간을 제공했다면 또 다르겠지만, 보도에 따르면 오직 대한항공을 좋아하는 개인 취향 때문이었다고 한다. 개인적으로는 유니세프와 30년째 '사랑의 기내 동전 모으기 캠페인'을 운영하는 아시아나항공을 우선 이용하지 않아 더 충격이었다. 이런 대한항공 비즈니스석 고집은 법적이나 내부 규칙상 문제는 없겠지만, 기부자들에게 기부금이 잘못 쓰이고 있다는 메시지를 전달하기에는 충분했다. 하루 천 원이면 죽어가는 아이를 살릴 수 있다고 말해 온 유니세프의 광고들을 생각하면 더욱 그렇다. 이 잘못은 유니세프의 잘못이라기보다는 대한항공을 고집한 총장 개인의 잘못이라고 할 수 있다.

하지만 정작 기부불신에 불을 지핀 비즈니스석 논란은 좀 애매하다. 비즈니스석 자체가 정말 문제일까? 일단 명확한 논의를 위해서, 꼭 필요한 출장이었다고 가정하고 비즈니스석 이슈에만 집중해 보자. 즉, '쓸 데 없이 출장을 다니느라', '결국 놀러가려고'라는 비방은 제외한다. 의외로 우리나라엔 해외 출장은 곧 여행이라는 편견이 팽배하다.

기부자 입장에선 아쉽다. 영리 기업에서도 나이와 직급을 불문하고 이코노미석을 고집하는 기업도 많은데, 어려운 이웃을 돕는다는 비영리단체에서 덜컥 비즈니스를 탔으니 말이다. 서울-뉴욕 기준 일반석과 비즈니스석의 왕복 항공권 차액이 600만 원 정도라고 할 때, 10시간 정도만 불편하면 그 돈으로 유니세프에서 홍보하는 50,000원짜리 '신생아 튼튼 백신 팩'을 120명의 아이들에게 지원할 수 있다. 120명 신생아의 삶과 비즈니스석 중 둘 중에 하나를 선택해야 한다면, 비즈니스 탑승을 찬성하는 기부자는 거의 없을 것이다.

하지만 일의 관점에서 생각해보면, 해외 출장 시 비즈니스석 이용이 큰 이슈는 아니다. 오히려 이용을 권장할 때도 있다. 나이가 많은 임원들이 움직일 때는 더욱 그렇다. 이코노미석 탑승 후 체력 고갈과 시차 때문에 업무에 집중하지 못하는 것보다, 비즈니스석을 타고 조금 편하게 간 뒤 빨리 시차 적응을 해서 제대로 일하는 것이 이익일 수 있기 때문이다. 1,400억 원[16]에 이르는 모금액의 사용 방향을 고민하고 정하는 사무총장의 역할을 생각하면 더욱 그렇다.

현실적으로 12시간 비행 후 시차를 이기고 바로 집중력 있게 업무를 시작하는 것은 웬만한 체력이 아니고서는 불가능하다. 유니세프 한국위원회의 사무총장 정도면 이미 수십 년간 여러 단체에서 상당한 활약을 해왔을 가능성이 높다. 당시 서대원 사무총장도 30년 이상 외교부에서의 근무 경력을 가지고 있었다. 아마도 커리어 내내 해외 출장 시 비즈니스석을 많이 이용했을 것이다. 실제 유니세프 규정에도 사무총장은 비즈니스석을 이용할 수 있다고 되어 있다. 즉, 꼭 필요한 출장이었고, 꼭 총장이 움직여야 하는 상황이었다면, 비즈니스석을 타는 것이 나았을 수도 있다.

현실에선 기부자의 분노만 가득했다. 논란 이후 인터넷에 줄

---

16 폭로 당시(2018년) 유니세프 한국위원회의 수입은 1,348억 원이었다.

줄이 달린 후원 중단 후기가 이를 입증한다. 실제 유니세프의 기부금은 2017년 1,359억을 기록한 이후, 2020년까지 1,246억으로 8% 가량 줄어들었다. 기부금 총액 Top5 중 조금 성격이 다른 공동모금회와 유니세프를 제외한 3곳[17]의 기부금이 같은 기간 9.3% 상승[18]했음을 감안하면, 이 사건으로 인해 타격이 있었던 셈이다. 비영리에선 끝판왕급인 UN 브랜드의 유니세프였기에, '유니세프가 저 정도면 다른 데도 마찬가지일 거야.'라는 인식이 퍼졌고, 결과적으로 기부자들은 다른 단체들도 더욱 의심의 눈초리로 쳐다보게 되었다.

사회복지공동모금회처럼, 유니세프 역시 이 사건 이후 변화의 시기를 가졌다. 새로 부임한 이기철 총장은 후원자들에게 적극적으로 단체의 투명함을 알림과 동시에 대외적으로 비즈니스석이 아닌 일반석 항공권을 사용하며, 모든 직원이 일반석 중에서도 최대한 저렴한 항공권을 찾을 것이라고 밝혔다.[19] 또 이 때 제기되었던 의혹에 대해서 홈페이지에 '팩트체크'라는 항목을 만들어 적극적으로 대응하고 있다. 감소하던 기부금은 2021년에야 다시 상승세로 돌아설 수 있었다.

---

17 월드비전, 초록우산 어린이재단, 굿네이버스 인터내셔날.
18 각 단체의 운영성과표를 활용해서 재계산.
19 이기철, "후원자님께 신임사무총장이 드리는 글," *유니세프 홈페이지*, 2019.3.7, https://www.unicef.or.kr/about-us/notice/82193/.

'기부금 유용'만 남은 정의기억연대[20]

이번엔 비교적 최근 사건이라고 할 수 있는 정의기억연대(이하 정의연) 사례를 보자. 정의연 사건은 더 복잡하다. 이 단체는 기부금 규모 측면에서 대형 단체라고 할 수는 없지만, '위안부'라는 매우 민감한 사회문제를 오랜 기간 해결하고자 노력해왔고, 단체의 리더가 국회까지 입성해 위의 두 단체보다 더 큰 화제였다. 참고로 2024년 1월 현재 이 단체의 대표였던 윤미향 의원에게는 1심 무죄, 2심 징역 1년 6개월에 집행유예 3년이 선고된 상황이다.

이 논란은 2020년 5월, 일본군 위안부 피해자인 이용수 할머니의 기자회견에서 시작되었다. 다양한 논쟁거리를 던진 사건이지만 오보로 판명된 몇몇 기사들을 제외하면, 기부자들에게 가장 이슈가 되었던 부분은 기부금의 사용처와 모호한 사용 내역 두 가지다.

기부금 사용처 논란

첫 번째 논란은 기부금 사용처였다. 정의연이 4년간 기부 받은 49억 원 중 위안부 할머니들에게 돌아간 금액이 고작 9.2억 원(18.8%) 정도였다는 지적이다.[21] 처음 이 논란의 시발점이 된 기자회

---

20 (재)일본군성노예문제해결을위한정의기억연대. 이 책에서는 대중적으로 널리 알려진 이름인 정의기억연대와 정의연이라는 이름을 사용한다.
21 박혜랑, "4년간 기부금 49억 원 중 피해자 지원엔 18.8%만 쓰여," *부산일보*, 2020.5.18, https://www.busan.com/view/busan/view.php?code=2020051819170968216.

견 역시 모금된 돈이 위안부 피해자들에게 제대로 전달되지 않았다는 점에 초점을 맞췄다. 이용수 할머니는 '1992년 6월부터 매번 수요일 참석한 수요집회에서 초등학생이나 중학생들이 용돈을 모아 기부하는 모습을 보아 왔지만, 정작 그렇게 모인 돈이 할머니들에게 쓰인 적은 없으며, 주관단체(정의연[22])가 썼다.'고 주장했다.[23]

결론부터 말하자면 문제 없다. 정의연은 할머니들의 생활비를 모금하는 단체가 아니라, 위안부 문제를 해결하는 곳이다. 정의연 정관에는 열두 가지의 목적사업[24]이 있는데, 위안부 할머니들에게 생활비를 지원하는 사업은 이 중 하나인 '일본군 성노예제 생존자 복지 사업과 쉼터 운영'에 속하는 것으로 보인다.[25] 위안부 할머니들에게 아주 적은 기부금을 드렸더라도, 나머지 금액을 위안부 문제 해결을 위한 다른 목적 사업 추진에 사용했다면, 이를 문제로 보기는 어렵다.

다만 이런 논란은 기부자들에게 불신을 심어주기에 충분했다. 정의연의 목적사업과는 별개로 정의연은 위안부 할머니들을 돕는 단체로 알려져 왔다. 그리고 일반 기부자들한테는 목적사업이라는

---

22 정의기억연대는 1990년부터 활동해온 '한국정신대문제대책협의회(약칭 정대협)'와 2016년에 시작된 '일본군성노예제 문제해결을 위한 정의기억재단'이 2018년 7월 11일 통합하여 출범된 단체다. 엄밀히 말하면 이용수 할머니의 이야기는 정의연 출범 이전의 내용도 포함하는 것이겠지만, 여기서는 편의상 정의연으로 통칭한다.
23 정진우, "이용수 할머니 '수요집회 없애야'," 중앙일보, 20.5.7, https://n.news.naver.com/mnews/article/025/0002998944?sid=102.
24 법인의 설립목적을 수행하기 위한 사업.
25 2020년 당시 정관. 이후 '일본군성노예제 피해자 지원사업'으로 변경된 것으로 보인다.

개념조차 생소하다. 이 단체를 잘 알지 못하는 대부분 사람들은 '할머니들을 돕는다.'는 말을, '생활고를 겪는 할머니들의 병원비나 생활비를 지원한다.'고 이해했을 가능성이 높다. 목적사업을 아는 사람들도 '적어도 반 이상은 할머니들을 직접적으로 돕는 데 썼을 것'이라고 생각했을지 모른다. 사회적 인식 속에서 정의연은 한순간에 '할머니 도우라고 준 기부금을 다른 곳에 쓴 나쁜 단체'가 되어버렸다.

모호한 사용 내역

정의연의 회계 장부에서 나온 이상한 숫자들은 기부금 유용 의혹에 불을 지폈다. 정의연의 기부금 사용 내역들이 하나하나 검증되는 과정에서, 애매한 작성 규정과 회계 실수가 결합된 여러 오류가 발견되었고, 기부자들의 오해를 불러일으켰다. 수혜 인원을 99명, 999명으로 반복 기재 했다거나, 술집에서 3,300만 원을 썼거나, 개인 계좌를 활용해서 기부금을 관리하고, 이 과정에서 지출 내역이 수입 총액과 맞지 않는 사례가 드러났다.[26] 한순간에 정의연은 기부금을 마음대로 쓰고 사용 내역을 허위로 기재한 단체가 되어버렸고, 정의연의 한경희 사무총장은 엄밀하지 못하고 느슨해진 회계처리에 대해 고개를 숙여야 했다.[27]

---

[26] 전광준, 배지현, "윤미향 개인계좌 4개로 10건 모금… 쓴 내역 공개 왜 못하나." *한겨레*, 2020.5.20, https://www.hani.co.kr/arti/society/society_general/945632.html.

[27] 이재호, 채윤태, "정의연, 99명·999명 등 수혜인원 '허술 기재' 사과." *한겨레*, 2020.5.11, https://www.hani.co.kr/arti/society/society_general/944523.html.

이런 논란의 대부분은 자료 작성 방식에 따른 오해로 판명되기도 했다. 예를 들어, 수혜 대상을 99명, 999명으로 적은 것은 보통 수혜자가 불특정 다수일 경우의 표기법이었다. 정확한 참석 인원을 집계하기 어려운 거리 행사를 생각해 보자. 함께 언급되었던 3,300만 원의 술값도, 실제 술집에 결제한 금액은 430만 원이었는데, 여러 지출을 합쳐서 기재할 경우 제일 금액이 큰 거래처를 적는 당시의 작성 가이드에 따라 적었을 뿐이었다. 이런 표기 방식은 오해를 야기하기 때문에 2019년도부터 개정되었다. 즉, 이 자료가 작성된 2018년 당시 기준으로 보면 이 표기가 잘못되었다고 보기는 어렵다. 오히려 잘못된 가이드 때문에 정의연이 피해를 봤다고 볼 수도 있다.

당시의 많은 기사들이 정의연을 '기부금 횡령' 단체처럼 그렸지만, 실제 떠들썩했던 기사들과는 달리 법정에서의 판결은 (2심에선 뒤집히긴 했지만), 1심에 한해 무죄에 가깝게 나오기도 했다. '무죄에 가깝게'란 표현을 쓴 것은 이 단체가 개인 계좌를 통한 모금 등 분명 해서는 안 될 일들도 했기 때문이다. 2심에서는 횡령 액수 인정액이 크게 늘면서 집행유예가 선고되었고, 현재 대법원의 판결을 기다리고 있다.

모든 단체를 향하는 의심

유명 단체들이 기부금 유용 행렬에 합류함으로써, 기부자들의 의심은 모든 단체로 향했다. 기부자들은 이제 특정 나쁜 단체를 의심하는 것이 아니라, '지금 내가 기부하고 있는 단체'를 다음과 같이 의심하기 시작했다.

내 돈이 내가 생각한 사업에 쓰이고 있나?

가장 기본적인 의심이다. 정의연 사건도 '기부금의 18.8%만 위안부 할머니들에게 쓰였다.'는 폭로에서 시작되었다. 넓게 보면 사회복지공동모금회나 유니세프 한국위원회의 사례도 기부자가 어려운 이웃에게 전달하라고 준 돈을 단란주점이나 비즈니스 항공권에 썼기 때문에 크게 이슈가 되었다. 기부단체의 가장 아픈 곳을 찌르는 질문이기도 하다. 기부자의 생각대로 쓰이는 기부금은 사실 많지 않다. 캠페인에 소개된 한 아이의 이야기를 보고 기부하더라도 기부금이 그 어린이에게 가지는 않는다. 단체들은 어려운 이웃의 사연을 앞세워 기부금을 받은 뒤, 본인들의 뜻대로 여러 사업에 섞어서 쓰고 있다.

왜 운영비가 필요하지?

운영비 이슈는 아주 오래되었다. 자기가 낸 기부금이 남을 돕는 사업비가 아닌 단체 운영비로 쓰이는 것을 환영할 기부자는 별로 없다. 앞서 사회복지공동모금회와 유니세프 한국위원회의 사례에서 한 번 더 기부자들의 이러한 인식을 확인할 수 있었다.

　　기부자는 대부분 기부단체 직원들을 '기부금을 어려운 이들에게 전달하는 사람' 정도로 생각한다. 기부금이 어려운 이들에게 100% 전달되어야만 좋은 기부라고 생각한다. 그러다보니 운영비의 중요성을 간과한다. 물론 이런 편견은 기부단체들이 기부자들에게 반복적으로 보낸 '○○ 어린이를 도울 수 있게 기부해 주세요.'라는 메시지로부터 학습된 것이다. 기부단체들 스스로 본인들을 '전달하는 사람들'로 포지셔닝해온 셈이다.

　　생각해 보면 사회복지공동모금회의 사례도 '기부금을 전달하는 사람들인데, 회식이나 워크숍이 왜 필요하지?'라는 편견에서 비롯되었다. 회의비 정도는 이해한다고 해도, 바다낚시나 노래방 등은 납득하기 어려웠을 것이다. 유니세프 사례도 마찬가지다. 전달만 하는 사람들이 수백만 원짜리 비즈니스 항공권을 이용해 출장을 다녔다니, 기부자들이 좋게 볼 리 없다. '기부단체 사람들은 다 최저시급 아니면 자원봉사로 일해야 하는 것 아니냐?'는 주장도 기부단체의 전문성을 무시한 채, 단체들의 일을 그저 전달로만 생각하고 있기 때문에 할 수 있는 주장이다.

정보가 제대로 공개되고 있는 건가?

기부금이 불투명하게 집행된다고 생각하는 기부자들이 늘고 있다. 기부단체들은 '모든 자료를 공개하고 있다.'고 항변하지만, 기부자들의 생각은 다르다. 유니세프 총장의 출장비 내역이 유니세프 홈페이지 어딘가에 공개되어 있었다면, 함부로 고가의 특정 항공사를 고집하지는 못했을 것이다. 기부자들의 이러한 생각은 정의연 사건을 거치면서 한층 더 강화되었다. 논란의 과정에서 그동안의 정보공개가 기부자의 기대에 비해 얼마나 불충분했는지 밝혀졌기 때문이다. 처음 기부자들은 '99명 허위 기재', '3,300만 원 술값'과 같은 내용을 비판했지만, 이후 '원래 그렇게 작성하게 되어 있다.', '다른 곳들도 그렇게 한다.'는 관례들이 알려지면서 오히려 기부단체가 제공하는 정보 자체의 신뢰도가 하락했다.

지금 기부단체가 기부자에게 제공하는 정보는 '우리가 알아서 잘 썼으니, 우리를 믿어줘.' 수준이다. '혹시 내 기부금이 직원들 술 마시는데, 혹은 비싼 비즈니스석 출장에 쓰인 것은 아닐까?' 하는 의심에 기부단체들은 '우리는 깨끗하니 믿어주세요.'라는 답변만 되풀이한다. 하지만 가장 최상급의 신뢰도를 구축해 오던 사회복지공동모금회, 유니세프 한국위원회, 정의기억연대마저 기대를 저버린 상황에서, 기부자들은 기부단체의 두루뭉술한 답변을 그대로 믿어주지 않기 시작했다.

의심의 고착

물건을 사기 전엔 누구나 이 물건이 줄 진짜 가치에 대해 생각한다. 판매자의 말이나 광고 문구가 진짜인지 의심한다. 기부도 마찬가지다. 기부자들이 기부단체를 의심할 수도 있다. 꼼꼼히 알아보고, 비판하는 소비자들은 어느 산업에나 있다. 하지만 기부에 대한 의심은 유독 가혹하다. 기부자들은 영리 시장의 소비자들보다 훨씬 더 많은 정보를 요구하고, 의심의 눈초리를 거두지 않는다. '충분히 정보를 공개하는데도 기부자들이 우리의 진심을 알아주지 않는다.'는 단체들의 호소가 나오는 이유다.

왜 기부자들은 '가혹할 정도의 투명성'을 요구할까?

내고, 사고, 쓰는 사람이 다른 시장

첫 번째 이유는 기부자에게 기부금 사용 권한이 없는 기부 시장의 특성에 기인한다. 보통 시장에서는 돈을 내는 사람이 상품을 사고, 직접 사용한다. 즉 돈을 내는 사람과, 제품을 사는 사람, 그리고 그걸 쓰는 사람이 동일하다. 그러다 보니 돈을 낸 사람은 자신이 낸 돈이 어떻게 쓰였는지 확실히 알 수 있다. 직접 확인이라는 완벽하게 투명한 과정이 존재한다.

일반 시장과 기부 시장의 구조 차이

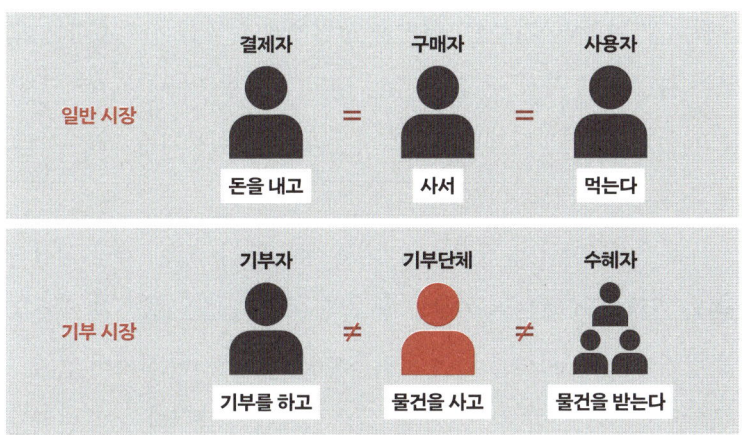

슈퍼마켓에서 사과를 살 때를 생각해 보자. 돈을 지급하기 전에 알 수 있는 것은 품종, 가격 그리고 원산지 정도다. 아주 적은 수준의 정보지만 큰 문제가 되지 않는다. 돈을 낸 사람이 사과를 먹는 순간 자신이 어떤 가치를 구매했는지 바로 확인할 수 있기 때문이다. 사과를 파는 입장에서도 이는 매우 중요하다. 사용자만 만족시키면 된다. 더 큰 이익을 위해 싸고 맛있는 사과 수급에 최선을 다한다. 사과를 포장한 포장재의 원가, 제품 판매원의 월급, 혹은 산지나 도매상에서의 사과 매입가를 몰라도, 사과 구매 과정이 불투명하다고 이야기하는 사람은 없다.

기부는 다르다. 기부 시장에서는 자신이 구매한 상품을 스스로 확인할 수 없다. 돈을 내는 사람과 제품을 사는 사람, 그리고 그걸 쓰는 사람이 모두 다르다. 사과를 살 때를 생각해 보자. 기부는 내가 먹을 사과를 사는 게 아니라, 남이 먹을 사과를 사는 행위다. 정확하게 말하면, 기부는 '어려운 사람에게 사과를 사주겠다는 모르는 사람'에게 사과 살 돈을 주는 행위다. 돈을 내는 사람(기부자)과 사는 사람(기부단체) 그리고 사용하는 사람(사과를 먹는 사람, 즉 수혜자)이 완전히 다르다.

돈을 낸 사람이 직접 그 가치를 향유할 수 있는 영리 시장과 달리, 기부 시장에서는 기부자가 그 돈이 어떻게 쓰였는지 스스로 알 방법이 없다. 사과를 먹은 사람을 만날 수 없으며, 심지어 진짜로 사과를 샀는지도 알 수 없다. 알 수가 없으니 궁금하다. 기부단체는 사과를 샀다고 가볍게 이야기하지만, 기부자는 어떤 사과를 샀는지, 얼마짜리를 샀는지, 받은 사람들은 맛있게 먹었는지, 그래서 내 기부금 중 얼마가 사과를 사는 데 쓰였는지, 기부금 사용에 관한 모든 것이 궁금하다. 기부자의 궁금증을 풀어주고 싶다면, 기부단체는 기부자에게 그냥 맛있는 사과를 사다 줬다고 이야기할 것이 아니라, 훨씬 구체적인 정보를 알려줘야 한다. 신뢰를 위해 필요한 정보의 양이 많을 수밖에 없는 이유다.

비효율적이라는 믿음

두 번째 이유는 기부단체들이 비효율적으로 운영된다는 믿음이다. 기부단체들은 억울하겠지만, 많은 기부자는 기부단체들이 비효율적이라고 생각한다. 적어도 효율적이라고 생각하는 사람은 많지 않다. 이런 인식 때문에 기부단체들은 영리 기업들보다 훨씬 약한 신뢰 위에서 기부자와의 관계를 시작한다. 그러다 보니 기부단체가 영리 기업과 같은 수준의 신뢰를 쌓으려면, 이들보다 훨씬 더 많이 노력해야 한다. 시작점부터 다르기 때문에, '우리는 일반 기업들보다 훨씬 더 많은 정보를 공개하는데 억울하다.'는 변명은 애초에 통하지 않는다.

　기부단체가 비효율적이라는 믿음은 갑자기 생기지 않았다. 기부자들도 다른 산업의 소비자이기 때문에, 자연스럽게 여러 산업을 비교한다. 이때 영리와 비영리의 차이점을 발견하는 것은 어렵지 않다. 누가 봐도, 기부 산업은 영리 대비 경쟁도 약하고, 혁신도 적기 때문이다.

약한 경쟁 강도

영리 시장은 이익 극대화를 위해 치열하게 경쟁하며 돌아간다. 소비자들은 기업들이 경쟁에 뒤처지지 않기 위해 최선을 다한다고 믿는다. 하지만, 기부 시장에는 이런 수준의 경쟁이 없다. 그러다 보니, 기부자들은 기부단체들이 자신과 사회를 위해 최선을 다하고 있는지 한 번 더 의심한다.

무한 경쟁 시장의 기업들은 치열한 경쟁 속에서 생존을 위해 분투한다. 하지만 그 덕분에 소비자들의 편익이 거의 최고점으로 수렴한다. 사과의 가격이 2,000원에서 3,000원으로 상승해도 소비자들의 비난이 슈퍼마켓이나 사과 농장으로 향하지 않는 이유는, 소비자들이 이 치열한 경쟁 상황을 알고 있기 때문이다. 슈퍼마켓도 사과 농장도 마찬가지다. 언제든지 자신을 대체할 수 있는 경쟁사들이 많다는 것을 안다. 최선을 다하지 않으면 살아남기 힘든 구조다. 적어도 무한 경쟁 시장에서 살아남은 기업들은, '소비자에게 주어지는 최선의 선택지 중 하나'라는 신뢰를 자연스럽게 얻는다.

기부는 경쟁 시장이 아니다. 치열한 경쟁이 있다고 하기엔 애매하다. 기부자들도 충분히 감지할 수준이다. 그 어떤 기부단체도 다른 단체보다 우리 단체에 기부하는 게 더 낫다고 이야기하지 않는다. 생리대 기부같이 비슷한 사업을 할 때도 마찬가지다. 비슷한 사진들과 문구들로 캠페인을 꾸미면서도 좀처럼 자신의 차별점을 내세우지 않는다. 사연의 주인공만 강조한다. 경쟁보다는 동료의 느낌이다. '우리는 좋은 일을 하는 사람들'이라는 동료의식을 좋아하는 구성원들이 많은 것도 사실이지만, 이런 의식이 기부업계의 경쟁력을 한계 짓는 것도 사실이다.

신규 경쟁자의 등장도 뜸하다. 다양한 스타트업이 창업되고, 새로운 사업에 관심갖는 투자사들이 몰려있는 영리 시장과 달리, 기부 시장에는 더 좋은 모델이 개발되었다고 해서 투자해 주는 곳은 없다. 좋은 제품이 있다면 사겠다는 소비자는 있는데 정작 제품을 만들 돈을 투자하겠다는 투자자가 없는 시장이다. 혁신적인 모델로 무장한 기부단체가 생겨나기 쉽지 않은 구조다. 이는 다음부터 이야기할 '혁신이 없는 시장'과도 연결된다. 영리 시장의 비효율적인 기업은 저절로 퇴출당하지만, 기부 시장에서는 경쟁도 없고 밑에서 치고 올라오는 단체도 없기 때문에 기부금 횡령 수준의 범법 행위를 저지르지 않는다면 낙오될 일도 없다. 전반적으로 변화가 늦고 경쟁이 느슨하다.

혁신이 없는 기부단체

혁신은 산업의 효율이 높아지는 과정이다. 다른 산업들은 혁신을 거듭하며 진화한다. 인터넷과 모바일, 그리고 IT기술의 발달은 이런 변화의 속도에 불을 붙였다. 유통업은 동네 슈퍼가 슈퍼마켓으로, 대형마트로 그리고 온라인 쇼핑을 거쳐 새벽 배송에 이르기까지 변화를 거듭해 왔다. 20년 전의 모습을 지금까지 그대로 유지하고 있는 산업은 없다.

기부 시장엔 어떤 변화가 있었을까? 적어도 기부자가 느낄만한 큰 변화는 없었다. 월드비전의 2006년과 2022년 연차보고서를 비교해 보자. 대형단체들이 연차보고서를 온라인에 모아두기 시작한 2006년부터, 사업에 대한 짧은 소개와 함께 수혜자의 수를 알려주는 설명방식은 거의 변하지 않았다. 사업 모델도 변화가 없었는지 설명이 비슷하다.

2006년부터 지금까지 지속된 '사랑의 도시락' 사업을 보자. 2006년 연차보고서는 총 1,805명(정부 지원 포함)에게 일일 한 끼의 '사랑의 도시락'을 직접 제작 지원했고, 이를 위해 전국에서 자원봉사자 2,487명이 동참했다는 사실만 짤막하게 언급한다. 2022년은 어떨까? 큰 차이가 없다. 279,291명의 결식아동에게, 1식 3찬의 저녁 도시락을 주 5일 제공했다는 사실만 짧게 언급되어 있다.

변화가 보이는가? 월드비전 내부에서는 나름 많은 변화를 해왔겠지만, 적어도 기부자가 체감할 만한 수준의 변화는 없다. 연차보고서 전체를 봐도 디자인만 유려해졌을 뿐, 내용 자체는 크게 변하지 않았다. 그렇다고 도시락 산업에 변화가 없었을까? 2006년은 편의점에서 도시락도 잘 안 팔던 시절이다. 지금과 같은 라이더 중심의 배송시스템은 아예 없었다. 밀키트 시장도 이렇게 발달하지 않았다. 햇반이 일상식으로 자리를 막 잡은 시점이고, 스마트폰도 상용화되지 않았던 시절이다. 그런데도 비슷한 모델로 사업을 하고 있다면? 기부자는 기부 시장에 혁신이 부족하지 않은지 의심할 수밖에 없다.

모금 방식 역시 큰 변화는 없었다. 2000년대 중반 1:1 결연 후원이 대중화된 이후 눈에 띄는 변화는 없었다. 종이로 주던 자료를 이메일이나 모바일로 주고, 카카오 페이 같은 신규 결제 수단을 추가하는 변화가 끝이다. 지금도 연차보고서는 모바일에 최적화되어 있다기보단 인쇄물을 PDF로 올려두는 수준이다. 심지어 재무제표는 스캔본을 올려둔 단체들도 보인다. 카카오톡을 활용하지만, 개인에게 맞춘 콘텐츠를 서비스하지 않는다. 모두에게 보내던 소식지나 보고서 내용은 그대로 둔 채 전달 방법만 바꾼 수준이다. 오히려 변화에 역행하는 느낌의 거리 모금이 늘어나는 기현상도 보였다. 다른 사업들과 비교해 보면, 압도적으로 변화가 적었던 산업임은 분명하다.

변화가 있었지만 기부자가 몰랐을 수도 있고, 진짜 변화가 없었을 수도 있다. 하지만 중요한 것은 기부단체들은 그 어떤 변화도 기부자들에게 소개하지 않았다는 점이다. 변화가 있었다 한들 설명해 주지 않으면 알 수가 없다. 고객이 혁신을 실시간으로 체감할 수 있는 영리와 달리, 돈을 내고, 물건을 사고, 최종 사용하는 사람이 모두 분리된 기부 시장에서는, 혁신 역시 누군가 이야기를 해줘야만 알 수 있다. 그런데 기부단체는 아무런 이야기를 하지 않았다. 기부단체의 이런 모습은 기부자들에게 '기부는 비효율적이다'라는 인식을 심어주기에 충분했다. 그리고 이 인식은 기부자들의 의심을 한층 강화하고 있다.

정보 공유에 대해 높아진 눈높이

정보 공유에 대한 기부자의 높아진 눈높이 역시 빼놓을 수 없다. 타 산업에서 제공하는 획기적인 정보 공유는 기부자들의 기대치를 엄청 높여버렸다. 온라인 쇼핑몰에서 상품을 구매하면, 상품 준비 상황부터, 배송 현황, 도착 예정 시간까지 실시간으로 상황을 알려준다. '배달의 민족'이나 '요기요'에서 음식을 시키면 실시간 음식의 배달 위치와 예상 도착 시간을 알려주고, 카카오 택시에선 목적지 예상 도착 시간과, 예상 택시 탑승 시간까지 보여준다. 서비스 장애로 고객센터에 전화해도 마냥 기다리지 않고 현재 대기인원과 예상되는 대기시간을 알려준다. 지금 기부자들은 과거에 있던 어떤 기부자들보다도 정보 공유에 대해 높은 기준을 가지고 있다.

　기부자들은 기부에서도 같은 수준의 정보를 받아보기를 원한다. 내가 낸 기부금이 언제 어떻게 어느 사업에 쓰였는지 알고 싶어 한다. 아이들에게 학용품을 지원하는 모금이라면, 내가 낸 기부금으로 기부단체가 언제 학용품을 샀고, 언제 어느 지역에 사는 아이에게 쓰였는지 알고 싶어 한다. 온라인 쇼핑몰과 택배사가 제공하는 배송 추적 시스템 수준의 정보를, 기부단체들도 충분히 공유해줄 것이라고 기대한다.

　이에 비해 기부자가 기부 과정에서 받는 정보의 수준은 크게 바뀐 것이 없다. 여전히 기부금의 사용 결과 공유는 1년에 한 번 받아보는 연차보고서에 의존한다. 홈페이지에 있는 기부자별 기부 내역을 봐도, 출금된 금액만 나올 뿐, 자신의 기부금이 어떻게 사용되었는지를 자세히 알려주지 않는다. 예전에는 이런 방식도 큰 문제가 없었다. 길에서 하염없이 빈 택시를 기다리고, 이미 출발했다는 음식점의 답변만 믿어야 했던 시절에는 그랬다. 하지만 지금은 그렇지 않다. 기부자들의 눈높이는 이미 한참을 앞서가고 있다. 예전 방식으로는 기부자의 의심을 절대로 해소할 수 없다.

기부자의 의심은 점점 더 커져가고 있다.

2장

불투명한 기부금 사용 과정

기부 포비아,

"기부하면 뭐해, 단체만 좋지 뭐."

사라진 사연의 주인공들

원래 국내 후원까지만 나오는 거야?

친구가 나에게 물었다. 기부를 주제로 대화가 오가다 보면, 대부분은 나에게 기부에 대한 불만을 토로하는 흐름으로 이어지게 마련이다. 이날의 주제는 기부 내역이었다.

사연은 이랬다. 친구는 인터넷에서 우연히 본 난치병을 앓는 아이의 사연이 너무 안타까워 단체에 들어가 기부를 시작했고, 자동이체를 설정해 둔 탓에 잊고 있었다. 몇 년 후 연말정산에서 기부 내역을 확인하다가, 문득 그 아이가 생각 나서 그 아이의 이야기도 찾아볼 겸, 단체의 홈페이지를 다시 찾았다. 캠페인 후기 페이지에서 그 아이의 현황도 알아보려고 하는데, 그 아이와 캠페인의 이름이 생각나지 않았다. 그래서 지난 기부 내역을 뒤졌다. 기부 내역 안에 아이의 이름과 캠페인명 정도는 있을 것으로 생각했다.

그런데 없었다. 아니, 아이의 이름은 커녕 그 어떤 정보도 얻을 수 없었다. 친구의 기부 내역서에는 매년 3만 원이 국내 사업에 후원했다고만 적혀 있었다. 혹시나 하는 마음에 국내 사업 글자를 클릭해 봐도 반응하지 않았다. 이후 기억을 더듬어 기부를 시작했을 무렵 진행된 캠페인들을 찾아 그 때 기부한 캠페인과 후기를 확인할 수 있었다. 그러나, 캠페인 후기를 봐도 그 캠페인에 내가 낸 기부금이 얼마나 사용되었는지, 아이에 대한 후원이 종료되었다면 그 이후에 낸 기부금은 어떻게 쓰였는지 알 방법이 없었다.

친구는 나에게 기부단체들이 이 내용을 일부러 안 보여 주는 건지, 아니면 기부 내역에 나온 대로 자신이 낸 기부금이 결국 국내 사업에 쓰인 것인지 물었다. 나는 답을 못 했다. 나도 친구에게 이 이야기를 듣기 전까지는, 기부 내역에 어떤 정보들이 표시되는지 알지 못했기 때문이다. 이후에 확인해보니 과연 기부 내역에는 별다른 설명없이 국내 사업이라고만 나와 있었다.

우리는 앞에서 기부에 대한 의심이 확산되는 과정을 살펴보았다. 모든 의심이 불신으로 이어지진 않는다. 의심이 있더라도, 이를 말끔히 씻어낼 만큼 기부가 투명했다면, 이런 의심은 하나의 해프닝으로 끝났을 것이다. 하지만 기부 내역에서 아무런 정보를 찾지 못한 내 친구의 이야기처럼, 기부단체들의 모금과 기부금 사용 방식은 이런 의심을 덜어주기에 너무나 취약하다.

기부단체들은 기부 과정이 더 이상 투명할 수 없을 것처럼 이야기하지만, 전혀 그렇지 않다. 기부단체들이 SNS에 홍보하는 캠페인이나 국세청에 공시하는 자료들만 봐도 이상한 것 투성이다. 그중 어려운 이웃들의 사연을 주제로 한 캠페인 모금은 가장 대중적이기도 하지만, 동시에 가장 불투명한 모금 방식 중 하나다.

캠페인에 연결된 전혀 다른 모금함

많은 기부자들이 '모금 캠페인'을 통해서 기부를 시작한다. 보통 '○○의 배고픈 하루'와 같이 심금을 울리는 제목을 하고 있으며, 각 단체 홈페이지의 상단 메인 배너 자리에 주로 배치된다. 어려운 이웃의 사연과 함께 사이사이 노출되는 기부 버튼으로 기부를 유도하는, 대표적인 정기기부 유입 방식 중 하나다. 기부자들은 어려운 이웃의 사연에 공감하며, 이들을 돕기 위해 기꺼이 지갑을 연다. 어려운 사정을 사진이나 영상에 그대로 노출한다는 점에서 빈곤 포르노 이슈가 약간 있긴 하지만, 큰 문제가 될 정도는 아니다.

　　진짜 문제는 이 모금 캠페인에 연결된 모금함이다. 모금함은 말 그대로 기부금이 모이는 통이다. 어떤 캠페인을 보고 기부했는지와 상관없이, 결국 기부금은 최종 도착한 모금함에 따라 그 사용이 결정된다. 새우깡 박스를 뜯으면 새우깡이 나와야 하듯이, 겉에 보이는 내용과 내용물이 같아야 당연하지만, 겉에 보이는 캠페인과 실제 기부금이 들어가는 모금함이 서로 다른 경우가 많다.

캠페인을 통해 정기기부를 시작하는 기부자는 자신의 돈이 캠페인의 주인공, 혹은 적어도 비슷한 어려움을 겪은 사람들에게 사용되는 모금함에 넣어졌을 것으로 기대한다. 하지만 그렇지 않다. 그 돈의 도착지는 주인공의 사연과는 상관이 없는, 모든 국내 사업에 자유롭게 사용될 수 있는 국내 사업 모금함이다. 기부단체들은 모금이 잘 될 법한 사업(위기아동 지원사업 등)을 캠페인으로 만들어서 1년 내내 돌리고, 거기서 모이는 정기기부금을 국내 사업 전체에 사용하고 있는 것으로 보인다.

외면 받은 기부 의도

기부금은 기부자가 자발적으로 내는 돈이다. 해외 아동을 후원하든, 생리대 전달 사업에 기부하든, 결식아동을 위한 도시락에 기부하든 그것은 전적으로 기부자의 선택이다. 그래서 기부금은 기부자의 의도대로 쓰여야 한다. 아동을 도우라고 낸 기부금이 노인 기부에 쓰여서도 안되고, 과자를 사주라고 준 기부금이 학용품 지원사업에 쓰여서도 안된다. 기부하기 전에 기부자들을 설득할 수는 있겠지만, 한번 기부자가 결정했다면, 그대로 쓰여야 하는 것이 우선이다. 기부자들은 대부분 자신만의 기부 목적을 가지고 있으며, 그 목적을 제일 잘 구현해 줄 곳을 본인이 찾아서 기부한다. 그리고 기부단체가 약속한 대로 기부금을 사용해 주기를 기대한다. 즉, 기부자 머릿속의 기부단체는 기부금을 약속대로 집행하는 역할이며 기부금 사용의 결정권이 기부자에게 있다고 생각한다.

비슷한 목적을 가진 정부의 복지 예산과 비교하면 그 차이가 더 뚜렷하다. 납세의 의무에 의해 확보된 정부의 복지 예산은 정부가 최선의 사용처를 고민해서 사용한다. 애초에 납세자들은 특정 사업을 위해 세금을 내지 않았다. 정부의 예산 사용 방식에 대한 찬반이 있고, 정부 역시 여론을 의식하겠지만, 어쨌거나 예산 결정권은 정부에게 있다. 그래서 사용처 선택의 기준도 다르다. 정부는 사회적 가치나, 사회가 앞으로 나아가야 할 방향, 시급성 등을 고려해서 사용처를 결정한다. 국회나 언론 시민단체 등 그 결정을 감시하고 비판하고 조언하는 곳도 많다. 토론을 통해 정답에 가깝게 예산을 배정하려고 노력하고 이해관계자들을 설득한다.

반면 기부금은 기부자의 생각이 곧 답이다. 윌리엄 맥어스킬(William MacAskill)은 그의 저서 '냉정한 이타주의자'에서 기부자들이 보다 효율적으로 세상을 바꾸는 방법을 고민하는 '효율적 이타주의'가 필요하다고 했다. 지진피해 성금을 내는 것보다, 보건 사업에 자원을 투자하는 것이 더 효율적이라고 다양한 증거를 들며 주장한다. 하지만, 정답이 필요한 정부라면 모를까 모든 개인기부자가 굳이 효율을 따져가며 기부를 하진 않는다. 대부분은 마음이 가는 대로 한다. 지진 피해에 더 마음이 쓰이면 지진 피해자들을 위해 기부를 할 뿐이다. 기부에 있어 대상자나 사업의 선택은 아주 개인적인 영역이라고 봐야 한다. 정답이 있어도 강제할 수는 없다. 선택권은 개인에게 있다. 아주 중요한 새로운 사업에 기부금을 쓰고 싶다고 해도, 기부자들을 설득하는 과정이 필요하다. 이를 건너뛰고 기부금을 사용하면, 기부자들의 반발을 살 것이다.

세이브더칠드런의 조부모가정 후원 캠페인

기부불신을 이야기하다가 갑자기 '기부금은 기부자가 의도한 곳에 사용되어야 한다.'는 원론적인 이야기를 꺼낸 것은 모금 캠페인의 아쉬운 점을 이야기하기 위해서다. 우리가 자주 보는 모금 캠페인에서는 안타깝게도 이 당연한 명제가 제대로 지켜지지 않고 있다. 실제 운영되던 모금 캠페인을 보면서, 무엇이 잘못되었는지를 살펴보자.

작년 세이브더칠드런에서 운영한 '구십 그리고 일곱, 증조할머니와 아름이' 캠페인을 보자.[1] 이름에서 보다시피, 증조할머니와 증손녀 둘이 사는 위기가정을 돕는 모금이다. 캠페인 페이지에는 아름이와 증조할머니의 모습과 함께, '우리 할머니 하늘로 데려가지 마세요.'라는 메시지와 힘들지만 매일 아름이를 더 잘 키우고 싶어 하는 할머니의 이야기가 나온다. 기부자들의 감정을 이끌어 내기 위해 적절한 영상, 사진들과 문구가 배치되어 있다.

아름이네 이야기를 더 알고 싶은 마음에 스크롤을 내리다 보면 '아름이네를 돕고 싶어요.'라는 버튼이 나온다. 세이브더칠드런

---

[1] 보통 사진은 실제 사연의 주인공을, 이름은 가명을 사용한다. 아름이라는 이름은 가명이기에 이 책에서 그대로 인용한다.

의 로고 색과 같은 붉은색 버튼으로, 누르면 바로 아름이네를 위한 모금 페이지가 나올 것 같이 생겼다. 만약 이 버튼을 클릭한 사람이 있다면, 아름이네 혹은 아름이네처럼 할머니와 둘이 어렵게 사는 가족들을 도와줘야겠다고 생각한 사람일 것이다.

하지만 버튼 클릭 이후엔 기대와 다른 화면들이 나온다. 버튼을 클릭하면 나오는 결제 페이지는 마치 이 캠페인 전용 모금함처럼 보이지만, 아니다. 페이지 상단에는 증조 할머니와 아름이의 사진이 있지만, 사진만 있을 뿐 이 페이지 어디에도 아름이의 이름은 등장하지 않는다.

사진 옆에는 조손가정이 아닌 국내 위기가정 아동이라는 문구가 있고, 시선을 아래로 내려 후원 분야를 확인하면 정기기부와 국내 후원이란 말이 나온다. 일시기부인지 정기기부인지 묻지도 않고 바로 정기기부로 지정되는 것도 아쉽지만, 국내 후원이라는 기부 분야는 변경하고 싶어도 변경할 수 없다.

바로 앞의 캠페인 페이지에 가득했던 아름이네 이야기가 정작 후원 페이지에서는 사진만 남기고 사라진다. 이건 아무리 봐도 국내/정기후원 전용 페이지다. 아름이네만을 위한 모금함도, 증조할머니와 함께 사는 가족을 위한 모금함도, 심지어 저소득가구지원을 위한 모금함도 아니다. 세이브더칠드런이 진행하는 모든 국내 사업에 사용될 수 있는 모금함이다.

이런 이상한 연결은 캠페인 곳곳에서 확인할 수 있다. 다시 캠페인 페이지로 돌아가 보자. 페이지를 더 끝까지 내리다 보면, 드림

(DREAM)이라는 이름의 저소득 조부모가정지원사업에 대한 설명이 나온다. 세이브더칠드런이 전국 56개의 사회복지관, 가정위탁지원센터와 함께, 저소득 조부모가정에게 생계지원, 교육지원, 심리지원을 해주는 사업이다. 그리고 그 아래에는 다시 한번 '저소득 조부모가정 후원하기' 버튼이 등장한다. 하지만 이를 클릭하면 다시 앞에서 본 정기후원 페이지가 나온다. '아름이네 기부하기'처럼 보이는 국내/정기후원 전용 페이지다. 캠페인에서는 개인에게 초점을 맞춘 가슴 아픈 사연이 소개되지만, 정작 기부는 국내의 모든 사업에 사용될 수 있는 모금함에 하게끔 되어 있다.

기부단체는 오해를 유발하는 캠페인을 설계하고, 기부자는 착각한다. 기부자들은 아름이네를 위해 기부했다고 생각하겠지만, 기부단체는 국내 후원이라는 약속을 받아냈다고 생각한다. 기부자와 기부단체의 동상이몽이다. 기부자는 막판에 모금함 바꿔치기를 당했다고 생각할 수도 있겠다. 기부자들이 불신을 넘어 배신감을 느낄 만한 상황이다.

이런 논란을 피하고 싶기라도 하듯, 캠페인 페이지 하단에는 후원금이 아름이네 가족의 생계비와 주거비로 먼저 쓰이며, 이후 모인 후원금은 국내 저소득 위기가정 아이들의 건강한 성장을 위해 쓰인다고 적혀있다.

하지만 이건 단체의 주장일 뿐, 기부자의 돈이 '국내 저소득 위기가정 아이들'에게만 갔다고 확인할 수 있는 방법도 없다. 국내 후원 모금함으로 기부금을 받았지만, 사실 그 안에서 기부금을 잘

나누어서 사용되고 있다고 주장하려면, 더 많은 근거를 가지고 와야 한다. 결제 페이지에도, 마이페이지에도 모두 '국내 후원'으로 표시하고 있으면서 말만 이렇게 해봐야 설득력은 없다.

월드비전의 아동 후원 캠페인

대형 단체들의 캠페인들은 대개 이런 식으로 진행된다. 이번엔 월드비전의 '나 항상 아빠 곁에' 캠페인을 살펴보자. 파킨슨병으로 혼자서는 아무것도 할 수 없는 아빠와 그 아빠를 홀로 지키는 아이(명호[2])의 이야기이다. '아픈 아빠를 지켜줄 사람이 저밖에 없어요.' 같은 감수성 충만한 문구가 영상, 사진과 함께 나온다. 앞에서 본 아름이네 캠페인과 내용은 다르지만, 같은 회사에서 스토리텔링 컨설팅을 받았다고 해도 될 만큼 디자인부터 후원 유도까지 이어지는 흐름이 비슷하다. 사연에 공감하며 글을 읽다 보면 '후원하기' 배너가 나오고, 이걸 누르면 후원 신청하기 페이지(즉, 결제 페이지)로 넘어간다.

후원 신청 페이지도 세이브더칠드런과 거의 유사하다. 페이지 상단에는 아이와 아빠의 사진과 '파킨슨병으로 몸이 굳어가는 아빠와 아빠의 하나뿐인 보호자 명호에게 힘이 되어 주세요.'라는 문구가 있다. 하지만 후원 종류는 이미 세이브더칠드런과 마찬가지로 '국내 사업 - 정기기부'로 고정되어 있다. 기부자가 선택할 수 있는

---

2   명호라는 이름은 가명이기에 이책에서 그대로 사용한다.

것은 후원 금액뿐이다.

아름이네 캠페인과 마찬가지로, 월드비전 캠페인에도 캠페인을 통해 모금된 금액이 이 캠페인에만 사용되지는 않고, 비슷한 상황의 아이들에게 쓰인다는 문구가 있긴 하다. 캠페인을 통해 모인 후원금을 명호네 가정을 위해 먼저 사용하고, 이후엔 비슷한 위기 상황에 놓인 아이들을 위해 사용한다는 식이다. 그렇지만 당연히 확인할 방법은 없다. 한번 기부를 하고 나면 기부자는 기부금의 행방을 확인할 수 없다. 마이페이지에도 오직 '국내 사업'만 나올 뿐이다.

자기가 낸 기부금이 본래의 의도와 다른 곳에 기부되는 것을 좋아할 기부자는 없다. 캠페인의 왜곡된 부분을 깨달은 기부자는 기부를 더 의심하고 불신하게 된다. 사회적으로 봤을 때는 기부자가 원하는 사업보다 더 절박하고 시급한 사업에 먼저 기부금을 사용하는 것이 더 나을 수도 있다. 하지만 충분한 설명 없이 기부자의 의도와는 다르게 기부금을 사용하는 점은 실망스럽다. 모금할 때는 가장 설득이 쉬운 사연을 내세우고 정작 결제 단계에서는 다른 곳에도 사용 가능한 모금함을 앞세우는 방식은 확실히 문제가 있다.

온라인 쇼핑에서 장바구니에 담은 상품과 다른 상품이 결제되는 상황과 비슷하다. 꼬깔콘 오리지널이 먹고 싶어서, 오리지널만 10봉이 들어있는 묶음 상품을 분명 장바구니에 담고 결제하기를 눌렀는데, 결제하려는 순간 오리지널 묶음이 여러 종류의 꼬깔콘이 섞여 있는 랜덤 묶음 상품으로 은근슬쩍 바뀌는 것과 같다. 아무런 설명 없이 상품이 결제 직전에 바뀐다면 누가 좋아할까? 꼭 이

옷의 사연으로 기부자의 눈길을 끌고 이들을 국내 후원으로 이끌고 싶었다면, '우리가 특정한 사연으로 기부자님을 여기로 이끌었지만, 지금 앞에 놓인 모금함은 '국내 후원' 모금함입니다.' 정도의 문구를 잘 보이게 적어두었어야 한다.

한참 미흡한 보완 장치

'국내 후원 모금함'에 대한 기부자들의 불만을 기부단체들이 모를 리 없다. SNS의 캠페인 홍보물에는 '직접 돕고 싶습니다, 계좌를 알려주세요.'라는 댓글이 달리고, 내 친구의 사례처럼, '5년 만에 기부 내역을 뽑아봤더니 기부된 곳이 모두 '국내 후원'뿐이더라.'는 성토 글을 심심찮게 볼 수 있다. 각 단체도 이런 상황을 타개하기 위해 조금씩 노력하고 있다. 하지만 각 캠페인 뒤에 전혀 다른 모금함이 붙는 문제를 해소하지 못한다면, 어떤 조치를 취하든 모두 임시방편일 뿐이다.

굿네이버스의 일부 캠페인은 결제 페이지를 거치지 않고, 후원 계좌에 직접 송금하면서 기부금의 사용처를 지정할 수 있는 방법을 제공한다. 캠페인에 명시된 굿네이버스의 특정 계좌로 기부금을 이체하면서 입금자 이름에 본인의 이름과, 사연 주인공의 이름을 함께 적어주면 된다. 물품 역시 굿네이버스의 사무실로 보내면서, 사연의 주인공 이름을 써서, '○○에게' 혹은, '○○ 담당자 앞으로'라고 보내주면, 지역지부 담당자를 통해 해당 가정으로 보내준

다고 한다.[3]

물론 아동의 계좌가 아닌, 굿네이버스의 계좌이기 때문에, 송금한 금액이 진짜로 이 아이의 계좌로 전달되었는지는 확인이 불가능하다. 다만 캠페인 주인공의 계좌번호를 문의하는 기부자들에게 이 송금 방식을 안내하는 사례가 있는 것으로 봐선, 이렇게 계좌이체로 기부되는 돈은 따로 해당 가정을 위해서만 쓰이는 것으로 보인다.

하지만 굿네이버스는 이러한 지정후원 방식을 기부자들에게 적극적으로 알리지 않는다. 이런 방식의 후원이 가능한 캠페인은 굿네이버스의 캠페인 중에서도 일부에 불과하며, 후원 방식에 대한 안내 또한 캠페인의 거의 마지막에 아주 작은 글씨로 노출되어 있을 뿐이다. 국내 사업 모금함으로 가는 버튼이 눈에 잘 띄는 곳에 반복적으로 노출되는 것과는 천지 차이다.

한편, 초록우산 어린이재단은 기부자가 홈페이지에서 본인이 어떤 캠페인을 통해서 기부를 했는지 알려준다. '나의 초록우산' 내에 '참여 캠페인'이라는 별도의 메뉴를 통해서 확인할 수 있다. 다른 단체에선 보기 힘든 이 메뉴에서, 기부자는 자신이 후원한 캠페인은 물론, 후원을 시작한 날짜와 후원 금액까지 확인할 수 있다. 다만 이는 기부를 시작하게 된 캠페인이 무엇이었는지를 알려주는 것일 뿐, 기부자가 매달 내는 기부금의 행방을 알려준다고 보기는 어

---

3   굿네이버스의 캠페인 지정후원 방식 SNS 안내문.

렵다. 기부를 중단해도 계속 '참여 캠페인'의 내용은 변하지 않는가 하면, 이미 종료된 캠페인도 별다른 추가 정보 없이 노출된다. 기부금이 어디로 쓰였는지 알려주기 보다는, 기부자를 처음 기부하게 만든 캠페인들을 보여주는 정도의 의미다. 엄밀히 말하면 기부금의 행방과는 관계 없는 정보다.

사연형 캠페인에 붙어있는 전혀 다른 모금함. 너무나 결정적인 문제이기에, 기부단체들은 이를 쉽게 인정하지 않을 것 같다. 왜 캠페인 마지막에 국내 모금함을 붙여놨냐고 묻더라도 '국내 모금함으로 분류되긴 했지만, 캠페인에 적힌 대로 위기아동을 위해 쓰였다'고 주장할 지도 모르겠다. 물론 진짜 그럴수도 있다. 국내 사업 모금함에 모인 기부금을 (기부자 모르게) 모두 기부 의도별로 라벨을 붙여 구분해서 관리하고 있을 수도 있다. 예를 들어 같은 아름이네 모금 캠페인을 보고 기부한 사람의 기부금은 별도로 분류해서 저소득 한부모 가정에만 따로 지원할 지도 모를 일이다. 우리가 앞에서 본 캠페인 내용에도 '이후 모인 후원금은 국내 저소득 위기가정 아이들이 건강하게 성장할 수 있도록 지원된다.'고 쓰여있는 것을 보면, 정말 그럴지도 모른다.

기부자들에게 이렇게 두리뭉술하게 안내하기는 쉽다. 말이야 무엇이든 할 수 있다. 하지만 기부자들이 원하는 것은 근거다. 이것을 증명하려면, 적어도 국내 저소득 위기가정 아이들의 건강한 성장을 위해 진행한 사업의 규모와, 이 캠페인으로 모인 모금액 규모를 명확히 공개해야 한다. 그리고 적어도 이 사례의 주인공에게 직접 쓰인 비용도 공개를 해야 한다. 그러나 이런 자료들을 모두 공개하고 있는 단체는 없다. 애초에 국내 후원 모금함에 모든 캠페인의 기부금을 모으는 방식으로는 이를 증명하기 어렵다.

만약 이를 내부에서 별도로 관리하고 있음에도 불구하고 그동안 기부자들에게 이야기를 안 했던 것이라면, 오히려 더 실망스러운 일이다. 정말 중요한 기부금 사용 정보를 일부러 공개하지 않았다는 뜻이기 때문이다. 만약 정말 내부에서는 분류해서 쓰고 있다면 이 정보부터 빨리 제대로 공개해야 한다. 기부금을 투명하게 관리한다고 말하고 싶다면, 먼저 캠페인 뒤에 붙어있는 국내 사업 모금함에 대해 해명하고 마이페이지에서 각 개인별 기부금의 행방을 지금보다 자세히 명시해야 한다.

의도와 다르게 쓰이는 기부금

캠페인을 거쳐 국내 사업 모금함에 모인 돈은 어떤 사업에 쓰일까? 공개된 정보들을 바탕으로 기부금 사용 내역을 추적해 보자. 눈치 챘겠지만 대부분 사연과는 상관없는 사업으로 흘러간다. 적어도 연차보고서상으로는 그렇다. 결국 기부금이 기부자의 의도와는 상관없는 사업에 대부분 쓰이는 셈이다.

'빈곤위기 아동지원'에 쓰인 돈은 18.9%

다시 세이브더칠드런으로 가보자. '구십 그리고 일곱, 증조할머니와 아름이' 캠페인에 기부한 돈은 어떻게 쓰였을까? 기부된 돈이 흘러간 곳은 국내 사업 모금함이기에, 세이브더칠드런의 국내 사업 지출 내역을 확인하면 그 행방을 파악할 수 있다.

세이브더칠드런은 2022년 국내 사업 후원금으로 375.7억 원을 모금했고, 406.8억 원을 국내 사업에 사용했다.[4] (※후원금 안에서 사업수행비는 물론, 일반관리비와 모금비를 써야 하므로, 보통은 사업비보다 전체 후원금 규모가 커야 한다. 세이브더칠드런의 경우, 후원금 중 국내/해외 어디든 사용할 수 있는 '일반후원금[5](196.0억)'과 '후원물품 수입(37.2억)'을 따로 집계하고, 이 중 일부를 국내 사업비로 사용하고 있는 것으로 보인다.)

국내 사업에 모인 기부금은 다양한 사업에 사용된다. 연차보고서의 분류만 봐도 크게 아동보호, 빈곤위기아동지원, 발달참여, 놀권리, 국내 인도적지원/기후위기 5가지 사업이 있다. 이 중 아름이네 캠페인과 연계된 사업은 '빈곤위기 아동지원'으로 추측된다.[6] 여기에 사용된 사업비는 97.9억 원으로 전체 국내 사업 406.8억 원의 24.1%에 불과하다. 즉, 아름이네 캠페인을 보고 기부했더라도,

---

4 세이브더칠드런 2022 연차보고서.
5 사업 영역에 관계없이 가장 필요한 곳에 사용될 수 있도록 맡기는 기부금.
6 굳이 '추측'이라는 단어를 쓴 이유는 이 캠페인에 언급된 '국내 저소득 위기가정 아이들'이라는 단어가 사업구분 표에는 없기 때문이다. 이 불명확한 사업구분표에 대해서는 후반부에서 자세히 다룰 예정이다.

나머지 75.9%는 기부자의 의도인 빈곤위기 아동지원이 아닌 아동보호나 놀권리, 기후위기 사업에 사용된 셈이다.

게다가 일반관리비와 모금비는 별도다. 〈운영성과표〉에 따르면 22년 세이브더칠드런이 사용한 일반관리비와 모금비의 합은 전체 지출의 21.5% 수준이다.[7] 즉, 10,000원을 기부했다면, 이 중 21.5%인 2,150원은 일반관리비와 모금비에, 그리고 나머지 7,850원이 사업에 쓰였고, 이 7,850원 중 24.1%인 1,892원만 캠페인과 비슷한 내용의 '빈곤위기 아동지원' 사업에 쓰였다고 볼 수 있다. 즉 기부금의 18.9%만 기부자의 의도대로 쓰인 셈이다.

세이브더칠드런의 2022 국내 사업비 상세 내역

(단위: 억 원)

구분		내용	금액
국내 사업	아동보호	아동에게 안전한 기관만들기 사업, 학대피해아동 심리정서 및 사례관리강화, 아동보호시설지원(아동보호전문기관, 학대피해아동쉼터, 가정위탁지원 센터)	230.9
	빈곤위기 아동지원	저소득가정 아동지원, 조손가정 아동지원, 아동 식사지원, 난민 아동지원, 국내아동결연, 보건의료지원, 지역아동권리사업	97.9
	발달참여	장애아동 놀이교사지원, 삼성 스마트스쿨 사업, 지역옹호·아동참여활동, 기후위기 대응을 위한 지역아동센터지원, 아동권리기획연구	44.5

---

[7] 전기이원금의 기부금외 수입의 존재로 오차가 있을 수는 있겠지만, 모금액과 총사업비를 거의 같은 규모로 설정한다고 가정했다.

국내 사업	놀권리	놀이환경개선사업(도시형, 농어촌, 학교), 놀이환경진단사업(지역사회, 학교)	25.1
	국내인도적 지원/기후위기	국내 재난대응 활동, 기후위기아동권리교육, 지구기후팬클럽 어셈블	7.4
	소계		406.8

출처: 세이브더칠드런 2022 연차보고서

원하지 않는 곳에 쓰이는 기부금

더 큰 문제는 기부자가 원하지 않는 사업에도 기부금이 쓰인다는 점이다. 같은 사회문제라고 하더라도 각 기부자의 사회적 공감 수준은 서로 다르다. 많은 사람들이 공감하는 사업도 있지만, 아직 사회문제라고 하기엔 논란이 있는 사업도 있다. 문제에는 공감해도 각자 옳다고 생각하는 해결 방법이 다를 수도 있다. 여기에 이견이 존재하면 나중에 문제가 생길 수 있다. 기부자는 기부단체의 모든 사업을 확인한 적도 없고, 기부금을 모든 사업에 사용하도록 허락한 적도 없는 반면, 자의든 타의든 국내 사업 모금함에 기부하는 순간, 그 기부금의 사용에 개입할 수 있는 방법이 없기 때문이다.

예전에는 이런 것이 큰 이슈가 아니었다. 사회문제가 지금만큼 다양하지도, 호불호가 심각하게 갈리지도 않았기 때문이다. 보통 '불우 이웃'이라는 큰 개념 아래 장애인, 저소득 아동/노인 등의 문제가 함께 있었다. 어차피 어려운 이웃을 돕는 것이기에, 그 안에서 장애인을 지원하든, 저소득 아동을 지원하든 큰 이슈는 없었다. 이들이 '도움을 줘야 하는 어려운 이웃'이라는 사회적 공감대가 있었다. 당시 기부자의 고민 역시 그 정도의 깊이였다. 기부 문화가 지금처럼 발전하기 전의 이야기다.

요즘은 다르다. 기부자들은 예전보다 다양한 관심사와 기준을 가지고 있다. 거의 모든 기부자가 찬성하는 기부처도 있지만, 아닌 기부처도 많다. 5년 전만 해도 기후위기의 심각성을 부정하는 사람은 지금보다 훨씬 많았다. 유기견 보호 사업에 기부한다고 하면, 사람한테나 기부하라고 비판하는 사람들도 있다. 청년들의 취업이나 주거 문제가 50대 이상의 눈에는 그저 배부른 소리나 개인의 의지 문제로 여겨지기도 한다.

더 나아가 문제 해결 방법에 대해 아예 반대의견을 가지는 경우도 있다. 난민, 불법체류 외국인 노동자, 여성 운동과 같은 이슈들이 대표적이다. 다문화 가정에 대한 관심이 점점 필요해지고 커지는 것도 사실이지만, 불법체류 외국인 가정을 돕는 것은 피하고 싶다는 사람도 많다. 만약 기부금이 기부자가 반대하는 사업에 쓰인다면, 기부자들은 당연히 큰 배신감을 느끼게 된다.

어린이재단의 후원해지 인증 릴레이

2021년 초록우산 어린이재단이 겪은 후원 취소 릴레이는 기부자들의 분노를 확인할 수 있는 사례다. 초록우산 어린이재단이 어린이와 무관한 페미니즘 행사에 후원한 사실이 알려지면서, 페미니즘에

동의하지 않는 후원자들의 후원해지가 이어진 사건이다.[8] 이 후원해지 사건에 대해서는 많은 논란이 있지만, 여기서는 기부자의 기부금이 기부자가 원하지 않는 사업에 쓰인 점만 주목해서 보도록 하자.

　이 문제의 핵심은 페미니즘이 아니다. 이 문제를 촉발한 사진은 인증 릴레이가 시작되기 3년 전인 2018년 사진이었고, 내용도 사실 평이했다. 초록우산 어린이재단이 페미니즘 모임에 장소를 대관해 주었다거나, 여러 단체와 함께 후원한 행사의 일부 부스가 페미니즘을 다룬 정도였다. 남녀 갈등의 한복판에 초록우산 어린이재단의 이름이 나와야 할 정도의 이슈는 아니었다. 실제 초록우산 측도 사진에 나온 부스나 모임과 재단은 무관하다고 발표하면서 모든 사업을 UN 아동권리협약을 기준으로 정치·종교·인종·성별에 따른 편향성을 가지지 않고 수행한다고 밝힌 바 있다.[9]

　문제는 초록우산의 행사 후원비가 기부자들의 기부금으로부터 나왔다는 점이었다. 만약 해당 후원에 쓰인 기부금이 정기기부자의 기부금과 무관하다는 점을 재단이 명확히 밝힐 수 있었다면, 사건이 이렇게 이슈화되지는 않았을 것이다. 그러나 그런 증거는 없었다. 기부자의 입장에서 보면, 세이브더칠드런은 어린이를 위해

8　김자아, "초록우산 어린이재단, '페미 지원' 논란…후원 중단하는 남성들," *머니투데이*, 2021.5.21, https://news.mt.co.kr/mtview.php?no=2021052111145815985.
9　"일부 사이트 게시판에 게시된 글에 대한 초록우산 어린이재단의 입장," 초록우산, 2021.5,21. https://www.childfund.or.kr/news/bizView.do?bdId=20024920&bmId=10000023.

써달라고 기부 받은 돈을, 묻지도 않고 다른 곳에 마음대로 썼다. 기부자가 화낼 만하다.

결국 모금함의 문제다. 사건을 재구성해 보자. 기부자는 어려운 어린이들의 사연을 보고 이들을 돕기 위해 기부 버튼을 눌렀지만, 결과적으로 자기도 모르게 '국내 후원'이라는 모금함에 기부했다. 그리고 어린이재단은 국내 사업의 일환으로 해당 행사를 후원했다. 만약 기부자들이 국내 후원 모금함에 대해 자세히 들은 후 기부했다면 이런 취소 행렬은 일어나지 않았을지도 모른다. 바꿔서 이야기하면, 처음부터 이런 행사에도 지원될 수 있는 모금임을 알려주었다면, 기부를 하지 않았을 기부자도 있었을 것이다. 하지만 이런 안내는 없었고, 기부금은 기부자가 전혀 원하지 않는 사업에 쓰이고 말았다.

지금같이 모금 캠페인에 국내 사업 모금함이 붙어있는 체계에선, 기부자들이 원하지 않는 사업에 기부금이 쓰이는 일은 반복될 수밖에 없다. 그때마다 기부자들의 의심은 계속 불신으로 진화하게 될 것이다.

좋은 일에 쓰니
걱정 말고 기부하세요

각 사업에 대한 설명이 부실하다는 점도 불투명한 기부의 주요 원인 중 하나다. 의심의 눈초리로 기부단체들의 사업 설명 자료를 읽어보면, 내용이 정말 부실하다. 돈을 어떻게 사용하겠다는 설명은 거의 하지 않은 채 '좋은 일에 쓰니 걱정 말고 기부하세요.'라 말하는 수준이다. 투명하고 불투명하고를 떠나 아예 내용 자체가 없다.

사업 설명은 이웃을 돕는 방법에 대한 이야기다. 아울러 기부금이 어떻게 쓰였는지, 혹은 쓰일 것인지 알려주는 통로가 된다. '좋은 일'이라는 말로 모든 것이 설명되던 시절도 있었지만, 요즘 기부자는 그 사업이 어떤 사업인지를 궁금해한다. 특히 소셜 섹터나 사회문제 해결에 관심 많은 기부자일수록 더욱 그렇다.

비슷해 보이는 사업이지만 자세히 보면 다른 경우도 많다. 여러 단체에서 진행하고 있는 '결식아동지원사업'을 보자. 이름과 목적은 비슷할 수 있어도, 밥을 전달하는 방법은 단체별로 다를 수 있다. 따뜻한 도시락을 만들어서 배달해 주는 방법도, 햇반이나 밀키트를 제공해 주는 방법도, 아동들이 먹고 싶은 것을 골라서 먹을 수 있게 편의점 체크카드를 전달해 주는 방법도 있다. 어떤 방법을 선택하느냐에 따라 어린이들이 받게 되는 지원과 1인당 드는 비용이 달라진다. 여기에 대상자 선정 방식, 도시락의 개별화 정도, 편식 개선이나 영양교육 여부까지 합쳐지면 나올 수 있는 사업 모델은 더욱 다양해진다.

　기부단체들이 제공하는 자료에는 '결식아동지원사업'이라는 말만 있을 뿐, 그 방식에 대한 자세한 설명은 없다. 대부분 지원 대상과 이들을 향한 대략의 지원 방안만 알려줄 뿐, 돕는 방법에 대한 설명은 거의 하지 않는다. 아주 간단하게라도 만 원을 내면 몇 명의 아이들에게 얼마짜리 도시락을 지원할 수 있는지, 왜 그 정도 단가의 도시락이 아이들에게 필요한지 정도는 알아야 내 기부금이 어떻게 쓰이는지 알 수 있을 텐데, 이조차 알려주는 곳이 없다. 그러다 보니, 기부자들은 자신의 기부금이 정확히 어떻게 쓰였는지 알기 어렵다. 알려고 해도 자세한 정보를 알 수 없다. 이런 상황에서 단체를 믿고 기부하기는 어렵다.

기부단체의 부실한 설명

지금 기부자에게 제공되는 사업 설명은 어느 정도의 내용을 담고 있을까? 기부자가 각 사업의 사업 모델을 알 수 있는 통로는 홈페이지뿐이다. 홈페이지 내 사업 소개 페이지나 캠페인 페이지에서 사업 모델 설명을 확인할 수 있다. 하지만 이마저도 아주 간단한 소개에 그친다. 더 자세히 알고 싶어도 알 수 있는 방법이 없다. 일부 사업은 사업별 기부 후기가 홈페이지에 게시되어 있기도 하지만, 지원 방법보다는 사진과 인터뷰 중심이다. 연차보고서에도 사업 모델 설명이 있긴 하지만, 보고서의 특성상 모델보다는 당해 성과 중심이다. 사업에 대해 자세히 알 수 있는 방법은 없다고 봐도 무방할 정도다.

캠페인 페이지의 부실한 사업 소개

그나마 가장 자세한 설명이 나오는 곳은 캠페인 페이지다. SNS 광고를 누르면 바로 연결되는, 가장 많이 노출되는 페이지 중 하나다. 잠재 기부자를 실제 기부로 연결하기 위해 만들어진 페이지이기 때문에, 기부단체들이 가장 신경을 많이 쓰는 곳이기도 하다.

앞에서 살펴본 월드비전의 '나 항상 아빠 곁에' 캠페인을 다시 보자. 캠페인 페이지의 스크롤을 내리다 보면, 거의 페이지가 끝날 때쯤 아이들을 어떻게 돕겠다는 이야기를 만날 수 있다. 하지만 너무 부실하다. 이 단체가 아이들을 돕는 방식은 생계비지원, 의료비지원 그리고 안전한 주거 환경 마련 이렇게 3가지인 모양이다. 이 세 가지의 지원에 대한 자세한 이야기를 알고 싶지만, 기부자에게 허락되는 것은 아주 간단한 한 줄 설명들이다. 예를 들어 생계비지원에는 생계가 어려운 이 가족이 안정적인 생활을 할 수 있도록 생계비를 지원한다, 의료비지원에는 아빠의 꾸준한 치료를 위한 병원비와 재활치료비를 지원한다, 그리고 주거환경지원에는 아빠의 안전을 위해 가파른 계단이 없는 곳으로 주거 이전비를 지원한다고 쓰여 있는 식이다.

매우 대략적인 내용밖에 없다. 클릭하면 더 자세한 설명이 나올 것 같지만, 아무리 눌러봐도 더 이상의 분량은 없다. 당사자를 섭외하고 캠페인까지 함께 만들었다면, 이미 단체의 노하우를 기반으로 이 아이에게 어떤 도움을 줘야 할지 충분한 조사를 했겠지만, 자세한 내용을 기부자에게 알려주지 않는다. 생계비와 의료비 그리고 주거환경 개선 비용이 각각 어떤 비중으로 사용될지도 나오지 않는다. 예를 들어 안정적인 생활은 어떤 의미인지, 생계비를 얼마나 지원하는지, 어떤 기준으로 지원하는지, 바로 계좌로 후원금을 보내주는지 아니면 물품으로 바꿔서 보내주는지, 주거 이전비는 어느 정도가 들고 새로운 집은 거주하는 집에서 얼마나 먼지 궁금해하는 기부자들은 궁금증을 해소할 방법이 없다. 월드비전을 아주 믿는 기부자면 모르겠지만, 적어도 의구심을 품고 있는 기부자에게는 너무 부족한 설명이다.

그 어디에도 없는 사업 설명

다른 곳을 봐도 더 자세한 설명은 없다. 홈페이지의 사업 설명 페이지를 보자. '나 항상 아빠 곁에' 캠페인이 속한 '위기아동 지원사업' 페이지가 있긴 하지만, 여기서도 사업에 대한 별다른 내용을 볼 수 없다. 역시 생계비, 의료비, 주거비지원에 대한 설명이 짧고 간단하게 서술되어 있을 뿐이다.

그나마 모금 캠페인에 활용된 적이 있는 사업이라면, 캠페인 후기를 통해 추가 정보를 확인할 수 있다. 각 단체는 캠페인 후기에서, 해당 캠페인을 통해 사연 속 주인공들의 삶이 어떻게 변화했는지 보여준다. '나 항상 아빠 곁에' 캠페인은 아직 후기가 나오기 전이지만, 과거 비슷한 캠페인의 후기를 통해 어떤 내용들이 후기에 들어가는지 확인할 수 있다. 하지만 여기에도 어떤 물품들이 제공되었고, 주거 공간이 어떻게 바뀌었는지 정도만 볼 수 있다. 그것도 자세한 내용이 없다. 지원 이후의 결과를 보여주는 사진과 함께 '안정된 주거환경에서 지낼 수 있도록 주거비를 지원했습니다.' 수준의 간략한 설명만 나온다.

금액도 없고 숫자도 없는 이상한 후기다. 이 정도 내용으로는 이 사업에 대해 제대로 알 수 없다. '매우 어려운 이웃을 도왔구나.' 정도의 추상적인 느낌만 받는다. 치과 진료비를 지원했다는 말과, 치과 진료비 100만 원을 대신 납부해줬다는 말의 차이는 크다. 만약 캠페인을 통해 총 얼마가 모였고, 이중 얼마가 어떤 치료를 위한 의료비로 지원되었고, 얼마가 이 가족의 사후 모니터링을 하는

데 지원되었는지 알 수 있다면, 기부자들은 이 도움 방식에 대해 더 많이 이해할 수 있다. 그런데 이런 내용은 볼 수가 없다. 영업비밀인 것처럼 꼭꼭 숨겨져 있다.

아예 정보가 없는 사업

그나마 캠페인에 활용된 사업들은 상황이 낫다. 이런 사업들은 대부분 기부자들이 직관적으로 이해할 수 있는 빈곤 이슈를 다루고, 의료비나 주거비 등 기부자가 잘 아는 범위에서 아이들을 지원하는 사업이기 때문이다. 이런 사업은 기부자를 이해시키기 쉽다. 아이의 집에 냉장고를 사줬다고만 해줘도, 기부자들은 냉장고의 필요성과 대략의 가격, 그리고 그 효용을 경험을 통해 상상할 수 있다.

하지만 기부자들이 한눈에 이해하기 어려운 사업들은 문제가 심각하다. 가령 월드비전의 다른 사업인 '꿈 디자이너' 사업을 보자. 직관적인 이름이라 이름만 보고도 어려운 아이들을 위한 진로 교육임을 알 수 있다. 그런데 그 이상 알기는 어렵다. 홈페이지에서 설명을 찾을 수 있지만, 기부자가 충분히 이해할 수 있는 수준은 아니다. 취약계층 아동/청소년이 지역사회 안에서 보호와 지지를 받고, 주도적인 삶을 살며 꿈꾸고, 도전하고, 나누는 사람으로 성장하도록 돕는다는 사업의 목적은 명시되어 있지만, 이를 실행하기 위한 방법에 대한 이야기는 부족하다. 한번도 취약계층이 되어 본 적이 없는 기부자는 더욱 이해하기 어렵다.

사업 내용 역시 간단하게 설명한다. 꿈 디자이너 면접과 자아

탐색 프로그램으로 자신에 대한 탐색을 시작하고, 자기 성장계획서 작성과 직업 체험 및 직업인 인터뷰를 통해 진로 정보를 탐색하며, 긍정적인 자기 이해, 대인관계 및 정서 관리, 역량 강화, 성장, 마인드 셋 등을 내재화하면서 성장하고 변화한다는 내용이 전부다. 아마 영리 기업의 상품설명 페이지였다면, 분명 클릭이 꼬리에 꼬리를 물고 다양한 자료들과 사진, 영상들이 온갖 과장을 섞어가며 잠재고객들을 기다리고 있었을 텐데, 기부업계에서는 이런 적극적인 어필이 없다.

사업의 특징과 월드비전의 전문성을 더 보여줘야 한다. 시중에 있는 수많은 진로 교육 프로그램과 무엇이 다른지, 소외 아동들의 진로 교육을 위한 월드비전만의 노하우는 무엇인지, 다른 단체의 교육 프로그램과는 무엇이 다른지, 기부자들이 궁금해할 만한 내용을 기부단체는 더 설명해 줘야 한다.

다른 기부단체들도 마찬가지다. 굿네이버스의 지역사회지원사업 설명은, '지역사회 내 여러 위기 상황으로 어려움을 겪고 있는 아동 및 개인, 가정을 발굴하여 통합적인 복지서비스를 제공합니다.'이며, 초록우산 어린이재단의 돌봄지원사업에 대한 설명은 '지역사회 아동들의 건강한 성장과 발달을 위한 지원'이란 설명과 함께, 돌봄비지원, 부모 교육, 가족관계 기능 회복 및 돌봄 역량 강화와 같이 지원 내용의 제목만 나열되어 있다. 돌봄비는 어떻게 지원되는지, 부모교육은 어떤 내용인지? 통합적인 복지서비스가 무엇인지? 건강한 성장과 발달의 정의는 무엇인지? 등 궁금한 내용은 많지만 더 알 수 있는 방법은 없다. 기부금을 어떻게 사용하는 지에 대한 투명한 공개는 애초부터 없는 셈이다.

일부러 사업에 대한 정보들을 숨기는 것이 아니라면, 기부단체들은 사업 설명에 있어 좀 더 많은 내용을 담을 필요가 있다. 지금 수준의 간단한 설명들은 기부자들의 의심을 해소하기에 역부족이다.

부실한 설명에 대한 변명

사업 소개 페이지는 어쩔 수 없다고 쳐도, 캠페인 후기에서도 사업의 내용을 제대로 다루지 않은 것은 많이 아쉽다. 적어도 사연의 주인공에게 얼마를 들여 어떤 지원을 했는지 정도는 설명을 해줘야 한다. 제대로 된 정보 없이 후원 전후의 모습을 담은 사진이나 당사자의 감사하다는 인터뷰만 올려서는 기부자의 궁금증을 충족시킬 수 없다.

그런데 왜 후기에서조차 사업에 대한 내용을 제대로 설명해 주지 않는 것일까? 캠페인을 통해 얼마가 모금되었고, 그중 얼마를 사연 주인공에게 지급했으며, 그 금액으로 어떤 지원을 했는지 알려주는 것이 그렇게 어려운 걸까? 물론 이유는 있다. 기부 후기 페이지에서 후원 금액조차 공개하지 않는 이유에 대해 월드비전은, 후원금의 액수가 주변에 알려질 경우 가정이 마주하는 또 다른 위험들로부터 아동과 가정을 보호하기 위함이라고 말한다.

하지만 납득하기엔 불충분하다. 정말 자세히 알려주고 싶은데 방법을 찾을 수 없다기보단, 자세히 설명해 주지 않을 이유를 먼저 찾은 느낌이다. 캠페인에는 사연 주인공의 사진과 영상을 가명만 쓴 채 그대로 등장시킬 때도 있으면서, 정작 기부 후기에 정보를 올릴 때는 아동을 보호한다니 앞뒤가 맞지 않는다. 만약 정말 아동을 위한 것이었다면, 대역을 써서 아이를 완전하게 보호한 뒤 기부 후기를 자세하게 적어주는 것이 오히려 맞다. 그래도 주변으로부터의 위험에 대비하고 싶다면, 총 지원금은 공개하지 않고 사업별 지원 비율, 즉 23%는 치과 진료비에, 67%는 주거비지원에 사용되었다는 것까지만 밝히는 것도 방법이다. 결국 이것은 정보공개에 대한 의지가 얼마나 있느냐의 문제다.

실제로 이를 공개하는 단체도 있다. 세이브더칠드런은 캠페인 후기를 통해 후원금지원 내역을 자세하게 공개한다. 홈페이지의 소식-나눔 이야기 메뉴로 가면, 그동안 이 단체가 진행한 캠페인들의 사용 후기를 확인할 수 있다. 다른 단체들과 달리 해당 지원에 투입된 총 기부금과, 그 사용 내역을 상세하게 공개하고 있다. 놀라운 정보공개 수준이다.

세이브더칠드런의 '세 살 시윤이의 늦은 첫 걸음마, 그 후'라는 캠페인의 후기를 보자. 후기 페이지 제일 마지막에 아래와 같이 후원금 지출 내역을 공개한다. 그리고 각 세부지원별 금액을 산출 내역과 함께 표기하면서 자연스럽게 사업을 설명한다. 의료비를 봐도 재활운동치료비나 정밀검사비 처럼 단순하게 '○○이를 위한 치과 진료비를 지원하였습니다.'라고 짧게 쓰는 말보다 훨씬 더 구체적인 내용이 비용과 함께 명시되어 있다. 완벽하진 않지만 이 정도

2장 불투명한 기부금 사용 과정　　89

만 보여줘도 기부자들은 대충 어떤 지원을 아이에게 전달했는지 구체적으로 그려볼 수 있다.

시윤이네 지원 내역

구분	산출내역	소계
의료비	아동 치과 정밀검사비 148,900원×1회=148,900원	148,900원
	아동 재활운동 치료비 175,000원×12개월×1회=2,100,000원	2,100,000원
주거비	전세 보증금 33,000,000원×1회=33,000,000원	33,000,000원
가전·가구지원	냉장고, 아동 가구, 가스레인지, 청소기 구입 총 2,825,000원	2,825,000원
합계		38,073,900원

출처: 세이브더칠드런 홈페이지

영리와의 확연한 차이

기부자가 마주하는 부실한 설명은 영리의 그것과 비교할 때 더욱 두드러진다. 기부단체의 사업 설명과 온라인 쇼핑의 제품 설명을 비교해 보자. 둘 다 홈페이지에서 사진과 글을 보고 결제(기부/구매)하는 것은 똑같다. 자신을 의심하는 기부자를 설득해야 하는 기부단체의 상황은, 브랜드 인지도 없이 오직 제품의 성능과 가격만으로 소비자를 설득하는 기업의 상황과 비슷하다. 이런 기업들은 영리 시장에서 자신의 제품을 어떻게 설명하고 있을까?

이익에 사활을 건 기업들은 구매 유도에 진심이다. 온라인에선 고객이 제품을 직접 만져볼 수도, 판매 직원이 옆에서 설명해 줄 수도 없기 때문에 상당한 노력을 제품 설명에 할애한다. 어떻게든 제품 판매 페이지에 들어온 고객을 구매자로 만들기 위해 제품의 특징과 차별성을 고객들에게 알리려고 노력한다. 브랜드나 기업의 인지도가 적은 기업일수록 더욱 그렇다.

'주거비를 지원한다.'는 문장만 적어 놓은 기부단체처럼, 단순히 '가격이 쌉니다.', '튼튼합니다.' 정도의 이야기만 적어 놓아서는 고객을 설득할 수 없다는 것을 이들은 잘 알고 있다. 그래서 필요한 모든 정보를 과하다 싶을 정도로 제공한다. 많은 정보를 제공하면서도, 고객들이 지루하지 않게 설명을 읽을 수 있도록 문장 하나하나에 심혈을 기울이고 3줄 요약이나 간단한 동영상 등 다양한 장치를 만들어 놓는다.

온라인 거래 플랫폼인 와디즈(wadiz.kr / 국내 최대 크라우드펀딩 플랫폼)에서는 이렇게 자세한 제품 설명을 갖춘 제품들을 많이 만날 수 있다. 와디즈는 아직 세상에 나오지 않은 수많은 제품들을 미리 보고 예약 구매할 수 있는 플랫폼이다. 상품 제작사가 제품의 아이디어와 제작 계획을 이 사이트에 올리면, 원하는 소비자들이 미리 구매하는 방식이다(※본래는 펀딩 및 투자라는 개념이 맞지만, 대부분 펀딩을 하면 제품을 보내주기 때문에, 구매와 큰 차이가 없다). 예비 고객들의 관심을 끌어 목표 금액 펀딩에 성공한다면,

제품은 제작에 돌입하게 되고, 구매자들은 약속된 제품을 배송받는다.

애초에 브랜드나 가격보단 차별성이 핵심인 제품들이 모이기 때문에, 와디즈의 판매자들은 제품 설명에 사활을 건다. 주방 가위 하나를 판매할 때도, 제목부터 '60년 기술력' 같은 단어를 넣고, 제품 소개에는 제품의 설명, 특징은 기본이고 보관 방법, 제품 디자이너의 이야기, 제품의 변천사, 원재료의 수급, 개발 과정 등, 이 제품의 우수성을 설명할 수 있는 모든 정보를 최대한 집어넣는다.

단순한 정보의 나열이 아니다. 여러 그래픽과 사진, 그리고 동영상을 적절히 섞었으며, 제일 앞쪽에는 시간이 부족한 소비자들을 위해서 친절하게 요약도 해 놓았다. 앞서 이 상품을 경험해 본 사용자들의 리뷰도 자세하게 볼 수 있다. 방문자의 눈길을 1초라도 더 가져오기 위해 고민한 흔적이 구석구석 역력하다. 적어도 제품이 뭔지 몰라서 사지 않았다는 말은 나올 수가 없다. 상품 설명 페이지만 제작해 주는 자체 유료 서비스도 있을 정도다.

기부단체들의 사업 설명과는 차이가 크다. 와디즈의 주방 가위 소개 글과 기부단체의 사업 설명을 비교하면, 기부단체는 가위를 쓰는 상황(아이가 처한 상황)과 가위 개발자의 개발 배경(아이를 도와줘야 하는 이유)만 잔뜩 이야기한 뒤, 정작 제품 설명은 '잘 잘립니다' 정도의 간단한 정보만 올려둔 느낌이다. 부실해도 너무 부실하다. 온라인 쇼핑이 활성화되면서 자세한 사업 설명에 익숙해진 기부자들에게, 한 두 줄에 끝나는 기부단체들의 빈약한 사업 설명은 아쉽기만 하다.

헷갈리는 운영비:
13.0% VS 40.4%

이번에는 기부불신의 주인공이라고 할 수 있는 '운영비'에 대해 알아보자. 운영비는 기부를 의심하는 기부자들이 가장 확인하고 싶어 하는 숫자다. 기부자와 기부단체가 가장 첨예하게 대립하는 비용이기도 하다. 기부불신에 대한 논쟁을 한 번이라도 본 적이 있다면, '기부해 봤자 직원들 인건비로 다 쓰고 남은 돈 기부한다.'는 주장이나, 이에 대한 반론인 '법적으로 운영비는 15%만 쓸 수 있고, 인건비도 여기에 다 포함된다.'는 주장도 들어봤을 것이다.

결론부터 말하자면 둘 다 잘못 알고 있다.

단체유지를 위한 비용

운영비는 필요하다. 기부자들은 기부금의 100%가 모두 좋은 사업에 쓰이길 원하겠지만, 운영비 없이 운영될 수 있는 단체는 없다. 만약 100%를 사업비로 쓰는 단체라면, 아마 운영비를 따로 기부해 주는 기부자가 존재하거나, 혹은 모든 직원이 자원봉사자로 이루어진 조직일 것이다. 후자의 경우 전문성이 의심되니 기부하지 않는 것을 추천한다.

다른 방법은 없다. 기부금을 받고 쓰려면 운영비가 필요하다. 사무실 없이 혼자 일하더라도 기부 페이지 구축 비용이 발생하며, 기부금영수증을 처리하려면 주민등록번호 13자리는 물론 결제 정보를 다룰 운영과 보안시스템의 도입 비용이 필요하다.

생각보다 기부자들은 운영비 인정에 인색하다. 모금 사업을 운영해 보면, 생각보다 많은 종류의 비용이 들어간다. 실제 사업을 운영할 때, 사업비 외에 어떤 비용들이 추가로 필요한지 한번 살펴보자. 비용별 예시로 활용한 기부단체의 지출 내용은 각 단체의 〈기부금품의 모집 및 지출 명세서〉를 참고했다.

단체 기본 운영비

주로 회계나 총무 법무 비용이다. 회계 시스템이나 MS Office와 같은 SW 사용 비용, 외부감사 비용, 회계나 총무 인력의 인건비, 이들을 위해 배정된 임대료 등이 여기에 포함된다.

인건비 비중이 높을 수밖에 없다. 비영리단체, 그것도 지정기부금단체를 운영하려면 상당히 많은 일손이 필요하다. 각종 서류작업부터 이사회 운영까지 필요한 절차들이 많기 때문이다. 서류상의 실수로 기부자의 신뢰를 잃을 수도, 크게는 지정기부금단체 지정이 취소될 수 있기 때문에, 아무에게나 시킬 수도 없다.[10] 외부에 대행을 맡겨도, 누군가는 내부에서 지원 업무를 총괄해 줘야 한다.

이때 인건비는 특히 소규모 기부단체에 무겁게 다가온다. 모든 경영지원 업무를 도맡는 1명의 인건비를 최소 수준인 연간 2,500만 원으로 책정했다고 해도, 운영비 비율 10%를 유지하기 위해서는 연간 2.5억 원의 기부금을 모아야 한다. 이는 신생 모금단체에겐 꽤 버거운 일이다. 적어도 한 달에 2,000만 원을 모으거나 월 3만 원 정기후원자 700명을 모아야 한다는 뜻이기 때문이다. 물론 사업초기에는 이런 일을 대표가 직접하는 경우가 대부분이겠지만, 이래저래 일손이 쓰이는 것이 사실이다.

모금 시스템

현금만 받지 않는 이상 모금 시스템도 필요하다. 카드 결제나 카카오페이 등 기부자가 간편하게 기부할 수 있는 페이지를 구축해야 한다. 기부자에게 세제 혜택을 주려면, 주민등록번호 등 많은 정보를 취급해야 하며, 기부금영수증 발급 등 다양한 기능을 갖춰 놓아

---

10   지정기부금단체 지정이 취소되면 모금 자체가 불가능해지기 때문에, 사업의 영위가 어려워진다.

야 한다. 각종 중요 정보가 오가기 때문에 보안에도 신경을 써야 한다. 모두 비용이 드는 일이다.

다행히 이 영역에서는 도너스(donus.org)라는 서비스가 존재한다. 어렵게 모금시스템을 구축할 필요 없이 도너스 서비스를 활용하면 적은 비용으로 시스템을 구축할 수 있다. 작은 단체들을 위한 STARTER 패키지의 비용은 월 9만 원이다. 월 후원자 300명 미만이 대상이다. 이 300명이 모두 월 3만 원을 기부한다고 가정하면, 전체 모금 규모는 월 900만 원이다. 월 900만 원 모금 기준, 결제를 받고 기부금영수증을 처리하는 데만 9만 원, 즉 수입 대비 1%가 운영비로 쓰이는 셈이다.

기부자 커뮤니케이션

기부자들이 받는 기부 감사 메일이나, 카카오톡 메시지, 혹은 집으로 받는 기부 증서 모두 공짜가 아니다. 1년에 몇 번씩 간략한 소식지나 연초에 연차보고서를 보내주는 것도 모두 비용이다. 광고로 처리되는 카카오톡 메시지 발송 비용은 대략 12.5원이며, 이미지라도 붙이려고 하면, 19.5원이다.[11] 만약 SNS에 익숙하지 않은 기부자에게 문자나 전화, 혹은 우편으로 소통하게 되면, 또 추가 비용이 들어간다. 매년 제작하는 연차보고서나 단체를 소개하는 리플렛 역시 제작과 인쇄, 그리고 유통에 상당히 고비용이 들어가는 소통수단이다.

---

11 알리고 X 카카오톡 (smartsms.aligo.in / 2024.3 기준).

유니세프 한국위원회는 에이치썸이라는 편집 디자인 회사와 연차보고서[12] 등 여러 간행물을 제작한다. 22년 유니세프가 이 업체에 지급한 금액은 7.6억 원이었다. 총 모금액 1,435.6억 원의 0.5% 수준이다.

리더십/기획

단체 규모가 커지게 되면, 관리직 역시 필요해진다. 전체 사업이 잘 진행되도록 관리하고, 더 좋은 사업을 만들기 위한 투자인 만큼, 관리직의 인건비는 향후의 성장을 위해 필요한 비용이다. 다만 눈에 보이지 않는 업무를 하는 만큼 기부자들에게는 불필요한 비용으로 보이기도 한다. 대부분의 단체가 임원진의 급여를 공개하지 않고 있지만, 사회복지공동모금회는 유일하게 홈페이지에 사무총장의 급여를 공개해 놓았다. 2023년 기준 1.24억 원이다.

조금 큰 규모의 단체들은 신사업 개발 부서를 따로 두기도 한다. 혹은 제안 사업만 전담으로 하는 팀이 있을 수도 있다. 이들의 비용 역시 따로 사업비로 처리되지 않지만 단체의 성장을 위해 꼭 필요하다. 기존 사업을 똑같이 답습하더라도 어차피 인건비는 상승하고 물가는 오르기 때문에, 기존 사업에서 비용 절감 방안을 찾거나, 새로운 기술을 활용해 사업모델을 더 효과적으로 만들어야 하기 때문이다.

---

12 2022 유니세프 연차보고서를 보면 편집 및 디자인 담당을 에이치썸이 했다고 나온다.

모금비용

일반 기업으로 보면 마케팅 비용이다. 가만히 있어도 저절로 기부금이 모이는 곳은 없다. 끊임없이 신규 기부자를 발굴하거나 기존 기부자들에게 더 많은 기부를 요청해야 한다. 마케팅비 비율에 정답이 없듯이, 모금비용도 마찬가지다. 여력이 되는 한, 성장 의지만큼의 모금비용이 필요하다. 모금 캠페인의 제작 및 운영, 광고비, 그리고 길거리 모금 수수료 역시 여기에 포함된다.

초록우산 어린이재단은 22년 그린브릭스컴퍼니라는 곳에 47.8억 원을 모금비 명목으로 지급했는데, 이 업체에서 재단과 함께 한 주요 업무가 웹 & 앱 통합 마케팅이었다.[13]

결제수수료

기부금은 애초에 100% 기부단체에 가지 않는다. 카드사에서 수수료를 뗀 후, 남은 금액이 단체의 계좌에 입금된다. 보통 수수료 비율은 1~3%이며, 카카오 페이 등 좀 더 편한 결제 수단을 넣는다면 이 비율은 더 올라간다. 다시 말해, 우리가 기부금 단체에 10,000원을 기부한다면, 실제 단체의 통장에 입금되는 돈은 9,800원 수준이라는 뜻이다. 기부를 카드 결제로 해도 CMS[14]로 해도 마찬가지다. 현금 전달이나 직접 단체 계좌로 계좌 이체를 시켜주는 것이 아니라

---

13 그린브릭스컴퍼니, "그린브릭스컴퍼니 홈페이지," http://greenbricks.co.kr.
14 Cash Management Service 기부단체가 기부자로부터 자동이체 출금 동의를 접수받고 직접 기부자의 계좌에서 출금하는 시스템.

면, 기부금을 전액 넘겨줄 방법은 없다. 즉 처음부터 누군가 이 결제 수수료를 부담해 주지 않는 이상, 기부금이 100% 좋은 일에만 쓰인다는 말은 성립하지 않는다.

수수료를 자체적으로 대납해 주는 모금도 있다. 카카오 같이가치나 네이버 해피빈에 기부하면, 카카오[15]와 네이버 해피빈 재단(핸드폰 결제수수료는 KG모빌리언스[16])에서 결제수수료를 부담한다. 또 행복나눔재단의 곧장기부도 결제수수료를 재단이 자체 부담함으로써 기부금의 100%가 좋은 일에 쓰이게끔 설계되어 있다.

기부자 vs 기부단체: 운영비에 대한 서로 다른 관점

운영비는 기부불신의 가장 뜨거운 주제다. 적어도 이 주제에 있어서는 기부단체와 기부자들이 매우 첨예하게 대립한다. 차라리 속 시원히 토론을 하면 좋을 텐데, 서로 불신만 가득한 채 대화가 중단된 상황이다. 이 책을 쓰면서도 솔직히 어디서부터 이 꼬인 실타래를 풀어야 할지 고민을 많이 했다.

---

15 카카오 같이가치 홈페이지 서비스안내.
16 이승균, "[2021 기업과 재단, 네이버편 ②] 이해관계자 소통 창구 '네이버재단'", *데일리임팩트*, 21.10.19, https://www.dailyimpact.co.kr/news/articleView.html?idxno=72390.

명확한 정의의 부재

놀랍게도 운영비란 단어에는 명확한 정의가 없다. 그러다 보니 사람마다 이 단어를 다른 의미로 해석하고 사용한다. 특히 기부자와 기부단체는 서로 다른 개념으로 이 단어를 정의한다. 당연히 정상적인 논의가 이루어질 리 없다.

학용품 전달사업을 생각해보자. 어떤 사람, 주로 기부자들은 학용품값을 제외한 모든 비용을 운영비로 생각하는가 하면, 어떤 사람, 주로 기부단체들은 조직을 운영하는 데 필요한 일반관리비와 모금비만을 운영비로 생각한다. 학용품을 잘 전달하기 위해 사용한 비용, 예를 들어 배달/포장 비용, 아이들 선정 비용, 필요 물품 조사 비용 같은 비용들은 운영비가 되기도, 안되기도 한다. 기부자들은 이를 운영비라고 하고, 기부단체들은 아이들을 위해 쓴 돈, 즉 사업비라고 부른다. 운영비 논쟁 설명에 매우 중요한 개념인데, 이 비용을 이 책에서는 이제부터 '사업운영비'라는 이름으로 부를 예정이다.[17]

이 두 가지 관점의 차이를 조금 더 명확하게 이해하기 위해, 다음 그림을 자세히 보자. 이 표의 구성을 이해해야 논의를 제대로 시작할 수 있으니, 조금 지루하더라도 표의 요소요소를 하나하나 살펴보도록 하자.

---

17 따로 회계 기준에 포함된 개념은 아니며, 이 책에서 이해를 돕기 위해 이름 붙인 개념이다.

운영비에 대한 서로 다른 관점

- **공익목적사업비**

기부단체가 쓴 거의 모든 지출을 의미한다. 이외의 지출은 미미하거나 예외적으로 존재하는 지출로 기부자들이 신경 쓸 필요는 없다. 조금 더 단순하게 생각하면, 그냥 연간 지출 정도로 생각해도 무방하다.

공익목적사업비는 사업수행비와 일반관리비, 그리고 모금비로 나뉜다.[18] 직관적인 이름들이라, 이름만 봐도 그 의미를 이미 유추할 수 있지만, 그 차이를 명확하게 인지해야 한다.

- **사업수행비**

일반적으로 쓰는 사업비다. 기부단체가 추구하는 본연의 임무나 목적을 달성하기 위해 수혜자, 고객, 회원 등에게 재화나 용역을 제공

---

18 "공익법인회계기준 실무지침서," 기획재정부, 2018.12, 97-100. 각 설명을 인용, 지침서 내용은 공익법인을 다루고 있으나, 책의 흐름상 그 이름을 기부단체로 변경하였다.

하는 활동에서 발생하는 비용을 말한다. 즉, 기부단체의 공익목적 활동(국내·외 아동지원, 복지관 운영, 장학사업, 예술 전시회 등)을 수행하는 데 발생하는 비용을 의미한다.

- **일반관리비**

기획, 인사, 재무, 감독 등 기부단체의 제반 관리 활동에서 발생하는 비용을 말한다. 사업수행 활동이나 모금활동과 관련되지 않는 비용이다.

- **모금비**

모금 홍보(모금 홍보 영상 제작, 거리 모금활동 등), 모금 행사(후원의 밤, 자선 행사 등), 기부자 리스트 관리(기부금처리 및 영수증 발행, 기부자 관리 시스템 유지 등), 모금 고지서 발송(모금 고지서 제작, 우편료 등) 등의 모금활동에서 발생하는 비용을 의미한다.

이제 기부단체가 이야기하는 운영비와, 기부자가 이야기하는 운영비가 어떤 차이가 있는지 알아보자. 기부단체가 말하는 운영비(이하 기부단체 운영비)는 일반관리비과 모금비다. 그렇기 때문에 이들은 스스럼없이 운영비를 '조직을 운영하는 데 드는 비용'으로 말하거나, '15%의 운영비를 제외한 모든 기부금이 모두 좋은 일에 쓰인다'고 이야기한다.

기부단체 운영비 = 일반관리비 + 모금비

하지만 기부자의 생각은 다르다. 기부자는 보통 대상자들에게 전달된 돈을 제외한 모든 비용을 운영비라고 칭한다. 기부자는 기부금 중 실제로 이웃에게 전달된 비율을 궁금해한다. 사업수행비 비율이 커도 사업이 비효율적이면 실제 이웃에게 가는 돈은 얼마 되지 않을 수 있기 때문이다.

여기서 '전달'이라는 새로운 개념이 나온다. 학용품값, 간식비, 장학금처럼 수혜자에게 직접 전달된 재화나 서비스를 의미한다. 공익법인 회계기준은 이를 분배비용이라는 단어로 정리한다. 진짜 당사자들에게 얼마가 전달되었는지 알고 싶다면, 단체별 운영성과표에서 분배비용을 확인하면 된다.

• **분배비**

기부단체가 수혜자 또는 수혜단체에 직접 지급하는 비용으로 장학금, 지원금 등을 포함한다. 일반관리비나 모금비에서는 발생할 수 없고 사업수행비용에서만 발생할 수 있다. 장학금이나 지원금 등을 현금으로 지급하는 것뿐만 아니라 현물의 형태로 지원하는 것도 분배비용으로 인식한다.

전체 공익목적사업비에서 분배비를 빼면, 기부자들이 궁금해하는 운영비(이하 기부자 운영비)가 나온다. 둘의 차이점이라면, 사업수행비 중 분배비를 제외한 부분, 즉 사업운영비의 인정 여부다. 이 사업운영비는 분배비를 처리하기 위한 비용이라고 보면 이해하기 쉽다. 학용품을 전달하는 사업이라면, 대상자를 선정하고, 학용품을 주문하고, 기부 후기를 관리하는 데 드는 비용이다.

기부자 운영비 = 공익목적사업비 – 분배비
= 기부단체가 생각하는 운영비 + 사업운영비

13.0%와 40.4%의 차이

이제 개념을 알았으니, 똑같이 '운영비'의 이름을 달고 있는 두 비용 사이에 얼마나 큰 차이가 있지 확인해 보자. 2018년에 개정된 공익법인 회계기준에 따라 기부단체들은 이와 관련된 비용들을 모두 공개하고 있다. 〈운영성과표〉와 감사보고서 내 주석 중 하나인 〈사업비용의 성격별 구분〉에서 확인 가능하다. 초록우산 어린이재단의 자료를 통해, 기부단체와 기부자의 운영비가 서로 어떻게 다른지 자세히 살펴보자. 여기서는 각 비용을 한눈에 볼 수 있도록 정리한 〈사업비용의 성격별 구분〉을 활용한다.

초록우산 어린이재단의 2022년 〈사업비용의 성격별 구분〉

(단위: 억 원)

구분	분배비용	인력비용	시설비용	기타비용	합계
사업수행비용	1,444.5	470.0	50.1	144.1	2,108.8
일반관리비용	-	47.2	15.7	39.4	102.3
모금비용	-	59.8	2.5	150.1	212.4
공익목적사업비용	1,444.5	577.0	68.3	333.7	2,423.5

출처: 초록우산 어린이재단 2022 감사보고서

이 표에 따르면, 2022년 어린이재단이 사용한 공익목적사업 비용은 총 2,423.5억 원이었고, 그중 당사자들에게 직접 전달된 분배비는 1,444.5억 원으로, 전체 비용의 59.6% 수준이다.

2,108.8억 원의 사업수행비에서 분배비를 빼면, 사업운영비를 구할 수 있다. 664.3억 원이다. 사업수행비로 2,108.8억 원을 사용했다고 발표했지만, 이중 직접 전달된 것은 1,444.5억 원이고, 남은 664.3억 원은 이를 전달하기 위해 사용한 셈이다.

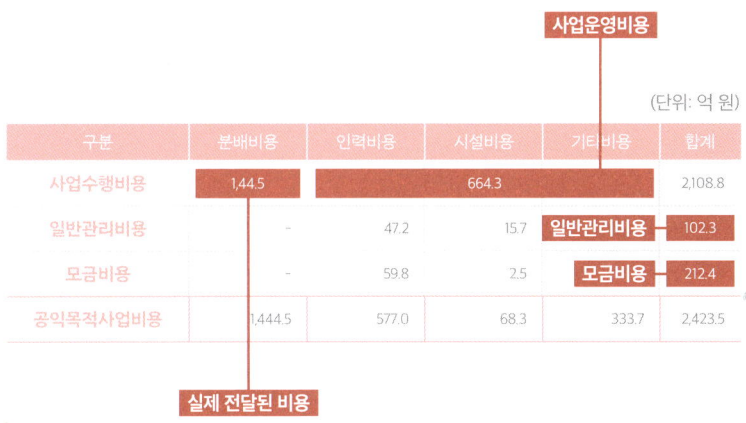

기부자와 기부단체가 생각하는 두 가지 버전의 운영비를 계산해 보자. 기부단체 운영비는 일반관리비(102.3억)와 모금비(212.4억)의 합인 314.7억 원으로, 전체 비용 대비 13.0%다. 반면 기부자 운영비는 314.7억 원에 사업운영비 664.3억 원이 더해져, 979.0억 원이 되며, 이때 운영비 비율은 40.4%까지 올라간다. 같은 운영비를 이야기하면서, 한쪽은 13%를, 다른 한쪽은 40.4%를 이야기하니 논의가 제대로 이루어질 리 없다. 제대로 된 소통을 하고 싶다면, 이 기준부터 다시 정리해야 한다.

기부단체의 관점 13.0%

| 분배비용 | 사업운영비용 | 일반관리비용 | 모금비용 |

기부자의 관점 40.4%

| 분배비용 | 사업운영비용 | 일반관리비용 | 모금비용 |

운영비에 관한 루머들

기부자들이 궁금해하는 숫자가 40.4%라면, 이 숫자를 공개하면 된다. 하지만 기부단체들은 이 숫자를 적극적으로 공유하지 않는다. 만약 기부자가 기부자 운영비를 알고 싶다면, 〈운영성과표〉에서 숫자를 하나하나 비교하거나, 〈사업비용의 성격별 구분〉의 숫자를 조합해서 계산하는 수고를 해야한다. 기부자 운영비를 홈페이지에 보기 쉽게 공개하고 있는 곳은 없다. 일부러 숨기는 것은 아니겠지만, 기부단체의 이런 소극적인 대처는 기부자의 의문을 키우고 있다.

공개를 안 하니, 오히려 루머가 판을 친다. 운영비에 대한 루머들은 기부자들에게 잘못된 인식을 심어주면서, 생산적인 논의를 가로막고 있다. 루머들을 먼저 바로잡아야 제대로 된 소통을 할 수 있다. 이번 장에서는 운영비에 대한 대표적인 루머들을 살펴보고, 무엇이 진실인지 알아보자.

운영비 빼고 모두 전달된다?

제 후원금이 100% 전달되는 게 맞냐고 물으니 20%는 운영비로 사용한다고 들었습니다.

대표적인 루머는 '전달'이라는 단어로부터 시작된다. 즉, 내가 낸 기부금 중 운영비를 제외한 돈이 모두 '전달'된다는 루머다. 전달이라는 단어는 기부업계에서 꽤 광범위하게 사용되는 단어지만, 이 단어를 기부자와 기부단체가 서로 다르게 해석해 오해가 커진다. 기부자들은 아이들의 손에 쥐여주는 것만을 '전달'이라고 칭하는 반면, 기부단체들은 아이들을 위한 모든 일을 '전달'이라고 에둘러 표현한다.

일반관리비와 모금비의 합으로 운영비란 단어를 사용했다면, 이와 관련해서 '전달'이라는 단어를 쓰는 것은 명백히 잘못된 소통이다. 다시 앞으로 가서 세이브더칠드런의 〈사업비용의 성격별 구분〉을 보자. 운영비 비율을 13%로 이야기하면서, 나머지 87%는 어린이들에게 전달되었다고 하는 게 맞을까? 당연히 아니다.

87%가 아이들을 위해 쓰인 것은 맞지만, 전달되었다고 하는 것은 말이 안 된다. 기부자들은 '전달'이라는 단어를 아이들에게 지원된 학용품이나 간식값, 혹은 장학금으로 인식한다. 여기에 어울리는 회계 계정은 분배비용밖에 없다. 분배비 비율은 87.0%가 아닌, 59.6%다. 즉, 전달된 것은 59.6%다. 꼭 87%를 강조하고 싶다면 '전

달'이란 단어를 빼고 '기부금 중 13.0%만 단체 운영에 사용되고, 나머지는 아이들을 위한 사업에 쓰인다.' 정도의 문구가 적당하다. 약간의 변주가 들어간 '기부금의 87%는 가치 있는 일에 사용된다.' 혹은 '좋은 일에 쓰인다.' 역시 틀린 말은 아니다.

'전달'이란 단어는 매우 조심해서 사용해야 한다. 자신도 모르게 기부자를 속이게 될지도 모른다. 하지만 기부단체들은 이 단어를 자주 오용한다. 예를 들어 월드비전은 한 캠페인 후기에 월드비전이 위기아동 14,124명에게 71.4억 원의 후원금을 '전달'했다고 썼다.[19] 이렇게 써 놓으면 사람들은 월드비전이 아이들에게 쓴 71.4억 원이 분배비용이라고 생각한다.

사실은 그렇지 않다. 이 숫자의 출처는 월드비전의 21년도 연차보고서인데, 위기아동 지원사업의 사업수행비다.[20] 잘 알겠지만 사업수행비는 위기아동들에게 전달되는 분배비는 물론, 이 사업을 운영하기 위한 인력비용이나 임대료, 각종 비용이 모두 포함된 비용이다. 월드비전은 사업별 분배비를 공개하지 않기 때문에, 71.4억 원 중 실제로 얼마의 후원금이 아이들에게 전달되었는지는 알 수 없다. 하지만 적어도 71.4억 원보다 훨씬 낮은 금액인 것 만큼은 확실하다.

기부자의 오해를 막으려면 '전달'이란 단어를 삭제하고, 이를 '후원금이 사용되었다.' 정도로 변경해야 한다.

---

19 "시간을 붙잡고 싶은 15살 혜인이 후원 결과보고," 월드비전, 2022.9.27, https://www.worldvision.or.kr/campaign/resultDetail?ContentsIdx=7999.
20 월드비전 *2021 연차보고서*, (2022, 3): 48.

법적으로 15%까지만 쓸 수 있다?

Q: 단체에서 다 쓰고 아이들한테는 20%도 안가는 것 아니냐?
A: 운영비는 많아야 15%다. 법으로 정해져 있어서 더 못쓴다.

또 다른 이슈는 '15%'다. 어디서 나왔는지는 확실하지 않은 이 숫자는 운영비와 결합하면서 여기저기 쓰인다. 기부에 관심이 있는 사람들이라면 '운영비는 15% 내에서 쓰인다.'는 말을 한 번쯤은 들어봤을 것이다.

먼저 이 말이 기부자 운영비를 뜻한 것이라면, 이건 확실하게 잘못된 접근이다. 앞의 어린이재단의 사례만 봐도 이 수치는 이미 40.4%다. 기부단체 운영비라면 13%에 불과하니 아주 틀린 이야기는 아니지만 중요한 문제가 하나 있다. 15%라는 기준이 원래 존재하지 않는다는 사실이다. 이 운영비의 적정 비율이 몇 퍼센트인지 말하기는 어려우며, 전체 후원금의 80%를 사업에 사용하는 것이 적절하다는 암묵적인 규범을 말하는 전문가도 있다.[21] 많은 사람들이 운영비 15%가 어딘가 법에 적혀있다고 생각하지만, 기부단체 운영비에 대한 명확한 규정은 없다. 위의 의견처럼 사업비로 80% 정도를 사용하는 것이 바람직하다는 불문율만 존재할 뿐이다.

---

21 박혜연, "[비영리 50문 50답] 기부자가 묻고, 비영리단체가 답한다 ③기부금 및 투명성 (上)," *더나은미래*, 2018. 2.21, https://www.futurechosun.com/archives/31912.

기부금품법에 나오는 15%의 정체

그럼 이 숫자는 어디서 나온 것일까? 비슷한 내용이 나오는 법은 있다. '기부금품의 모집 및 사용에 관한 법률(기부금품법)'이다. 이 법에 따르면, 기부단체는 기부금의 15% 이내를 모집, 관리, 운영 등에 쓸 수 있다.

> **모집자는 모집된 기부금품의 규모에 따라 100분의 15 이내의 범위에서 대통령령으로 정하는 비율을 초과하지 아니하는 기부금품의 일부를 기부금품의 모집, 관리, 운영, 사용, 결과 보고 등에 필요한 비용에 충당할 수 있다.**[22]

예를 들어 기부자로부터 10,000원을 기부받았다면, 기부단체는 8,500원 이상을 사업비(좋은 일)에 쓰고, 최대 1,500원을 모금비와 일반관리비로 쓸 수 있다. 즉 운영비를 15% 이내로 사용하라는 법이 존재하긴 한다.[23]

하지만 기부단체, 그것도 대형 기부단체가 '법적으로 운영비를 15% 이상 쓸 수 없으니 안심하라.'고 이야기한다면, 잘못된 말이다. 법에 저렇게 적혀있는데 무슨 소리냐고 반문하겠지만, 애초에 기부단체들은 저 기부금품법에 큰 영향을 받지 않는다. 기부단체의

22　기부금품의 모집 및 사용에 관한 법률 제 13조.
23　세부내용을 보면, 모집관리운영 등에 쓸 수 있는 비율을 모집금액별로 구분하고 있는데, 10억원 이하는 15%이내지만, 200억원 초과시에는 10%이하로 더욱 내려간다. 즉 90%이상을 좋은 일에 써야 한다는 뜻이다.

많은 수입 중에서도 아주 일부분만이 저 법의 대상이다. 기부금품법은 '공개적인' 모금활동을 거친 기부금만을 대상으로 한다.

대부분의 수입이 모금활동으로부터 나오니, 수입의 대부분이 이 법의 영향을 받을 것이라고 생각하겠지만, 아니다. 일례로 기부단체 중 후원회원들이 낸 정기기부금은 이 법에 적용을 받지 않는다. 정기기부금은 모금된 기부금이 아니라 회원들의 '회비'로 분류되기 때문이다.[24] 기업기부금처럼 공개된 모금이 아닌 제안 형태로 이루어지는 기부도 마찬가지다. 기부자들의 일반적인 생각과는 다르게, 기부금품법의 15% 룰을 적용받는 모금액은 많지 않다.

실제 기부금품법에 적용받는 모금액은 각 단체 홈페이지에 공개되어 있다. 2,000억 원을 모금하는 단체는 적어도 1,000억 원이 기부금품법 적용을 받아야 할 것 같지만, 그렇지 않다. 아래 표처럼, 그 비율은 2.1%에 불과하다. 기부금품법과 운영비 15%는 전혀 무관하다. 잘못된 사실을 꺼내서 논쟁을 하고 있던 셈이다.

기부단체별 총 기부금수입 대비 기부금품법 적용 대상 금액 비율

(2022년/단위: 억 원)

기부단체	기부금수입	기부금품법 적용	비율
월드비전	2,873.1	35.9	1.2%
초록우산 어린이재단	2,009.9	29.7	1.5%

---

24 홍윤지, "[판결] '시민단체 후원회원들이 정기적으로 낸 회비, 기부금품법상 기부금에 해당 안돼'," 법률신문, 2023.2.3. https://www.lawtimes.co.kr/news/185072.

굿네이버스 인터내셔널	1,649.5	25.2	1.5%
유니세프 한국위원회	1,435.6	87.9	6.1%
세이브더칠드런	955.6	6.4	0.7%
사회복지법인 굿네이버스	488.8	12.3	2.5%
합계	9,412.5	197.4	2.1%

출처: 각 단체 홈페이지에 게시된 내용을 바탕으로 재계산

인건비도 15% 안에 포함된다는 주장

법 제대로 지키는 자선단체는 기부금 중 최대 15%만 인건비 등으로 사용합니다. 85% 이상을 실제 기부에 써야 하지요.

15%라는 잘못된 주장에 인건비가 더해져서, 더 큰 오해를 유발하기도 한다. 기부자들이 궁금해하는 인건비 비율은 '내 기부금에서 인건비로 나가는 돈의 비율'이다. 그런데 이 질문에 '법적으로 인건비는 기부금의 15%를 넘을 수 없다'고 대답한다. 우리가 앞에서 살펴본 것처럼 이건 아예 잘못된 이야기다. 초록우산 어린이재단만 해도 577.0억 원을 인건비[25]로 썼고, 그 비율이 23.8%다. 15%는 진작에 넘어섰다.

이 역시 기부금품법의 15% 조항에서 파생된 루머다. 그러나 백번 양보해서 모든 기부금이 기부금품법의 적용을 받는다고 쳐도,

---

25   정확하게는 인력비(임금과 성과금은 물론 복리후생 교육비까지 모두 합친 금액)다.

이 법에서 이야기하는 인건비는 회계, 인사, 홍보 등 비사업 인력의 인건비만을 의미한다. 실제 사업을 운영하는 직원들의 인건비는 포함되지 않는다. 이 사업운영비 안의 인건비는 별다른 제약이 없다. 15% 안에서 사업을 수행하는 직원들의 인건비에 모금비, 일반관리비를 다 처리하는 것은 사실상 불가능하다. 그러나 이런 잘못된 해석은 비단 인터넷에 떠도는 글뿐만 아니라, 신문 기사와 같은 미디어에서도 광범위하게 인용되고 있다.

기부단체별 인력비 비율

(2022년/단위: 억 원)

기부단체	공익목적사업비	인력비	인력비 비율
사회복지공동모금회	7,843.0	292.6	3.7%
월드비전	3,023.3	383.6	12.7%
초록우산 어린이재단	2,423.5	577.0	23.8%
굿네이버스 인터내셔날	1,959.6	265.6	13.6%
유니세프 한국위원회	1,592.7	52.4	3.3%
세이브더칠드런	1,007.9	126.9	2.6%
사회복지법인 굿네이버스	920.5	488.6	53.1%[26]

출처: 각 단체별 운영성과표 취합 및 재계산

인력비 비율은 단체에 따라 다르다. 직접 사업을 많이 하는 단체들은 15%를 상회한다. 한국가이드스타가 기부금 수익 1원 이상인 5,070개 법인을 분석한 자료[27]에 따르면, 공익법인들의 지출(사

---

26 전체 수입의 50%에 육박하는 지원금 때문에, 인건비가 높게 나오는 것으로 보인다.
27 "기부금 90%로 직원 월급을 준다고? 공익법인 인건비 실체를 밝히다" 한국가이드스타, https://

업수행비+일반관리비+모금비) 중 인력비 비율은 2018-20년 기준 평균 30%였다. 그리고 이중 사업수행비에 포함된 인건비는 25% 수준이었다.

대형 기부단체의 경우엔 그 비율이 조금 더 낮다. 그래도 적은 비율은 아니다. 각 단체의 인력비 비율을 보면, 앞에서 살펴본 23.8%의 초록우산 어린이재단은 물론, 다른 이유로 인하여 과대계상으로 된 것으로 보이지만 53.1%의 사회복지법인 굿네이버스가 있으며 월드비전이나 세이브더칠드런도 12% 수준으로 15%에 육박한다. 적어도 '15% 안에서 인건비까지 쓰게 되어있다.'는 말은 매우 잘못된 말임을 알 수 있다. (※사회복지공동모금회와 유니세프 한국위원회의 비율이 생각보다 낮다고 생각할 수 있지만, 이게 끝이 아니다. 이 문제에 대해서는 다음 장에서 더 자세히 살펴볼 예정이다.)

우리는 사업비 비율이 높다?

어떤 단체는 낮은 운영비, 혹은 높은 사업수행비 비율을 앞세워 홍보한다. 높은 분배비 비율을 언급하는 경우도 있다. 이를 통해 단체의 효율성을 입증하려고 한다. 유니세프 한국위원회와 사회복지공동모금회가 대표적이다. 둘 다 사업수행비가 95% 수준이며, 사회

---

blog.naver.com/guidestar07/222934140304.

복지공동모금회의 경우 분배비가 93.5%다. 엄청난 숫자들이 아닐 수 없다. 그러나 이는 대부분 잘못된 해석에 기인한다. 숫자만 보면 우수한 단체처럼 보이지만, 진짜 우수한지는 확인이 필요하다.

기부단체별 공익목적사업비 대비 사업수행비, 분배비 비율

(2022년/단위: 억 원)

	공익목적사업비	사업수행비		분배비	
		금액	비율	금액	비율
사회복지공동모금회	7,843.0	7,478.7	95.4%	7,334.2	93.5%
월드비전	3,023.3	2,674.1	88.5%	2,190.2	72.4%
초록우산 어린이재단	2,423.5	2,108.8	87.0%	1,444.5	59.6%
굿네이버스 인터내셔날	1,959.6	1,760.1	89.8%	1,372.9	70.1%
유니세프 한국위원회	1,592.7	1,507.5	94.7%	1,241.7	78.0%
세이브더칠드런	1,007.9	791.6	78.5%	583.0	57.8%
사회복지법인 굿네이버스	920.5	875.4	95.1%	288.2	31.3%

출처: 각 단체별 운영성과표 취합 및 재계산

유니세프 한국위원회

먼저 유니세프 한국위원회를 보자. 2022년 유니세프의 사업수행비 비율은 94.7%이며, 일반관리비와 모금비를 합쳐 5.3%밖에 사용하지 않았다. 분배비 비율도 78%다. 두 분야 모두 다른 기부단체들과 비교해 보면 상당히 높은 수준이다.

실제 홈페이지에서도 이점을 강조한다. 홈페이지 설명에 따르면 유니세프 한국위원회는 2022년 1,436억 원을 모금해서 약 1,242억 원을 유니세프 본부에 개발도상국 어린이 지원금으로 송금했다. 이 86.5%에 이르는 송금률은 33개 유니세프 국가위원회 중 가장 높은 수준이며, 국내 구호단체 중에서도 가장 높은 순위에 속하는 것이라고 한다. 여기서 말하는 국내 구호단체들이 어떤 단체들을 지칭하는 것인지는 모르겠으나, 이 글만 보면, 유니세프가 다른 단체들보다 엄청 효율적으로 일하는 단체처럼 보인다.

하지만 여기에는 어폐가 있다. 먼저, 86.5%를 송금했다는 말이 86.5%를 사업에 썼다는 뜻은 아니다. 정말 말 그대로 송금을 했다는 뜻이다. 생각해 보자. 그 돈을 받은 다른 나라 유니세프 본부는 그 돈을 전액 사업에 사용할까? 당연히 아니다. 그 본부에서도 일반 관리비와 모금비는 쓰인다. 실제 사업에 쓰이는 비용은 한 번 더 줄어든다.

게다가 유니세프 한국위원회의 송금은 대부분 국가 본부도 아닌 유니세프 본부를 향한다. 2022년 〈기부금품의 모집 및 지출 명세서〉에 따르면 1,241.8억 원의 해외 송금액 중 92%인 1,142.3억 원이 별도의 국가를 지정하지 않은 채 유니세프 본사로 송금되었다. (※국가명이 '해당 국가 없음'으로 되어 있다.) 연차보고서에서도 국가 지정 없이 송금된 사업비는 전체의 83.1%인 1,032.0억 원에 이른다.[28] 한국에서 모은 돈이 유니세프 본부로 송금되고, 그 돈은 다시 해외 유니세프 사업장으로 송금되는 구조로 보인다.

---

28 "2022 유니세프한국위원회 개발도상국어린이 지원 세부 내역," *2022 유니세프한국위원회 연차보고서* (2023, 7): 12.

2장 불투명한 기부금 사용 과정

만약 기부자가 10,000원을 유니세프 한국위원회에 기부했다면, 처음엔 홈페이지 내용대로 8,650원을 유니세프 본부에 송금하지만, 여기서 다시 유니세프 본부 운영비 6.8%[29]가 차감 되고, 그 남은 사업비가 해당 국가로 송금되는 셈이다.

짐작건대 이 돈이 유니세프 광고 속의 어려운 이웃들에게 닿으려면, 아마 몇 번의 단계를 더 거쳐야 할 것이다. 실제 해외 사업, 그것도 개발도상국에서의 운영비는 국내 사업의 운영비보다 더 많이 들 수밖에 없다. 똑같이 1억 원을 한국과 네팔 NGO에 주었다고 생각해 보자. 한국의 유통 시스템으로 저소득층 학생에게 생리대를 보내주는 비용이, 네팔 NGO가 히말라야산맥을 넘나들며 어려운 이웃을 찾아서 물건을 보내주는 비용보다 훨씬 적게 들 것임은 자명하다.

유니세프 한국위원회가 이야기하는 송금률 86.5%가 틀렸다고 할 수는 없지만, 기부금의 86.5%가 아이들을 위한 사업비로 모두 쓰였다고 하는 것, 그리고 이 비율이 다른 단체들보다 더 높다는 주장은 신빙성이 적다. 인정받기 어렵다.

78.0%의 분배비와 94.7%라는 사업수행비도 마찬가지다. 둘 다 매우 높은 수치지만, 직접 사업 비중이 적은 유니세프의 특성을 고려해야 한다. 직접 사업수행 비율이 높은 단체들의 경우, 사업수행비 안에 인건비나 시설비가 당연히 많이 들어가고, 상대적으로

---

29 *2022 유니세프한국위원회 연차보고서*, 13. 유니세프 본부의 사업비 비율은 93.2%다

분배비 비율은 낮아진다. 그리고 여러 복잡한 사업을 직접 관리하기 때문에 일반관리비 역시 높을 수밖에 없다.

유니세프 사업의 82.4%를 차지하는 해외사업은 모두 직접 사업이 아니다. 기부금을 해외 본부(혹은 해외 사무소)에 송금하고 분배비로 처리하고 나면 그 이후엔 할 일이 적다. 송금 관리가 핵심이기에 직접 사업을 하는 단체보다 적은 일반관리비로 운영할 수 있다. 이론상 기부자가 유니세프에 낸 기부금을 해외본부에서 90%이상 인건비나 임대료로 써버려도 유니세프 한국위원회의 <운영성과표>에는 모두 분배비로 반영된다.

기부단체별 사업수행비 대비 해외 사업비, 분배비, 인력비 비율

(2022년/단위: 억 원)

단체명	해외 사업비 비율	분배비 비율	인력비 비율
유니세프 한국위원회	82.4%	82.4%	1.1%
월드비전	73.9%	81.9%	10.9%
굿네이버스 인터내셔날	73.6%	78.0%	11.7%
세이브더칠드런	55.7%	73.7%	9.0%
초록우산 어린이재단	8.4%	68.5%	22.3%
사회복지법인 굿네이버스	0.0%	32.9%	54.1%

출처: 각 단체 연차보고서/운영성과표 취합 및 재계산

그러다 보니 앞의 표와 같이 해외 사업 비율이 높을 수록 분배비가 높게 나오는 현상이 생긴다. 같은 분배비지만 착각을 일으킨다. 해외 사업비 비율(82.4%)과 분배비 비율(78.0%)이 둘 다 가장 높은 유니세프 한국위원회를 필두로, 해외 사업 비율과 분배비 비율은 서로 비례한다. 유니세프 한국위원회의 진짜 분배비가 얼마일지는 알 수 없으나, 겉으로 드러난 분배비 비율보단 훨씬 낮을 것임은 쉽게 유추할 수 있다.

하나 더 재미있는 점은, 해외에서 사용되는 인력비도 모두 분배비로 처리되다 보니, 해외 사업비 비율이 높으면 높을수록 사업수행비 내 인력비 비율이 낮아진다는 사실이다. 인력비 비율에도 착시가 생기는 것이다. 진짜 인력비 비율은 얼마나 될까? 어차피 단체간의 사업 내용은 비슷하다고 보면, 국내 사업을 중심으로 하는 초록우산 어린이재단[30]의 인력비 비율을 기준으로 해외 사업 인력비를 유추해볼 수 있다. 이 단체의 인력비는 23.8%다. 인프라가 잘 갖춰져 있는 우리나라와 다른 개발도상국의 차이, 최종 대상자에게 갈 때까지 몇 번의 단계를 더 거쳐야 한다는 점을 생각하면, 실제 인력비는 적어도 23.8%보다는 훨씬 더 높을 것이다.

인력비로 효율성을 논하려면, 외주비용도 봐야 한다. 직접 고용을 하지 않고 외주 업체에게 일을 맡길 수록, 인력비 비율은 낮아진다. 외주 업체에 주는 비용은 수수료로 처리되며 인력비가 아닌 기타비용에 포함된다. 얼마의 인력비가 외주 수수료로 대체되었는지는 공개된 정보로 파악이 불가능하다. 이래저래 인력비 비율이 낮다고 무조건 단체를 좋게 평가하기는 어려운 셈이다.

---

30 해외 사업비 비율로만 따지면 사회복지법인 굿네이버스가 제일 작지만, 여기는 정부보조금 수입이 50%수준이라, 오히려 인력비 비율이 과대계상 되었을 가능성이 있어서 제외한다.

사회복지공동모금회

사회복지공동모금회 역시 높은 사업수행비 비율을 자랑한다. 홈페이지에서 자신의 관리운영비 비율이 6.3%에 불과하며, 이는 주요 모금 기관의 관리운영비 비율 평균인 15% 수준에 비하면 매우 낮은 수준임을 자랑스럽게 이야기한다. 미국 같은 기부 선진국의 단체들도 모금액의 15~30%를 운영비로 사용한다는 이야기도 한다.[31] 7년 전 데이터이긴 하지만, 이 기조는 지금도 유지되고 있다. 2022년 운영비 역시, 4.6%로 극도로 낮은 수준이다. 반대로 사업수행비 비율은 95.4%로 조사한 대형 기부단체들 중 가장 높다.

하지만 이 숫자만으로 공동모금회가 효율적인 단체라고 말할 수 있을까? 유니세프와 마찬가지로, 숫자만 보았을 때 틀린 말은 아니다. 하지만 다른 단체보다 효율적으로 운영되고 있다는 주장은 잘못되었다.

이 주장이 왜 틀렸는지를 알기 위해서는 공동모금회의 특수성을 알아야 한다. 사회복지공동모금회는 '사회복지공동모금회법'이 수여하는 지위에 따라 우리사회에서 공동모금 사업과, 공동모금 재원의 배분을 담당한다.[32] 즉, 개별적인 사업 수행보다는 기부금을 한

---

31 "기부단체는 기부금에서 운영비를 정말 많이 쓰나요?" 사회복지공동모금회 홈페이지 첫기부 가이드, https://gyeonggi.chest.or.kr/fr/cntrguidance/init.do. 관리 운영비라는 새로운 개념이 등장하지만, 감사보고서를 보면 이는 일반관리비와 모금비와 비슷한 개념으로 유추된다.

32 사회복지공동모금회법 제5조.

번에 모아서, 필요한 곳에 배분한다. 큰 단체부터 작은 단체들까지, 이 공동모금회에서 받은 예산으로 사업을 수행하는 곳은 정말 많다.

95.4%라는 높은 사업수행비 비율은 공동모금 사업과 공동모금 재원을 배분하는 특수한 지위에 기인한다. 모금비도 일반관리비도 높을 이유가 없다. 먼저 모금비를 보자. 공동모금회의 모금비 비율은 3.0%로 대형 기부단체 중 가장 낮은 축에 속한다. 1위인 사회복지법인 굿네이버스(2.5%)의 특수성[33]을 감안하면, 가장 낮다고 할 수 있다.

기부단체별 공익목적사업비 대비 모금비 비율

(2022년/단위: 억 원)

	공익목적사업비	모금비	비율
사회복지공동모금회	7,843.0	237.4	3.0%
월드비전	3,023.3	263.9	8.7%
초록우산 어린이재단	2,423.5	212.4	8.8%
굿네이버스 인터내셔널	1,959.6	166.6	8.5%
유니세프 한국위원회	1,592.7	53.2	3.3%
세이브더칠드런	1,007.9	194.5	19.3%
사회복지법인 굿네이버스	920.5	22.6	2.5%

출처: 각 단체별 운영성과표 취합 및 재계산

모금비 비율이 사회복지공동모금회 모금 능력을 의미한다고 하긴 애매하다. 공동모금회는 그 특수한 역할에 따라, 다른 단체 대비 차별화된 세제 혜택을 기부자들에게 제공하기 때문이다. 기업이

---

[33] 사회복지법인 굿네이버스의 경우, 모금채널운영을 굿네이버스인터내셔널과 함께하고 (홈페이지나, 연차보고서등을 공동으로 낸다) 전체 수입 중 정부보조금 수입이 46.4%(주: 사회복지법인 굿네이버스 2022 감사보고서) 수준이라 모금비 비중이 큰 의미는 없다.

기부금을 내고 받는 세제 혜택이 보통 소득의 10%한도인 반면, 공동모금회에 기부하면 이 비율이 50%까지 올라간다.[34] 모금에 있어서는 기울어진 운동장의 높은 곳에 서 있는 셈이다.

사회복지공동모금회의 특수성은 낮은 일반관리비로도 나타난다. 이 단체의 일반관리비는 1.6%로 주요 단체 중 가장 낮은 수준이다. 이 단체가 특출나게 효율적으로 운영을 해서 그런 걸까? 앞의 유니세프 사례에서도 보았듯이, 직접 사업 비율이 낮을수록 일반관리비 비율도 낮아진다. 공동모금회도 직접 사업을 운영하는 조직이라기보단, 모금된 돈을 배분하고 관리하는 조직이다. 당연히 운영자금 대비 큰 지원 조직이 필요하지 않으며, 이에 따라 일반관리비 역시 적게 든다.

22년 기준 이 단체가 쓴 7,478억 원의 사업비 중 98.1%에 달하는 7,334억 원이 배분 사업이었다. 공동모금회에서 기부금을 배분받은 단체들은 여기서 다시 운영비를 빼고 남은 금액을 사업비로 쓴다. 즉, 실제 공동모금회에 기부한 돈이 얼마나 아이들에게 전달될지는 공개된 자료만으론 파악이 불가능하다. 만약 공동모금회가 다른 단체들의 일반관리비와 모금비를 인정하지 않고 배분을 하고 있다면 그것도 그것대로 문제다. 각 단체에서는 공동모금회의 예산을 받고 사용하고 보고하기 위해 조직 내 많은 자원을 소모하기 때

---

34 "기부금 세제혜택은 얼마나 받을 수 있나요?" 사회복지공동모금회 홈페이지 첫기부 가이드, https://chest.or.kr/fr/cntrguidance/init.do.

문이다. 즉, 이 단체의 사업수행비가 높은 것은 맞지만, 그렇다고 해서 사회복지공동모금회가 다른 기부단체 보다 더 효율적으로 기부금을 쓰고 있다고 말하긴 어렵다.

기부단체별 공익목적사업비 대비 일반관리비 비율

(2022년/단위: 억 원)

	공익목적사업비	일반관리비	비율
사회복지공동모금회	7,843.0	127.0	1.6%
월드비전	3,023.3	85.3	2.8%
초록우산 어린이재단	2,423.5	102.3	4.2%
굿네이버스 인터내셔날	1,959.6	32.9	1.7%
유니세프 한국위원회	1,592.7	32.0	2.0%
세이브더칠드런	1,007.9	21.8	2.2%
사회복지법인 굿네이버스	920.5	22.6	2.5%

출처: 각 단체별 운영성과표 취합 및 재계산

탐탁지 않은 모금비

이번엔 모금비에 대해 알아보자. 앞에서 살펴본 것처럼, 주요 단체의 모금비 비율은 3%~8% 수준이다. 모금비를 탐탁지 않게 여기는 기부자들도 있지만, 모금비는 기부단체의 존속을 위해서 꼭 필요하다. 기부자를 의심하는 사람들도 아마 모금의 필요성 자체를 부정하진 않을 것이다.

    모금활동 자체가 대중을 대상으로 하는 활동인 만큼, 모금활동은 좋든 싫든 기부자들에게 노출된다. 기부단체의 광고를 보고, 모금부서의 전화를 받고, 거리 모금가들을 지나친다. 모두 모금비용이 쓰이는 현장이다.

길거리 모금이 증폭시킨 의혹

아빠 공짜래 우리도 만들자.

아이가 어렸을 땐 종종 함께 아쿠아리움에 가곤 했다. 집에서 한 시간 정도 차를 타고 가야 도착하는 곳이었지만, 아이도 좋아하고, 연간회원권도 끊었던 터라 자주 갈 때는 거의 한 달에 한 번 꼴로 갔었다. 아이는 물고기를 워낙 좋아해서 한번 가면 3시간 동안 물고기에 눈을 떼지 못했지만, 나의 눈길을 끈 것은 관람 동선 안에 생뚱맞게 등장하는 미아 방지 캠페인 부스였다. 관람객들에게 '무료로 미아 방지 팔찌 만들고 가세요.'라며 유혹했다.

　예전에 길에서 '스티커 한 장만 붙이고 가세요.'라는 말에 엉겁결에 응했다가, 10분여간 꼼짝없이 왜 이 아이들에게 기부금이 필요한지 설명을 들었어야 했던 나는, 직감적으로 이 미아 방지 캠페인도 모금을 가장한 캠페인인 것을 눈치 챌 수 있었다. 꽤나 규모가 큰 아쿠아리움이었지만 어디까지나 아이를 잊어버리기 쉽지 않은 실내 공간인데다가, 미아 방지 팔찌라면 분명 팔찌 안에 전화번호 등 개인정보가 들어갈 수밖에 없기 때문이다.

　부스에 다가갈수록 '팔찌 만들고 가세요, 무료입니다.'라는 외침은 점점 크게 들려왔다. 부스 앞에 다다르자, 아이는 팔찌를 얻고 싶다며 나의 손을 이끌었고, 이미 방어 태세를 취하고 있던 나는 아이의 손을 이끌고 앞으로 지나가려고 했다. 가까이서 보니 정말 모단체에서 진행하는 캠페인이었다. 물론 '모금'이라는 단어가 들어가 있진 않았지만, 팔찌를 만들고 전화번호를 쓰는 순간, 앞으로 몇 번의 기부 요청 전화를 받고 이를 거절하면서 괜한 죄책감을 느끼게 될 지 미래가 그려졌다.

결국 나는 투덜대는 아이를 데리고 빠른 걸음으로 그 구역을 지나가야 했다. 팔찌는 무료가 아니며, 결국 돈을 기부해야 하는 것이라고 설명을 해도, 아이가 이해할 리는 없었다. 남을 돕는 것은 좋은 일인데, 왜 거부하는지 이해하지 못하는 눈치였다. 꼭 거기서 모금을 해야 했을까? 모금이 아닌 미아 찾기 팔찌로 사람들을 유혹해야 했을까? 모금에 대한 열정은 충분히 이해하면서도, 좋은 모금의 모습은 아닌 것 같았다.

기부자들이 모금비를 진지하게 고민하게 된 계기중 하나는 길거리 모금이다. 길거리 모금이란, 길거리에서 스티커 하나만 붙여달라고 외치는 모금처럼, 불특정 다수를 대상으로 한 대면 모금 방식을 의미한다. 아주 냉정한 마음의 소유자가 아니라면, 이미 한두 번 정도는 스티커도 붙여주고 연락처도 주고 왔을지 모르겠다. 보통 특정 사회문제에 관심을 가져달라며 접근하거나, 아쿠아리움 같이 가족 단위 방문객이 많은 곳에서 '미아 방지'를 주제로 사람들의 관심을 끌기도 한다. 하지만 결국엔 정기기부 결제를 요청하거나, 향후 기부요청을 위한 휴대폰 번호를 요구한다. 길에서 이런 사람들을 마주치면 나쁜 어른이 되기는 싫다는 생각에, 그냥 지나치기 어려운 것 또한 사실이다.

길거리 모금이 본격 등장한 시기는 2010년대 중반이다. 상당히 공격적인 모금 방식인 이 길거리 모금은 그 효과만큼이나 사람들의 불만을 고조시켰다. 여러 미디어에서 이런 방식의 모금을 비판적으로 조명하기도 했다. 2015년 경향신문에서 길거리 모금의 문제를 먼저 제기한 이래,[35] 21년에는 구독자 86만 명이 보는 채널 '직업의 모든 것'에서 '2만 원 후원하면 10만 원 받습니다'[36]라는 영상을 공개했다. 영상은 2023년 12월 기준 36만 뷰와 2,100여 개의 댓글을 기록 중이다. 대부분은 길거리 모금과 단체를 향한 비판이다. 기부단체들이 이런 논란을 모를 리 없다. 이런 논란에도 불구하고 길거리 모금이 계속되고 있는 것을 보면, 거리 모금의 효과 자체는 확실한 듯하다.

알고 보니 모금 외주

처음 봤을 땐 '자원봉사자분이려나?' 하루 종일 고생 많다 싶었는데…. 사실상 알바인 것 같네요.

그런데 왜 이 길거리 모금이 논란일까? 가장 중요한 포인트 중 하나

---

[35] 박용하, "NGO 회원 모집에 마케팅 업체 동원," *경향신문*, 2015.1.20, https://www.khan.co.kr/national/incident/article/201501200600005.

[36] "2만원 후원하면 10만원 받습니다," 직업의모든것, www.youtube.com/watch?v=jWEvLtV6Vjc&t=45s.

는 외주다. 거리 모금은 대부분 기부단체가 아닌, 전문 펀드레이징 업체가 담당한다. 거리에서 모금을 유도하는 사람들도 대부분 전문 펀드레이징 업체에서 고용한 아르바이트 신분이다. 엄밀히 말하면 기부단체 직원들은 아니며, 한 달 전만 해도 기부에 대해 깊게 고민해 본 적 없는 청년일 수 있다.

기부자들은 길거리 모금이 전문 펀드레이징 업체라는 사실에 배신감을 느낀다. 기부는 자발적으로 해야 하는 건데, 분위기에 휩쓸려 아르바이트 학생들에게 영업 당했다는 느낌을 받는다. 길을 가다 잠시 거리 모금 때문에 불쾌한 상황을 겪었다고 생각해 보자. 만약 그 모금가가 기부단체 소속이라면 '열정 넘치는 활동가의 적극적인 호소' 정도로 생각하고 넘어갈 수 있다. 거리 모금에선 대부분 인권, 빈곤 등 누구나 공감할 만한 가치를 내세우기 때문에 더욱 그렇다. 사람들도 음식점이나 헬스장 전단지를 뿌리는 사람을 대할 때보단 관대하다. 하지만 이들이 진정성 있는 활동가가 아니라 방금 인권을 공부하고 투입된 아르바이트생이라면 이야기가 다르다. 이들은 그저 길 가는 사람들을 귀찮게 하는 과격한 영업사원일 뿐이다. 외주가 잘못된 것은 아니지만 모금 외주는 분명 기부자에게 어색한 개념이다. 기부단체의 일을 노동이라기보단 숭고한 행위로 생각하는 기부자에게는 더욱 그렇다. 자신이 거리에서 만난 모금원이 단체의 직원도 아니고, 자원봉사자도 아니고, 그저 돈 받고 모금하는 용역 업체 직원이었다는 사실을 알게 되면 배신감을 느끼게 되는 것이다.

기부 산업을 너무 순수하게만 생각하면 이런 오해가 생긴다. 기부단체 직원들도 모두 정당한 대가를 받고 일하는 직원들이며, 노동자다. 현장의 전문성을 갖춘 직원이라면, 거리 모금에 투입되는 것보다 수혜자를 만나서 돕는 일에 집중하는 것이 단체에 더 이익일 수 있다. 단체 입장에서도 직원이 직접 하는 것보다, 외주를 주는 것이 더 효율적이라면, 외주를 써서 기부금을 더 아낄 수 있다.

꼭 활동가가 직접 모금할 필요는 없다. 같은 모금 컨텐츠를 거리 모금 부스에서 대면으로 보여줄 때도, SNS를 통해 온라인으로 보여줄 때도 있다. 둘 다 단체의 모금 컨텐츠를 잠재 기부자에게 보여준다는 측면에선 동일한 행동이다. 하지만 기부자들은 컨텐츠를 전달하는 매개체마다 다른 잣대를 댄다. SNS 운영을 전문 업체에 맡기는 것은 크게 신경 쓰지 않지만, 대면 모금에 외주 업체를 활용한다고 하면, 모금의 진정성을 의심한다. 단체의 메시지를 전하는 하나의 홍보 수단으로 거리 모금을 생각한다면, 굳이 외주를 안 쓸 이유가 없다.

너무 높은 수수료

두 번째 이유는 수수료다. 기부단체는 외주 업체가 모금한 금액에 비례해서 이들에게 인센티브를 지급한다. 하지만 기부자들은 이 인센티브를 쉽게 받아들이지 못한다. 차라리 일당 10만 원을 받고 어려운 아이들을 돕자고 열심히 외치던 사람에게 설득당했다면 낫겠지만, 그 사람의 외침이 아이들 때문이 아니라 본인에게 떨어질 인센티브 때문이었다는 생각이 들면 당연히 배신감이 든다.

외주 업체가 가져가는 인센티브 또한 무조건 비판하기는 어렵다. '성과 대비 인센티브 지급 방식'은 영업 실적 극대화를 추구하는 많은 영리 영업 조직들이 택할 만큼, 검증된 방법이다. 영업처럼 개개인의 성과가 분명하게 나뉘는 영역에서는, 기본급을 줄이는 대신 성과와 연결된 보상을 통해, 영업사원들의 업무 의욕을 고취할 수 있다. 인센티브 이야기를 들은 기부자는 기분이 나쁠 수 있겠지만, 인센티브 제도 자체를 나쁘다고 하기에는 애매하다.

문제는 인센티브가 생각 이상으로 크다는 점이다. 인센티브의 규모가 월 약정 기부금의 3~5배에 이른다면 이야기가 달라진다. 기부자들이 납득하기엔 너무나 큰 숫자다. 아쉽게도 기부단체와 펀드레이징 업체 간의 계약서를 확인하진 못했다. 하지만 높은 수수료율에 대한 이야기는 복수의 매체에서 확인할 수 있다. 앞에서 언급한 유튜브 영상에서도 전직 펀드레이저들의 인터뷰가 나오며, 후원자 1명을 모집할 때마다 후원금의 2~3배를 인센티브로 받는다거나,[37] 회사가 4배, 그중 모금가가 2배를 가져간다라는 신문 기사[38]도 있는 것으로 봐서 꽤 높은 수준의 인센티브가 책정되는 것은 사실로 보인다.

---

37 남보라, "무료 팔찌 미끼로 기부 강요" vs "어릴 때부터 나눔 경험," *한국일보*, 2023.5.6, https://m.hankookilbo.com/News/Read/A2023050414590005057.

38 정용인, "한국진출 국제비영리단체들은 왜 '거리회원모집'에 올인할까," *경향신문*, 2016.8.6, https://www.khan.co.kr/national/national-general/article/201608061907011.

엄청 커 보이지만, 불가능한 숫자는 아니다. 한번 정기기부가 시작되면, 적어도 수 년은 지속되기 때문에, 3-5개월 치를 거리 모금가에게 수수료로 주는 것이 무리는 아니다. 만약 기부자들이 평균 60개월 동안 이 기부를 유지한다면, 실질적인 수수료율은 5배가 아니라 1/12, 즉 8.3% 정도에 그친다. 어차피 기부단체들도 다 계산해 보고 계약했을 것이다.

그러나 이런 사실들이 기부자 입장에선 당황스럽다. 만약 아래와 같은 내용을 모금할 때 알려주면 어떻게 될까?

월 정기기부 시작해 주셔서 감사합니다. 하지만 오늘부터 5달 동안 내실 기부금은 모두 아침에 만났던 펀드레이징 업체에 지급되며, 6번째 달부터 비로소 기부자님의 기부금이 아이들을 위해 쓰이기 시작할 예정입니다.

바로 기부를 해지할 사람들은 물론, 이 기부를 시작하지 않을 기부자도 많을 것이다. 하지만 단체들은 이런 이슈를 얼버무린 채 모금액 극대화에만 집중해 왔다.

모금과 캠페인의 모호한 경계

기부자 입장에서 모금비는 안 써도 되는 금액이다. 기부자들이 가장 확인하고 싶어하는 비용이기도 하다. 이런 측면에서, 기부단체들은 모금비 사용 내역을 지금 보다 훨씬 더 자세하게 공유할 필요가 있다. 지금 공개된 자료만으로는 정확한 모금비 사용 내역을 파악하기 어렵다. 오히려 모금비가 지출 내역 어딘가 더 숨겨져 있는 것 같다. 이번엔 이미 공개된 유니세프의 모금비 사용 내역을 보면서, 미심쩍은 부분을 살펴보자. 모든 자료는 유니세프의 〈사용 비용의 성격별 구분〉과 〈기부금품의 모집 및 지출 명세서〉를 참고했다.

모금 '의심' 비용

유니세프 한국위원회는 2022년 모금비로 53.2억 원을 사용했다. 이 안에는 인력비 17.7억 원, 시설비 2.0억 원, 그리고 기타비용 33.5억 원이 포함되어 있다. 전체 지출의 3.3% 수준이다. 유니세프는 모금비 53.2억 원을 어떻게 썼을까? 보통은 〈기부금품의 수집 및 지출 명세서〉에서 모금비 지출의 세부내역을 통해 확인 가능하다. 유니세프의 자료에는 거래처별 지출 금액은 나오지만, 어떤 지출이 모금비용인지는 구분되어 있지 않다. 대신 공개된 거래처의 이름들을 하나하나 살펴보면, 모금비로 판단할 법한 거래 내용이 여럿 나오는데, 다음과 같다.

- 대홍기획 (104.3억)

종합광고대행사. 예전부터 유니세프와 함께 다양한 광고와 모금 행사, 캠페인을 제작해 왔다. 인터넷에 대홍기획과 유니세프를 검색하면 이들이 함께 만든 다양한 콘텐츠들을 볼 수 있다. 또한 광고 외에도 난민촌 내 아동 친화 공간 조성 등 다양한 캠페인을 함께 진행하기도 한다.

• 세일즈웍스코리아 (43.0억)

NGO 단체를 위한 펀드레이징 전문 브랜드 '서포트웍스'를 운영한다. 유니세프와 어떤 업무를 계약했는지는 자세히 알 수 없지만, 이 회사 홈페이지 사업 소개 중 가장 먼저 나오는 이야기는 '전문 펀드레이저의 대면 모금'이다. 대면 모금은 앞에서 살펴본 길거리 모금의 다른 말이다.

• 밸류링크코리아 (24.0억)

역시 계약 내용을 볼 수는 없지만, 이 회사의 핵심역량이 '10년간 대면 모금 분야에서 쌓아온 '체계적인 시스템'과 '차별화된 전문성'이라고 하는 것으로 보면, 길거리 모금과 연관돼 보인다.

• (주)메타엠 (19.8억)

콜센터 및 텔레마케팅 서비스업 회사다. 기부자 문의를 처리하는 업무일 수도 있고, 전화로 추가 기부나 신규 기부를 요청하는 업무일 수도 있다. 단, 이 회사가 유니세프와 하는 일이 고객문의에 응대하는 콘센터 업무일 수 있으므로, 이 19.8억 원은 모금에 쓴 비용이 아닐 가능성도 존재한다.

- 라이프워시퍼(13.2억)

F2F 후원 개발 전문 펀드레이징 기업이라고 한다. F2F는 Face to Face(대면 모금)이란 뜻이고, 결국 길거리 모금의 다른 말이다.

이렇게 5개의 내용만 합쳐도 204.3억원이며, 이 내역들은 모두 지급수수료로 지급되었다. 만약 이 비용들이 모금에 쓰인 것이 맞다면, 이 비용들은 인력비도 시설비도 아니므로, 모금비의 기타 비용으로 들어가야 한다. 하지만, 유니세프가 〈기부금품의 수집 및 지출 명세서〉에 공시한 모금비 내 기타 비용은 33.5억 원에 불과하다. 즉 이 204.3억 원은 모금비만으로 설명되지 않는다. 33.5억 원을 제외한 170.8억 원이 어떤 비용 안에 들어가 있는지 설명이 필요하다.

캠페인 비용은 모금비일까?

170.8억 원이 모금비가 아니라면, 어디에 쓰인 걸까? 명확하게 설명해 주는 곳은 없지만, 어느 정도 유추는 가능하다. 〈사업비용의 성격별 구분〉이 유니세프의 전체 사업비용 1,595.8억 원을 분류한 것이므로, 이 170.8억 원이 모금비가 아니라면 일반관리비와 사업수행비가 남는다. 일반관리비는 아니다. 일반관리비 비율이 높아 보이게 여기에 넣었을 리도 없거니와 애초에 일반관리비의 기타비용은 11.6억 원으로 이 돈이 들어갈 만한 공간이 없다. 170.8억 원은 사업수행비 어딘가에 포함되어 있는 것으로 보인다.

사업수행비를 조금 더 분석해보자. 유니세프 한국위원회는 사업수행비 1,507.5억 원으로 어떤 일을 했을까? 연차보고서에 따르면 유니세프 한국위원회의 사업은, '개발도상국지원'과 '아동권리옹호 및 PR'로 이루어져 있다.

이중 '개발도상국지원'은 명확하다. 연차보고서 내 사업비 1,241.8억 원이 〈사업비용의 성격별 구분〉의 분배비와 일치한다. 전액 분배비로 처리된 것으로 보인다. 그럼 나머지 사업수행비 265.8억 원(인력비, 시설비, 기타비용의 합)는 자연스럽게 '아동권리옹호 및 PR'에 쓰인 것이 된다. 이 사업의 연차보고서 상 지출은 131.8억 원으로 차이가 있지만, 이는 연차보고서가 (〈사업비용의 성격별 구분〉과 달리) 유니세프 본부에서 받은 지원금 154.6억 원 제외한 수입만을 대상으로 하기에 나온 착시로 보인다.

즉 모금비에 포함되지 못한 170.8억 원은 사업수행비, 그 중에서도 '아동권리옹호 및 PR'사업에 쓰였을 수 있다는 결론이다. 대면 모금업체들과 권리옹호 사업을 진행한 셈이다.

유니세프 한국위원회의 2022년 〈사업비용의 성격별 구분〉

(단위: 억 원)

구분	분배비용	인력비용	시설비용	기타비용	합계
사업수행비용	1,241.8	16.4	1.8	247.6	1,507.5
일반관리비용	-	18.4	2.1	11.6	32.0
모금비용	-	17.7	2.0	33.5	53.2
공익목적사업비용	1,241.8	52.4	5.9	292.7	1,592.7

출처: 유니세프 한국위원회 2022 감사보고서

잘못된 것은 아니다. 아동권리옹호 관련, 대면 캠페인을 진행면서 위 언급된 단체들의 도움을 받을 수도 있다. 하지만 여기서 말하고 싶은 것은 아동권리옹호 캠페인과 PR 모금활동은 명확하게 구분하기 어렵다는 점이다. 누군가 아동권리옹호 캠페인에 공감한다면, 자연스럽게 기부까지 하게 될 것이다. 누군가로부터 사회문제나 사업에 대한 공감을 얻어낸다면, 후원 요청의 성공 가능성은 높아진다. 길에서 '난민들은 도움이 필요합니다.'라는 주제로 스티커를 붙이는 행사에 사용된 비용은 모금비일까? 아니면 사업수행비용으로 처리되는 캠페인일까? 명확한 기준은 없다. 다시 말해 기부자가 길에서 만난 거리 모금가도 사실은 모금비가 아니라 사업비를 쓰면서 나와 있었을 가능성이 높다는 뜻이다.

실제 많은 기부자들은 일부 모금비가 캠페인 비용(사업수행비용)으로도 처리된다고 의심한다. 물론 외부감사까지 받는 마당에 비용 분류가 완전히 잘못되어 있을 것 같진 않다. 모금이 가미된 캠페인지, 캠페인의 탈을 쓴 모금인지는 단체들 본인만 알 것이다. 하지만 기부불신 문제를 고려한다면, 기부단체는 이런 의심이 확산되지 않도록, 캠페인과 모금과의 관계에 대해 기부자와 조금 더 자세히 소통할 필요가 있다. 특히 외주를 통해 대면 모금을 하거나, 대면 캠페인 활동을 하는 단체들은 더욱 그렇다.

'내가 부담하는' 운영비의 증가

마지막 모호한 지점은 '내가 낸 기부금에서 빠지는 운영비'다. 기부단체들은 매년 기부금의 사용 내역을 공개하지만, 기부자가 그 자료를 보고 '내가 낸 기부금의 행방'을 알 수는 없다. 정작 기부자들이 궁금해하는 지점은 알려주지 않는다. 단체 전체를 아우르는 정보들을 보고 어느 정도 파악할 수는 있다. 예를 들어 단체의 운영비가 모금액 대비 16% 수준이면, 기부자가 낸 10,000원에서 1,600원이 운영비로 쓰였다고 생각하는 식이다. 그러나, 이렇게 구하는 운영비 비율과 실제 내 기부금에서 제해지는 운영비 비율은 다르다.

먼저 왜 '내가 부담하는 운영비'가 단체 전체의 운영비와 차이를 나는지 살펴보자. 원인은 기부단체가 받는 여러 종류의 기부금에 있다. 운영비 비율은 운영비를 공익목적사업비로 나눈 값이다. 공익목적사업비의 규모는 같은 기간의 수입 규모와 연동되는데, 이 수입에는 여러 종류의 기부금이 연결되어 있다. 정기기부, 일시기부, 기업기부, 현물기부 등 다양한 형태의 기부금들이다. 단체에 따라 정부보조금이 존재하기도 하고, 국제 본부를 둔 단체들은 본부보조금(유니세프 등 본부 격 법인에서 주는 보조금)이 존재하기도 한다.

중요한 점은 모든 종류의 기부금에서 같은 비율의 운영비가 차감되지 않는다는 점이다. 어떤 기부금은 운영비가 차감되지 않고, 어떤 기부금은 운영비로만 쓰이는 경우도 있다. 다만 일반적인 현금 정기기부자라면, 연차보고서에 나오는 운영비 비율보다 더 높은 비율의 운영비가 본인의 기부금에서 쓰이고 있을 가능성이 높다.

현물기부, 어떻게 운영비를 가져올까?

기부는 크게 돈과 물품으로 이루어진다. 이 중 물품으로 기부하는 것을 현물기부라고 한다. 물건을 기부해도 기부단체에서는 그 물건에 상응하는 기부금영수증을 발급해 준다. 그리고 그만큼의 수입이 기부단체에 잡힌다. 대부분의 단체들은 현물기부의 비율을 별도로 표기한다.

현물기부는 운영비 오해를 일으키는 주범이다. 현물기부가 많을수록, 물건이 아닌 현금으로 기부한 사람의 운영비 부담률은 높아진다. 모르는 사람이 기부한 현물에 상응하는 운영비까지 부담해야 하기 때문이다.

　기부자로부터 라면 100박스를 기부받은 단체를 생각해 보자. 이때도 운영비는 발생한다. 라면 박스를 옮겨서 보관해야 하고, 어디에 전달할지 정하고, 배송하고, 받았다는 확인을 받아야 한다. 창고비, 택배비, 등 다양한 부대비용이 발생하며, 그리고 이 모든 과정에 서류 작업과 회계처리가 필요하다. 모두 사람의 손길이 필요한 일이며, 직접 하든 외주를 주든 소량의 인력비용과 수수료비용이 든다.

　하지만 라면 100박스에서 이 비용을 처리할 수 없다. 운영비 마련을 위해 라면 몇 상자를 팔아서 현금화 하거나, 인건비나 창고비를 라면으로 지급할 수도 없다. 결국, 이 운영비는 다른 누군가가 기부한 현금에서 충당하게 된다. 그냥 라면만 두고 간 현물기부자가 부담하는 운영비 비율은 0%다. 기부한 물품은 100% 이웃에게 전달된다. 하지만, 이 운영비를 부담하지 않은 현물기부자 때문에, 라면을 본 적도 없는 현금기부자는 더 많은 운영비 비율을 부담하게 된다.

　이해를 돕기 위해 약간 극단적인 예를 들어 보자. 한 해 동안 기부자 A, B 2명으로부터 총 1,000만 원의 기부금을 받은 단체가 있다. 기부자 A로부터는 800만 원어치의 라면을, 기부자 B로부터는 200만 원의 현금을 받았다. 그리고 1년간 열심히 라면 지원사업을 포함한 다양한 사업을 진행했다. 1년 뒤 결산 때 보니, 운영비는 전체 기부금 1,000만 원의 5%인 50만 원이었다.

5%라는 비율은 나쁘지 않아 보인다. 기부단체는 '최소한의 운영비 5%를 제외한 기부금의 95%는 어려운 이웃을 돕는데 사용된다.'고 안내했을 것이다. 기부자 B 역시 200만 원 중 5%인 10만 원이 운영비로, 나머지 190만 원이 사업수행비로 쓰였다고 생각할 것이다.

하지만 기부자 A가 기부한 '현물'의 존재 때문에, 운영비 50만 원은 결국 기부자 B가 모두 부담해야 한다. 즉 기부자 B가 부담하는 운영비는 10만 원이 아니라 50만 원이며, 5%가 아니라 25%가 된다. 단순히 단체의 운영비 비율을 안다고 해서 쉽게 이를 자신의 기부금에 대입해서는 안되는 이유다.

각 단체들의 현물기부 비율은 서로 매우 다르다. 물론 현물기부자들이 운영비의 명목으로 현금을 추가 기부했을 수도 있으니, 현금기부자의 운영비 부담율이 얼마나 올라갈지 정확하게 판단할 수는 없다. (※하지만 그런 경우는 많지 않다) 중요한 것은 현물기부 비율이 높으면 높을 수록 현금기부자들이 부담하는 운영비의 비율도 올라간다는 점이다. 표에서 보는 것처럼, 현물기부 비율이 30% 수준인 사회복지공동모금회나, 30%에 육박한 월드비전의 경우, 보이는 운영비보다 더 높은 비율의 운영비가 기부금에서 차감될 가능성이 높을 수 있다.

각 단체의 기부금 대비 현물기부 비율

(2022년/단위: 억 원)

	전체 기부금	현물기부	현물비율
사회복지공동모금회	7,924.6	2,438.2	30.8%
월드비전	2,873.1	761.8	26.5%
초록우산 어린이재단	1,649.5	250.4	12.5%
굿네이버스 인터내셔날	2,009.9	178.3	10.8%
사회복지법인 굿네이버스	488.6	30.6	6.3%
세이브더칠드런	943.9	37.2	3.9%
유니세프 한국위원회	1,435.6	1.1	0.1%

출처: 각 단체의 감사보고서 취합 후 재정리

특정 사업에만 쓰이는 지정후원금

특정 사업을 지정해서 기부되는 지정후원금도 봐야 한다. 일반적으로 기부금은 특정 사업을 지정해서 기부하는 지정후원금과, 별다른 지정 없이 기부단체의 뜻대로 쓸 수 있는 비지정후원금으로 나뉜다. 고액 기부와 기업기부 비율이 높은 사회복지공동모금회의 경우, 지정후원과 비슷한 개념인 '지정기탁' 비율이 상당하다. 감사보고서에 따르면 이 단체의 지정기탁 비율은 2022년 기준 73.1%[39]에 이른다.

일반 기부단체도 지정후원을 받는다. 예를 들어 기업은 보통

---

39 지정기탁 현금(42.3%)+현물(30.8%)의 합. 일반모금 수입은 26.4%에 불과하다.

기업의 이름을 단 사업을 개발하고, 이를 지정해서 운영비를 기부하고 싶어 한다. 기부단체 역시 이를 알고 있기 때문에, 후원을 제안할 때부터 해당 기업을 위한 사업을 따로 기획한다.

개인기부자도 사업을 지정할 수 있다. 다만 몇 가지 허들이 존재한다. 예를 들어 굿네이버스는 1백만 원 이상부터 후원이 가능하며, 온라인으로 후원 문의 후 2~3일 뒤 연락을 받고 논의를 시작해야 한다.

이렇게 사업을 지정한 기업이나 개인기부자들이 사업수행비 외에 일반관리비나 모금비를 인정해 줄까? 기부단체에서 기업에 후원을 제안할 때, 예산안에 운영비를 당당히 끼워 넣을 단체가 얼마나 있을까? 공개된 자료가 없어서 정확한 판단은 어려우나, 어지간한 비영리단체에서 이를 충분히 인정 받기란 매우 어려운 일이다. 실제 많은 비영리단체를 운영하는 대표들이 어려워하는 지점이기도 하다. 운영비 중에서도 일반관리비야 사업운영에 실제 필요한 금액이라 요구할 수 있다고 해도, 모금비는 인정받기 더 힘들다. 사업과는 상관없는 비용이기 때문이다.

따라서 이들이 부담하지 않는 운영비는 결국, 사업을 지정하지 않은 기부자들에게 부과된다. 실제 현물기부의 비율(30.8%)도 높고 지정기탁의 비율(73.1%)도 높은 사회복지공동모금회의 경우, 2022년 국정감사에서 일반 모금액 대비 운영비가 너무 높다는 사실이 지적된 바 있다. 사회복지공동모금회는 2020년에 406억 원, 2021년에 439억 원을 관리운영비로 사용했고, 이는 총 모금액 대비

2020년 6.22%, 2021년 5.19%로 사회복지공동모금회법에서 정해진 기준인 10%보다 적은 수준이다. 하지만 현물기부와 지정후원을 제외하고 재계산한 일반 기부자들의 관리운영비 부담율이 2020년 19.59%, 2021년 21.46%에 이른다는 지적이었다.[40]

'사회복지법인[41]의 관리안내' 자료에서도 비지정 후원의 과한 운영비 부담률이 확인할 수 있다. 이 자료에 따르면 지정후원금의 경우 후원금의 15%를 후원금 모집이나 관리, 운영 등에 사용할 수 있도록 되어있는 반면, 비지정후원은 그 비율이 최대 50%로 훨씬 높게 그 한도가 책정되어 있다.[42] 사업을 지정하지 않는다면 최대 50%까지 기부금이 법인이나 시설 운영비로 사용될 수 있다는 뜻이다.

나와 관계없는 외부의 보조금

보조금은 보통 정부나 지자체, 혹은 KOICA와 같은 기구에서 지원하는데, 대부분은 사업의 위탁 등 특정 사업에 대해서 지원하는 금액이다. 당연히 사업수행비를 중심으로 쓰일 수밖에 없다. 기부단체

---

40 전진호, "사랑의열매, 일반모금액 대비 관리운영비 20% 넘어," *웰페어이슈*, 2022.10.21, http://www.welfareissue.com/news/articleView.html?idxno=12496.
41 이 책에서 다루는 기부단체들 중 월드비전, 굿네이버스, 세이브더칠드런, 어린이재단 등이 사회복지법에 의해 설립된 사회복지법인(지원법인)이다.
42 *2023 사회복지법인 관리안내*, 보건복지부, 150.

의 모금비용을 정부에서 지원했다고 하면 그것도 그것대로 문제다. 보조금을 사용해 본 사람들은 알겠지만, 정부의 보조금은 상당히 밀도 있게 관리된다. 즉, 보조금 비율이 높을수록 현금기부자의 운영비 부담 비율도 함께 상승한다.

보조금의 비율은 단체마다 다르다. 사회복지법인 굿네이버스의 경우, 이 보조금 수입이 451.8억 원으로, 기부금 수입 488.9억 원과 거의 맞먹는 수준이다. 목적사업비의 절반 정도가 절반 정도가 정부보금에서 오는 셈이다. 연차보고서에 공개된 굿네이버스의 운영비 비율은 4.9%지만 실제 현금기부자들이 부담하고 있는 운영비 비율은 그 2배에 이를지도 모른다.

각 단체들의 사업수익[43] 대비 보조금 비율

단체	사업수익	보조금	비율	
굿네이버스 (사회복지법인)	972.2	451.8	46.5%	국내 사회복지시설등 정부보조금
초록우산 어린이재단	2,395.6	361.2	15.1%	정부보조금, 코이카 수입 등
월드비전	3,074.3	166.2	5.4%	코이카 지원, 국내 복지관, 어린이집 등 시설 운영비 지원
세이브더 칠드런	998.3	43.5	4.4%	정보 없음

출처: 각 단체의 감사보고서에서 발췌 후 계산

정부보조금과 반대인 경우도 있다. 유니세프나, 국경없는의사

---

43 기부금, 보조금, 수익사업 수익, 등 기부단체가 사업을 통해 얻는 수입을 모두 합한 금액.

회같이 해외에 본부를 둔 단체들은 본부로부터 지원금을 받는다. 이 경우에는 반대로 현금기부자들이 부담하는 운영비 비율이 알려진 것보다 줄어들 수 있다. 지원금에서 운영비를 쓸 수 있기 때문이다. 실제 유니세프 한국위원회의 경우 2022년 154.6억 원의 유니세프 본부지원금을 받았는데, 이는 이 단체가 같은 해 지출한 일반관리비(32.0억 원)와 모금비(53.2억 원)의 합보다도 큰 수치다. 이론상으로는 일반관리비와 모금비는 모두 본부지원금으로 처리하고, '국내 기부자들로부터 받은 기부금은 모두 사업수행비용으로 사용했다.'라고 이야기할 수도 있다.

실제 국경없는의사회는 높은 모금비 비율을 지적받자,[44] '한국에서 모은 기부금 가운데 모금비로 사용한 금액은 전혀 없었으며, 한국에서 사용한 모든 모금비는 다른 국경없는의사회 국제사무소들로부터 받은 보조금에서 사용했다.'[45]고 답변한 적이 있다. 당시 이 단체는 총 77.3억 원을 사업비용[46]으로 사용했고, 그중 27.7%인 29.1억 원이 모금비용이었다. 그리고 같은 기간 국경없는의사회 일본사무소로부터 29.2억 원의 보조금을 받았었다.[47]

---

44 정용인, *경향신문*, 2016.8.6
45 "거리 모금활동 및 후원금 사용에 관한 국경없는의사회의 입장," 국경없는 의사회, 2016.8.8, https://msf.or.kr/article/3072.
46 당시는 지금과 회계관리 기준이 달라, 운용비용 이라는 이름으로 적혀있다.
47 "국경없는의사회 2015 감사보고서," 삼정회계법인, 2016.3.10.

#　3장

왜 정보를
공개하지 않을까?

정보공개 요구를 외면하는 기부업계

기부자들의 의심을 해소할 수 있는 가장 확실하고 유일한 방법은 정보공개다. 기부금 사용 과정과 결과를 기부자에게 투명하게 보여주면 된다. 기부단체는 늘 투명하게 기부금을 운영하겠다고 다짐하지만, 이 다짐이 정보공개로 이어진 적은 없었다. 공개하는 자료는 많아졌지만, 기부단체의 자발적인 노력이라기보다는 정부의 규제 강화 때문이었다. 그러다보니 대부분의 공개자료는 정부 공시나 회계 전문가가 보는데 최적화 되어있다. 일반 기부자들이 체감할 만한 변화는 홈페이지에 새로 생긴 '투명경영' 페이지 정도가 거의 다다. 연차보고서 등에 있는 내용을 요약해서 보여주는 수준에 그친다.

    기부단체들이 기부불신의 심각성을 모를 리 없다. 기부불신의 목소리는 인터넷에서, 미디어에서 그리고 단체들의 SNS 댓글에서도 쉽게 확인된다. 기부 신뢰 하락을 주제로 컨퍼런스도 종종 열린다. 그럼에도 불구하고 기부단체들은 이상하리만큼 개선에 소극적이다.

　모두가 문제를 우려하지만, 모두가 아무것도 하지 않는 상황. 기부불신 문제를 연구하면서, 기부단체들의 소극적인 대응은 늘 궁금증의 대상이었다. 이번 장에서는 기부단체들이 그동안 해온 주장들과, 노력들, 그리고 단체들의 대응이 방어적이고 소극적일 수밖에 없었던 이유에 대해 살펴보고자 한다.

비공식 토론과 무의미한 의견들

먼저 짚고 넘어가야 할 점은 이에 관한 공식적인 토론의 장이 거의 전무하다는 점이다. 공식적인 토론의 장이 없다 보니, 기부자들의 불만을 듣고 진지하게 이야기할 기회가 없었다. 기부자의 입장에서 기부는 어차피 해도 그만 안 해도 그만인 행동이기 때문에, 기부는 대개 불평의 대상 정도에 그친다. 진지하게 기부를 불신하는 이유에 대해 고민하는 기부자는 많지 않다. 그러다 보니 관련 컨퍼런스나 토론회가 열려도 주로 기부단체들이나 그 관계자들, 혹은 적어도 지금 기부에 긍정적인 인식을 가지고 있는 사람들로 채워지고, 대개 '이미 충분한 공개를 하고 있다.' '기부자들도 좀 더 책임감 있게 기부해야 한다.' 정도의 뻔한 결론을 도출한다.

　오히려 논의가 활발하게 진행되는 곳은 인터넷 댓글 창이다.

댓글 토론은 기부에 대한 부정적 뉴스나 믿을 만한 기부처를 찾는 게시글에서 쉽게 찾을 수 있다. 처음엔 비난과 비판이 주를 이루다가, 기부단체 직원으로 추정되는 사람들, 혹은 기부단체를 지지하는 사람들도 글을 달기 시작한다.

특히 직장인 익명 커뮤니티 '블라인드 blind'에서는 다른 커뮤니티보다 더 높은 빈도로 믿을만한 기부처를 찾는 글이 올라온다. 소중한 월급을 쪼개서 기부를 결심한 만큼, 기부처에 대한 관심도 높기 때문인 것으로 해석된다. 블라인드의 댓글 토론에서는 기부단체 직원들이 직접 댓글을 달기도 한다.

개인의 입장에서 쓴 글이다 보니, 잘못된 정보가 버젓이 쓰여 있기도 하고, 다소 감정적인 대응들이 섞여 있는 경우도 있다. 단체 홍보팀이라면, 더 논리적인 대응이 가능하겠지만, 아마 공식 계정으로 댓글 논쟁에 참여하는 것은 여러모로 쉽지 않을 것이다. 그래서 토론 속에 가끔 잘못된 정보가 포함되어 있어도 단체에서는 별다른 정정을 하지 않는다. 기부자들이 쏟아내는 비난에 대해 기부단체들이 계속 소극적으로 대응하고, 잘못된 정보가 수정되지 않은 채 굳어짐으로써, 오해와 불신이 오히려 점점 커지는 모양새다.

여러 인터넷 커뮤니티에서 투명한 기부, 기부 비리, 후원 추천 등의 키워드로 글을 검색하고, 그중 댓글 논쟁이 활발한 글들을 분석해 보았다. 그리고 기부자들의 공격들, '모두 다 인건비로 쓰고 남은 걸로 기부하는 거 아니냐?', '믿을 만한 기부단체를 본 적이 없다.'는 공격에 기부단체 측에서 쓴 방어 논리를 분석했다. 방어 논리는 지금부터 설명할 3가지로 주장으로 정리된다. 이 3가지 주장은 거의 3종 세트처럼 함께 나온다. 안타깝지만, 하나같이 기부자들의 공격을 제대로 방어하기엔 역부족이다.

☐ 85% 이상은 좋은 일에 쓰니 문제없다.
☐ 철저히 통제하고 아껴 쓰는데 억울하다.
☐ 우린 어떻게 쓰는지 이미 다 공개했다.

85% 이상은 좋은 일에 쓰니 문제없다?

이중 첫 번째 주장은 운영비에 대한 내용이다. 85%이상 좋은 일에 쓰이니 문제가 없다거나, 기부금은 모두 관련 법 앞에서 운영되고 있으니 걱정 말라는 주장이다. 85%라는 숫자가 나오는 것으로 봐서, 이때의 운영비는 기부단체 운영비, 즉 일반관리비와 모금비의 합을 뜻한다.

총지출금의 89.6%를 가장 가치 있는 일에 사용한다거나(월드비전), 100원을 기부하면 86.5원이 송금된다거나(유니세프 한국위원회), 기부금의 94%가 도움이 필요한 이웃들에게 전달된다(사회복지공동모금회)는 식이다. 이미 충분히 다룬 내용인 만큼, 85%라는 숫자에 대해 아주 짧게 복습해 보자.

- '좋은 일에 쓴다'와 '전달한다'는 말과 은근히 섞어서 사용함으로써 오해를 불러일으키고,
- 85%라는 숫자의 출처인 '기부금품법'은 단체의 수입과 큰 관련이 없으며,
- 기부단체가 주장하는 숫자도 본인들에게 유리한 기준으로 도출했을 가능성이 높다.

85%는 충분히 높은가?

85%이상이라 괜찮다는 주장이 안 먹히는 근본적인 이유가 하나 더 있다. 사업수행비에 대한 기부자들의 눈높이다. 기부단체들은 85%면 충분히 높은 사업수행비 비율이라고 생각하겠지만(※사실 이건 높은 비율이다), 기부자들은 그렇게 생각하지 않는다. 오히려 낮다고 생각한다.

일반관리비와 모금비는 무조건 줄여야 한다고 생각하는 기부자도 많다. 이들에게 이런 '기부단체 운영비'는 그저 수수료 정도의 의미를 가진다. 마음에 드는 굿네이버스 사업에 기부하기 위해서, 기부금의 일부를 아이들이 아닌 굿네이버스에 수수료로 내는 것이라고 생각한다. 다른 산업의 수수료처럼, 그 필요성은 인정한다. 결제 페이지를 운영하고, 기부금을 관리하고, 연차보고서를 보내주기 위한 비용(수수료)의 필요성을 부인하지 않는다.

하지만 그렇다고 기부자들이 15%의 수수료율이 적정하다고 인정하는 것은 아니다. 기부금품법이 제정된 2006년부터 운영비

기준은 늘 15%였다. 그때는 15%가 적정했을지 모른다. 스마트폰과 무선인터넷이 자리 잡기 전, 지금보다는 정보의 격차가 심했던 시기였다. 남을 돕고 싶어도 어려운 이웃도, 믿을 만한 단체도 찾기 어려웠고, 보육원에 방문하고 싶어도 연락하기 어려웠던 시절이다. 이런 상황에서는 기부금을 잘 쓰기 위해 추가 비용 15%를 내는 것이 이상하지 않았을 수 있다.

하지만 지금은 아니다. 마음만 먹으면 언제든지 전국의 복지관과 아동보호시설의 위치와 연락처를 알 수 있고, 5분 만에 생필품을 배송해 줄 수 있다. 사연 주인공의 계좌번호만 있다면 몇 분 안에 직접 송금해 줄 수 있는 시대다. 이런 변화를 무시한 채 2006년부터 거의 20년이 지난 지금도 그때와 같은 운영비 비율이 필요하다고 하는 것은 설득력이 떨어진다.

비슷한 서비스들과 비교해 봐도 15%는 높은 수준이다. 똑같은 상황이라고 보기는 어렵겠지만, 모바일앱을 거의 독점하다시피 하는 구글 플레이의 정기결제수수료가 15%다.[1] 배달앱의 선두 주자인 배달의 민족은 음식값의 6.8%를 수수료로 받고 있고, 쿠팡의 오픈마켓 수수료 역시 4~11%다. 다들 업계에서 막강한 영향력과 편리함을 갖춘 1위 기업들이다. 경쟁력 유지를 위해 지속적으로 연구개발에 투자하고, 제품을 업데이트한다. 그럼에도 불구하고, 시민단체나

---

1 정기결제가 아닐 경우 30%수준의 수수료를 받지만, 기부금이 대부분이 정기기부임을 감안하면, 구글플레이와 기부업계는 비슷한 수준의 수수료를 받고 있는 셈이다.

정치권으로부터 줄곧 인하 요구를 받아왔다. 이런 면을 감안하면, '운영비를 15%까지는 써도 된다.'는 생각은 매우 위험해 보인다.

운영비는 무조건 비싸다는 인식

심지어 많은 기부자들은 운영비 존재 자체에 의문을 가지고 있다. 적어도 이 15%의 운영비가 흔쾌히 필요하다고 생각하는 기부자는 많지 않다. 운영비 안의 일반관리비와 모금비의 존재를 인정하더라도 운영비는 무조건 최소화해야 한다고 생각하는 기부자들이 대부분이다.

운영비는 언제나 의심의 대상이었다. 지금의 기부금품법이 세상에 나오기 전엔, '기부금품 모집 규제법'이 있었다. 법 이름부터 대놓고 '규제'라는 단어가 포함된 이 법에 명시된 모집 비용은 충격적이게도 2%였다. 심지어 이를 사용하려면, 허가권자의 허가를 받아야 한다고 써 있다. 그동안 얼마나 우리 사회의 분위기가 운영비를 못 미더워했었는지 알 수 있다. 모금하고 소통하고, 더 좋은 사업 모델을 만드는 것이 제 가치를 인정받지 못했던 시절이다.

> **제9조 (모집비용 충당제한)** 모집된 기부금품은 모집비용에 충당할 수 없다. 다만, 허가권자의 허가를 받아 모집금품의 100분의 2를 초과하지 않는 범위안에서 충당하는 경우에는 그러하지 아니하다.
>
> 〈기부금품 모집 규제법 (1995년 제정) 중〉

법을 개정했다고 해서, 기부자들의 인식이 갑자기 변하진 않는다. 2%를 용인했던 인식이 갑자기 15%로 높아지지 않는다. 15%의 내용은 말 그대로 '쓸 수 있다'의 개념 일 뿐, 다 쓰라는 이야기는 아니다. 법적인 문제는 없더라도, 기부자로부터 잘 썼다는 이야기를 듣는 것은 별개의 문제다. 아직도 많은 기부자들은 운영비 존재 이유를 잘 알지 못한다. 왜 15%나 필요한지는 더 알지 못한다.

기부단체들은 운영비의 법적 허용치를 가지고 비용의 정당성을 주장할 것이 아니라, 왜 15%나 되는 운영비가 필요하고, 어떤 사유로 운영비를 사용하게 되었는지 기부자들에게 설명하고 설득해야 한다.

철저히 통제하고 아껴 쓰는데 억울하다?

우리 단체 내가 다니지만 정말 투명해 너무 투명해서 일하기 힘들 정도.
저도 10년 차 직원인데 직원들 열심히 하고 감사 투명하게 다 받아 공개하고 내부 직원들 자정 노력도 많이 해요. 큰 NGO들이 요즘 더 긴장하고 잘하려고 하지요.

두 번째 주장은 '우리가 얼마나 아껴 쓰는데!'다. 기부자는 기부금이 성과급 잔치같이 불필요한 곳에 쓰이는 것을 우려한다. 이에 대해 기부단체들은 높은 수준의 예산 통제와, 기부금을 소중히 생각하는 내부 분위기를 이야기한다. 기부금을 개인적으로 사용할 수도 없고 모두들 철저한 통제 하에 쓰이고 있으니, 기부단체를 좀 믿어 달라는 뜻이다. 영리 기업 대비 현저히 적은 보상을 받으며 어려운 이웃을 돕겠다는 사명감을 가지고 일하는데, 기부금을 펑펑 쓴다고 의심만 하니 억울할 법도 하다.

우리가 책에서 살펴보았듯이, 그동안 기부금 횡령 사건이 없었던 것은 아니다. 그러나 이런 사건들을 거치면서 정부의 규제는 더 강화되고, 단체들도 기부금 사용에 대한 내부통제를 더욱 강화해 왔다. 투명한 기부를 요구하는 사회의 목소리도 이러한 움직임을 부추겼다. 적어도 이 책에서 다루는 대형 단체라면, 촘촘한 관리 속에서 기부금을 사용한다. 잘못된 결정을 2중으로 막을 나름의 제도도 갖춰져 있다.

하지만 아무리 이런 말을 해도, 기부자들은 기부단체를 믿지 않는다. 예산을 통제하고, 아껴 쓰는 분위기를 부정하지는 않지만, 기부금을 아껴 쓰는 것과 잘 쓰는 것은 다른 문제다. 기부에 대한 불신은 여전하다.

통제되는 기부금

실제로 기부단체에 모인 기부금은 꼼꼼한 관리 아래 쓰인다. 불신을 종식할 만한 근거가 되지 못하겠지만, 적어도 내가 그동안 만났던 많은 기부단체의 구성원들은 모두 나름의 사명감과 진정성을 가지고 기부금을 아껴서 다루고 있었다. 한 번도 개인의 이익을 우선하는 모습을 본 적이 없다.

물론 기부금 통제가 직원들의 의지에만 의존하고 있는 것은 아니다. 기부단체들은 기부금의 유용을 막는 여러 제도를 내부에 갖추고 있다. 예를 들어 월드비전은 내부감사실에서 연 1회 전 사업장을 감사하고, 이사회 내에도 감사 소위원회가 설치되어 행정 감사를 실시하며, 매년 공인된 회계 법인으로부터 외부감사를 받고 있다.[2] 모금과 관련해선 연 2회 기부금의 수입 지출 내역을 정부에 보고하고, 기부금품모금법에 의거 행안부로부터 모금 사업 감사도 받는다. 다른 단체들도 비슷한 제도로 기부금의 사용을 통제하고 있을 것이다.

기부 산업이 다른 산업 대비 더 강도 높은 감시를 받는 것도 일부 사실이다. 자산 100억 이상 혹은 당해 출연받은 재산이 20억 이상인 기부단체는 모두 외부감사 대상이다.[3] 기부단체가 출연받은 재산이 영리 기업의 '매출'과 비슷한 개념이라고 볼 때, 이 범위는 자산 120억, 매출 100억 원 이상이어야 감사 대상이 되는 일반 회사들 대비 훨씬 넓다.[4]

공개하는 정보도 훨씬 구체적이다. 〈기부금품의 모집 및 지출

---

2 "투명경영실현," 월드비전, https://www.worldvision.or.kr/worldVisionIntro/managementSystem?tabScrollYn=Y.
3 상속세 및 증여세법 시행령 제43조 3항.
4 주식회사 등의 외부감사에 관한 법률 시행령 제 5조 1항.

명세서〉에는 수십~수백 장에 걸쳐 기부금의 사용처들이 명시되어 있다. 월드비전은 이 명세서를 통해 9천여 건의 지출 내역을 공개하고 있다. 관심있는 기부자들은 이 자료를 보고, 이 단체가 모은 기부금 중 얼마가 누구에게 전달되었는지, 어떤 거래처와 얼마를 거래했는지, 모금비용을 어떤 기업에 사용했는지 정도는 파악할 수 있다. 영리에서는 모두 공개하지 않는 내용들이다.

물론 개인의 일탈까지 막을 수 없다. 이중 삼중으로 안전장치를 만든 시중 은행에서도 횡령 사고는 벌어지는 법이다. 그래도 일부러 이익이 아닌 선한 목적을 위해 사람들이 모인 곳인 만큼, 개인의 일탈 가능성 역시 더 적을 것으로 짐작된다.

아껴 쓰는 기부금

예산을 늘 아껴 쓰는 것도 사실이다. 영리 기업에 비하면 더욱 그렇다. 영리든 비영리든 예산을 방만하게 쓴다고 스스로 이야기하는 곳은 없기 때문에, 직접 비교는 불가능하다. 하지만 기부단체는 영리 기업 대비 예산을 바라보는 관점이 다르다. 돈을 벌 수 있으면 그 효과가 바로 나오지 않더라도 과감히 예산을 투자하는 영리 기업과 달리, 기부단체는 이미 모인 돈으로 사업을 진행하고, 그 안에서 정해진(혹은 약속된) 성과를 낸다. 같은 비용이라도 기업은 투자로, 기부단체는 지출이라고 생각한다.

사업에 직접적인 연관이 없는 비용일수록 이 차이는 더욱 드러난다. 조직 내 다른 팀과의 협업을 위해 회의비로 커피를 마셨다고 생각해 보자. 영리 기업에서는 이를 더 나은 팀워크와 효율적인 아이디어 도출을 위한 투자라고 여긴다. 많은 스타트업들이 인재 유치와 업무만족도를 높이기 위해 유연한 조직문화를 강조하고 사내 복지에 신경 쓰는 모습을 떠올려보자.

하지만 기부단체는 그렇게 생각할 수 없다. 어떤 돈이든 기부자가 보내준 소중한 기부금인 만큼, 한 푼이라도 더 대상자들에게 보내기 위해 아껴야 하는 예산이 된다. 앞에 공동모금회의 사례처럼, 노래방 몇 번 간 것으로도 엄청 큰 잘못처럼 기사가 날지도 모른다. 영리보다 훨씬 더 비용에 민감한 기부단체들의 내부 분위기는 미디어에 나온 구성원 인터뷰를 통해 간접적으로 확인할 수 있다. 유니세프 한국위원회는 사무실에 비치된 물 외에는 무료로 먹을 수 있는 것이 없으며, 월급 역시 물가상승률 수준의 인상조차 반대가 많아 열정페이 마냥 2년간 동결했다고 이야기하기도 했다.[5]

인건비도 열악하다. 앞에서 '열정페이'가 언급될 정도로 기부단체 종사자들이 받는 인건비는 낮은 편이다. 희망제작소 무급인턴 논란에, 설립자인 박원순 변호사가 '원래 사회적 기업은 노동력 착취하는 곳'[6]이라고 당당히 주장한 것이 불과 10년 전의 일이다. 기부단체의 급여는 언제나 낮게 책정되어 있고, 구성원들을 만나봐도

---

5 이우림, "정의연 논란 속…40만명에 총장 폰 번호 뿌린 유니세프, 왜," 중앙일보, 2020.6.28, https://www.joongang.co.kr/article/23811931#home.
6 김소정, "박원순 희망제작소 무급 인턴 논란 확산," 데일리안, 2011.4.6, https://www.dailian.co.kr/news/view/243635.

'사명감 없으면 일하기 힘들다'는 이야기는 공통적으로 나온다.

실제 급여가 낮은 것은 여러 채널을 통해 확인 가능하다. 국내 비영리단체 직원의 평균 연봉은 21년 기준 2,163만 원~2,472만 원이라고 알려져 있다.[7] 일반기업과 비교할 것도 없이, 거의 최저임금 수준이다.[8] 심지어 초봉이 아니라 평균 연봉이다. 계약직이나 파트타임으로 일하는 경우가 많다 보니 평균 연봉이 실제보다는 적게 나왔겠지만 이를 감안하더라도 기부단체의 인건비는 확실히 낮아 보인다.

일부 공개된 급여 정보에서도 낮은 급여 수준을 확인할 수 있다. 영리의 대기업 선호 현상처럼, 비영리에도 대형 기부단체들이 들어가기 어렵다. 대형 단체들의 대졸 신입 초봉은 정확한 파악이 어렵지만, 채용 사이트들의 정보를 종합하면, 3천 초반대에서 형성되는 것으로 파악된다. 일반적인 중소기업 수준이다. 적어도 인건비가 높은 상황이 아닌 것만은 확실해 보인다. 기부단체에서 일하려면 최저연봉을 받거나 봉사정신으로 일해야 한다고 생각하는 기부자가 아니라면, 기부자들이 우려할 만큼 기부금이 인건비로 방만하게 사용되고 있지는 않다.

절약과 상관없는 불신 해소

하지만 이런 주장들은 기부불신 해소에 별로 도움이 되지 않는다.

---

[7] 문일요, "여론은 모금단체 불신하고, 기부자는 모금단체 신뢰한다," 조선일보, 2021.10.19, https://www.chosun.com/national/national_general/2021/10/19/3XTLVV6SABHATHTXGMGJ7JW2SU/.

[8] 21년의 최저임금 연봉은 2,154만 원이었다.

복사 용지를 아끼고, 탕비실의 커피 머신을 치우고, 급여인상률을 최소화하는 것은 비용 절감의 한 방편일 뿐이다. 비용을 아낀다고 좋은 기업이 되진 않는다. 특히 직장인들은 이런 데서 돈을 아낀다고 해서 갑자기 회사 제품의 디자인이 좋아지고, 질이 올라가고, 내구성이 좋아지지 않는다는 것을 잘 알고 있다.

　기부자가 알고 싶은 것은 돈을 아꼈다는 이야기가 아니다. 기부금의 사용처와, 그 사용 이유를 알고 싶어한다. 하지만 그 어떤 단체도 한 아이를 돕기 위해 얼마가 필요하고, 각 비용 요소들이 왜 필요한지, 왜 이 예산이 합리적 인지 설명해 주지 않는다. 아껴 썼다고만 이야기한다.

　노동자가 열심히 만들었다고 해서 그 상품이 좋은 제품이라는 보장은 없다. 노동자들에게 박봉과 고강도의 업무를 주면서, 인기 없는 제품을 생산하는 기업들은 많다. 기부금을 아껴쓰는 것과 기부금을 필요한 곳에 잘 쓰고 결과를 알려주는 것은 완전히 다른 문제다. 아껴쓰는데 억울하다는 기부단체의 주장에 공감 못 하는 기부자들이 많은 이유다.

우린 어떻게 쓰는지 이미 다 공개했다?

홈페이지 가서 재정보고서나 보고 댓글 달아라.

마지막으로 '이미 다 공개했다.'는 주장을 살펴보자. '기부금이 어떻게 쓰이는지 알려 달라.'는 기부자들의 요구에, '우린 이미 다 홈페이지에도 국세청에도 기부금 사용 내역을 다 올려두는데, 그런 건 안 보고 모금단체를 의심한다.'는 주장이다. 여기서 조금 더 깊게 들어가게 되면, 기부금의 사용 내역 확인이 '기부자의 권리이자 책임'이라는 주장까지 이어진다.[9]

주장대로, 기부단체들은 많은 자료를 공개하고 있다. 기본적으로 국세청 페이지에 매년 사업 현황은 물론 〈기부금품의 모집 및 지출 명세서〉, 〈재무상태표〉, 〈운영성과표〉, 그리고 〈감사보고서〉까지 모두 공시한다. 외부감사를 통해 검증된 자료들이다. 자료를 보는 사람에게 친절하게 정리되어 있지는 않지만, 인내심을 가지고 자료를 하나하나 확인해보면, 비용이 대략 어떻게 쓰였는지 파악 가능하다. 각 단체별 정보가 별로 공개되지 않은 상황이었다면 이 책을 쓸 엄두조차 내지 못했을 것이다.

국세청 페이지까지 찾아가야 하는 기부자들의 수고를 덜기 위해, 기부단체는 홈페이지에 투명성 페이지를 만들고 기부금의 수입/지출 현황과 각종 자료를 공개한다. 예를 들어 굿네이버스는 여기에 전반적인 재정 정보와 함께, 10문 10답 코너에서 기부금과 관련하여 기부자들이 궁금해하는 질문과 답변을 정리해 놓았다. 다른

---

9   최광선, 노연희, "[기획] 내가 낸 기부금, 제대로 쓰일까? - 기부 투명성 확인은 기부자의 권리이자 책임" 한국리서치, 2020.7.29, https://hrcopinion.co.kr/archives/16127.

단체들도 마찬가지다. 적어도 일부러 정보를 숨기고 있다는 느낌은 들지 않는다.

그런데 왜 기부자들은 정보가 부족하다고 생각할까?

내 기부금에 대한 정보는 없다

가장 큰 원인은 원하는 정보가 없다는 점이다. 실제로 기부자들이 가장 알고 싶어하는 '내 기부금의 행방'은 아예 알려주지 않는다. 기부자는 내가 낸 만 원 중 얼마가 아이들에게 가고 얼마가 운영비로 쓰였는지가 궁금하지만, 기부단체는 언제나 답변을 피하거나 단체 전체를 대변하는 숫자들로 답변을 대신 해왔다. 기부자들에게는 별 의미가 없는 숫자들이다. 공개된 모든 정보를 조합해도, 변수가 많아 내 기부금의 행방을 알 수 없다. 방금 주문한 음식의 도착 시간을 궁금해하는 고객에게, '작년 한 해 평균 배송 시간'을 알려주는 꼴이다.

Q&A 코너도 마찬가지다. 언제나 핵심을 피해 간다. 굿네이버스의 10문 10답 코너에서 가장 눈에 띄는 'Q: 국내 사업 후원금, 어떻게 사용되나요?' 질문을 보자. '내 후원금'의 행방을 궁금해하는 기부자들이 기대하는 답변은 아마 이 정도 수준일 것이다.

'작년에 10,000원을 기부했다면 그 중 800원은 모금비로, 200원은 일반관리비로, 총 1,000원이 운영비로 사용되었습니다. 나머지 9,000원은 아이들을 위해 쓰였습니다. 아이들에게 쓰인 9,000원 중 38%가 A사업에, 29%가 B사업에 나머지가 C사업에 쓰였습니다. 이 9,000원 중 2,600원은 전문적인 사업 매뉴얼에 따른 사업운영을 위해 사용되었으며, 나머지 6,400원은 아이들에게 직접 전달되었습니다.'

하지만 이런 구체적인 내용은 답변에 없다. 실제 답변은 이것보다 훨씬 덜 구체적이다. 굿네이버스의 실제 답변에는 굿네이버스가 8개 시도본부, 81개 지부, 133개 사업장을 통해, 열악한 환경에 처한 아이들과 이웃들을 대상으로 전문사회복지사업을 활발하게 수행하고 있다는 점과, '굿네이버스 아동보호정책'을 기준으로 아동의 인권과 존엄성을 보호하고, 전문적 사업운영 매뉴얼에 따라서 아동에게 가장 필요한 서비스가 무엇인지 판단하여 지원한다는 점, 그리고 지속적인 모니터링을 통해 변화 정도를 파악하며, 한 해 동안 수행한 사업의 결과에 대하여 매년 연차보고서와 중간보고서를 통해 투명하게 공개한다는 정도의 내용만 담겨 있다.

돈의 사용처를 묻는 질문에 숫자 대신 '지속적인 모니터링', '투명하게 공개'같이 구체적이지 않은 단어들이 나열된 답변이 나온다. 돈을 내야 하는 사람에게 정작 돈 이야기를 하지 않는다.

공개했지만 부실하다

공개한 정보가 기부자들을 염두에 둔 것인지도 심히 의심스럽다. 기부자가 단체들의 정보만 보고 기부금의 사용 내역을 파악하기란 거의 불가능하다. 가장 자세한 정보를 담고 있는 〈기부금품의 모집 및 지출 명세서〉가 대표적이다. 월드비전의 2022년 자료를 보자. 1365기부포털 페이지에서 서류를 다운받아보면, 그 분량은 약 42행으로 된 시트 15개가 있는 엑셀 파일 15개에 이른다. 한 번에 다운받을 수도 없다. 이 안에는 약 9,500여 개의 지출 건이 기록되어 있다. 어떻게 생겼는지 궁금하다면 1365기부포털에 접속 후, 이름을 아는 단체를 검색한 후 홈텍스 버튼을 누른 뒤 '기부금품의 모집 및 지출 명세서'를 열어보기를 바란다.

양식 자체는 나쁘지 않다. 자료의 제일 앞부분에는 기부금품의 수입과 지출 금액이 월별로 정리되어 있다. 월별 기부금 수입액과 지출액을 유일하게 파악할 수 있는 자료다. 그 뒤로는 전체 9,500개의 지출 건이 수혜자(단체)에게 지출, 자산 취득, 운영 경비 3가지로 나뉘어져 정리되어 있다. 그리고 각 건 별로 수혜자나 지급처의 이름, 지출 목적, 수혜 인원의 수와 지출액이 기재되어 있다. 이론상 이 숫자들만 명확하게 해석할 수 있다면 사업별 지출액, 운영비의 세부 지출 내역 등을 파악할 수 있어야 한다. 하지만 불가능하다. 다음과 같은 문제들 때문이다.

• 총액만 존재하는 기부금 수입

기부금에 대한 정보가 부족하다. 현금기부나, 지정후원, 정기기부와 일시기부 등 기부금의 성격별로 구분해 줘야 한다. 신규 유입된 정기기부금이나, 캠페인별 모금 등이 세분화 되어있으면 더욱 좋다.

지금처럼 월별 기부금 총합만으로 기부자가 알 수 있는 내용은 없다. 기부금을 성격별로 구분해서 보여줘야 유추할 수 있는 내용이 많아진다.

• 기부금 수입에만 맞춰진 지출

이 자료는 기부금 수입 규모만큼만 지출 내역을 공개한다. 따라서 보조금이나 지원금 혹은 자체 수익이 있는 경우, 지출의 일부가 누락될 수밖에 없는 구조다. 예를 들어 어느 장학재단이 기부금으로 10억, 보조금으로 5억, 도합 15억 원의 수입을 얻었고, 그중 총 11억 원을 장학금으로 사용했다고 생각해 보자. 이 단체는 10억 원 규모의 지출내역만 공개해도 된다. 즉, 모든 지출 내역을 장학금 지급으로만 표기하고, 다른 비용은 공개하지 않을 수 있다. 이렇게 되면 이 재단은 모든 기부금을 전달하는 엄청난 재단이 된다.

• 처음 보는 사업 분류

모든 지출 건마다 지출 목적을 적게 되어있다. 이를 통해, 이 지출이 어떤 사업을 위해 쓰였는지, 일반관리비인지, 모금비인지 등을 알 수 있다. 하지만 그건 지출 목적이 체계적으로 잘 기재되어 있을 때의 이야기다. 지금 기재되어 있는 지출 목적들은 기부단체들이 실제 운영하는 사업들과도 매칭되지 않는 경우가 많다.

예를 들어, 굿네이버스 인터내셔널 명세서에서 가장 많이 나오는 지출 목적은 '아동가정지원'이다. 그런데 굿네이버스의 연차보고서에는 이런 이름의 사업이 없다. 비슷한 이름을 찾아서 유추해야 한다. 또 다른 지출 목적인 '권리옹호', '나눔문화증진', '사회개발교육'도 마찬가지다. 이름이 일치하지 않거나 분류 레벨이 다르다.

금액도 일치하지 않는다. 내역서상에서 권리옹호사업으로 분류되는 지출의 합은 17.8억 원인 반면, 연차보고서상의 아동권리옹호사업 규모는 7.9억 원이다. '파트너십, 연대, 협력'이라는 지출 목적에는 38.2억 원이라는 지출이 배정되어 있지만, 이런 이름은 연차보고서에서 찾을 수 없다.

사회복지공동모금회는 더 심하다. 지출 목적을 모두 '사회복지' 하나로 적어놓았다. 홈페이지에 나온 배분 실적을 보면 전체 사업이 기초생계지원, 교육/자립지원 등 8가지 분야로 분류되어 있지만, 내역서에는 이런 분류를 무시하고 '사회복지'라는 이름 하나로 묶었다. 이런 식으로는 절대로 기부자가 제대로 정보를 얻어갈 수 없다.

- **불편한 파일 형식**

파일 형식 역시 기부자가 보기에 너무 힘들게 되어있다. 지출 내역을 하나하나 담은 자료다 보니 분량이 적지 않은데도 불구, 이 자료를 한 번에 분석할 수 있는 파일을 제공하지 않는다. 앞에서 본 월드비전의 명세서처럼 애초에 통합파일이 없고 15개의 엑셀에 정보가 분산되어 있다 보니 수동으로 이를 한 파일로 붙여 넣는 작업이 필요하다. 심지어 각 파일의 제일 첫 번째 시트의 양식은 다른 시트의 양식과 달라서, 쉽게 자료를 이어 붙이지도 못한다. 기부자들이 일부러 전체 내용을 파악하기 어렵게 꼬아 둔 것은 아닌가 의심이 들 정도다.

물론 이 정보 체계는 국가에서 정한 양식이라 기부단체의 잘못이라고만 할 수는 없다. 하지만 모든 정보를 정말 공개하고 싶었다면, 정부의 양식과 상관없이 누구나 쉽게 자료를 분석할 수 있도록 하나의 정리된 엑셀 파일을 따로 올려두면 되는데, 이렇게 하고 있는 곳은 없다.

사회복지공동모금회가 유일하게, 거의 595페이지에 이르는 기부금 지출 내역을 홈페이지에서 PDF로 올려 두었다. 엑셀도 아니고 PDF 형식인 데다가, 중간중간 합계도 계산되어 있지 않은 불친절한 파일이긴 하지만, 기부자들이 지출 내역을 한눈에 볼 수 있도록 기꺼이 별도로 공유해 긍정적으로 평가한다.

정보공개의 딜레마

기부자의 의심은 점점 커져만 가는데, 기부단체는 정보를 공개할 생각이 없다. 기부불신을 걱정하는 기부단체도, 기부금을 아껴 쓰고, 법을 어긴 적이 없고, 이미 많은 정보를 공개했다며, 정보공개 요구를 외면한다. 무엇이 변화를 막고 있을까?

기술 문제는 아닐 것 같다. 이 책에서 지적하는 문제를 개선하는 것은 그렇게 어려운 일이 아니다. 기부금의 실질적인 운영비와 사용 내역을 공유하고 사업 모델을 잘 설명하는 일은 특별한 기술이 필요 없다. 내부의 정보를 가공해 주거나 그 시간마저 없다면 내부 정보를 그대로 공유해도 된다.

예산 문제일 수는 있다. 정부에서 정보공개를 강화할 때마다 이에 반대하는 기부단체들이 내세운 이유기도 하다. 확실히 변화는 돈이 든다. 모금 페이지를 개편하거나, 기부금을 관리하기 위한 내부 시스템을 개편하는 것도, 혹은 이런 모든 변화를 기획하고 실행할 신규 인력을 채용하는 것도 돈이 드는 일이다. 빡빡한 예산 속에서 겨우겨우 운영되고 있는 기부단체들이 이렇게 돈이 드는 변화를 환영할 리 없다.

하지만 돈이 없다는 변명은 궁색하다. 예산 부족은 변화를 거부하는 사람들이 내세우는 단골 이유다. 예산이 넉넉한 것은 아니겠지만, 진짜 가용할 예산이 없는지는 의문이다. 지금도 인터넷과 SNS에는 모금 광고가 많이 나오고, 건당 수만 원에 이르는 수수료를 쓰면서 길거리 모금을 진행한다. 네이버에서 기부를 검색했을 때 파워링크 항목에 1순위로 나오기 위한 입찰가는 클릭당 33,000원 선이다. 이런 비용만 줄여도 정보공개를 위한 비용을 충분히 확보할 수 있다. 문제가 진짜 심각하다고 생각했다면, 진작에 개선할 수 있었을 것이다.

정보공개를 독려하려면, '하고 싶어도 못 하는' 이유를 찾아내야 한다. 이 책을 준비하면서 가장 고민을 많이 한 지점이기도 하다. 기부단체들이 문제를 외면하는 진짜 이유는 무엇일까?

정보공개를 하면 오히려 기부금이 줄기 때문이다.

공개가 아닌 이실직고

정보를 공개하면 기부금이 늘어나야 한다. 믿을만한 단체가 없어서 기부하지 않는다는 설문조사 결과만 놓고 보면, 정보공개의 확대는 기부금의 증가로 이어져야 맞다. 더 투명한 유니세프가 되고, 더 많은 정보를 공개하는 세이브더칠드런이 된다면, 그동안 불신 때문에 기부를 하지 않았던 기부자들의 발걸음이 돌려져야 한다. 적어도 설문조사 결과만 보면 그렇다.

하지만 문제는 그렇게 간단하지 않다. 먼저 설문조사 응답자들은 대부분 사회적으로 바람직한 항목에 긍정적으로 답변하는 경향이 있다.[10] 기부를 안 한다는 사람들에게, '믿을 만한 단체가 없어서'라는 답변은 본인이 기부를 안 한 이유를 외부의 책임으로 돌릴 수 있는 아주 그럴듯한 선택지가 된다. '경제적 여유가 없어서'나 '기부 방법을 몰라서'라고 답변할 때보다 죄책감도 덜 느껴진다. 처음부터 기부할 생각이 없었던 사람들이 어려운 이웃을 돕지 않았다는 죄책감을 덜기 위해, 괜히 기부단체의 잘못을 이야기하는 것일 수도 있다. 사람이라면 누구나 더 좋은 사람으로 보이고 싶어하기 때문이다.

단체를 믿게 된 기부자가 기부할 금액도 미지수다. 믿을 만한 곳이 없다는 답변이 진심이었다고 하더라도, 진짜 믿을 만한 기부

---

10   사회적 바람직성에 의한 편향.

단체가 나타났을 때, 이들이 얼마를 기부할 지는 알 수 없다. 끝까지 믿지 못하겠다는 변명으로 일관하며 기부를 하지 않을 수도 있다. 정보를 더 공개한다고 해서, 기부금이 얼마나 증가할 수 있을지는 아무도 모른다.

오히려 기부금이 더 줄어들 수도 있다. 기부단체의 정보공개가 오히려 지금 기부를 지탱하고 있는 믿음을 무너뜨릴 수도 있기 때문이다.

많은 기부자는 기부를 '전달 사업'으로 생각한다. 내가 낸 돈의 상당 부분이 사진 속 아이들에게 전달될 것이라고 믿는다. 기부단체가 부추긴 오해다. 어려운 아이들을 앞세운 캠페인이 범람하고, '인건비 포함 15%', '85%가 아이들에게 전달'과 같은 잘못된 정보가 유통되면서, 이런 믿음은 점점 굳어져 왔다. 그리고 기부단체들은 이 믿음 위에서 거듭 성장해 왔다.

하지만 더 많은 정보를 공개해야 하는 지금, 이러한 믿음은 오히려 변화의 걸림돌이 되고 있다. 아이들에게 전달되는 돈이 기부금의 60%에 불과하다는 사실이 알려진다면, 많은 기부자들은 기부를 다시 생각하게 될 것이다. '투명해져서 다행이다.'는 반응보단, '그럴 줄 알았다.' 혹은 '60%도 믿을 수 없다.'는 반응이 더 많을지 모른다. 정보공개는 기부자의 칭찬보다는 비판을 듣는 이실직고의 과정이 될 것이다.

기부자들을 위해 정보를 투명하게 공개하려고 보니 오히려 기부자들이 떠날 것 같은 상황. 기부단체들의 변화를 주저하게 만드는 이 정보공개의 딜레마에 대해 자세히 알아보도록 하자.

생리대를 사줬다는 착각

직접 후원은 안 되는 건가요? 애기옷이랑 필수품 소액이라도 정기후원을 하고 싶어요.

많은 기부자들이 '○○이를 도와주세요.'라는 광고 캠페인을 보고 기부한다. ○○이를 위해 기부한 돈이 거의 모두 ○○이에게, 혹은 적어도 비슷한 처지의 아이들에게 전달되었다고 생각한다. 착각의 시작이다.

착각의 책임은 기부단체에 있다. 기부단체들은 어려운 상황에 놓인 개인을 주인공으로 세우고, 그 개인에게 도움을 줘야 한다며 기부자들의 관심을 유도해 왔다. 사업 모델에 대한 설명보다는, 생활비나 의료비, 혹은 생리대, 가구 등 눈에 보이는 지원에 초점을 맞춰 모금을 해왔다. 이런 모금을 통해 기부를 시작한 기부자는, 자신의 기부금 중 높은 비율이 사진 속 주인공의 생활비나 의료비로 전달될 것이라고 착각하게 된다.

굿네이버스의 생리대 후원 사업인 소녀별[11]캠페인을 보자. 배

---

11 네이버에 생리대 후원을 검색하면, 가장 먼저 노출되는 캠페인이다. (2023년 7월 기준).

너를 클릭하면 '한 장 남은 생리대를 보며 채은이(가명)는 걱정이 앞섭니다.'라는 메시지가 나오고, 생리대 후원하기, 소녀들의 빛나는 내일을 후원하기, 국내 여아 후원하기 같은 버튼을 볼 수 있다. 결제 페이지에도 '소녀들을 도와달라.'는 메시지가 나온다. 누가 봐도 채은이나 비슷한 친구들에게 생리대를 전달해 주는 사업 같다.

이 캠페인을 통해 월 5만 원의 정기기부를 시작한 기부자는 기부금이 빠져나갈 때마다 어떤 생각을 할까? 아마 어려운 아이들의 생리대값 5만 원을 자신이 내줬다고 생각할 것이다. 하지만 착각이다. 우리가 이미 알고 있다시피 현실은 그렇지 않다.

사실 소녀별 사업은 단순히 생리대를 전달하는 것보다 훨씬 더 복잡한 사업이다. 먼저, 이 사업은 생리대만 주지 않는다. '반짝반짝 선물상자'라는 상자에 생리대와 관련 용품들을 함께 넣어서 준다. 이 안에는 생리대와 함께, 위생 속옷, 드레스 퍼품, 보온 물주머니, 마사지볼, 철분제 등이 들어간다.[12] 이 목록은 매년 아동들의 만족도를 고려해 새로 업데이트된다. 반짝반짝 선물상자만 주는 사업도 아니다. 이 캠페인에는 정서적 어려움이 있는 아이들을 위한 심리상담 지원, 생계비와 교육비, 주거환경 개선이 포함된 경제적 지원, 그리고 위생교육 및 맞춤형 성교육 등 여아 건강권 증진을 위한 프로그램 등 단순히 생리대를 전달하는 것보다 훨씬 다양한 여아 지원사업들이 포함되어 있다.

---

12   "굿네이버스 2022 연차보고서" *굿네이버스 인터내셔널*, (2023, 5): 31.

게다가 그 5만 원이 모두 소녀별 캠페인 모금함으로 들어가는 것도 아니다. 잘 알다시피 캠페인 전용 모금함은 없으며, 모든 기부금은 국내 사업 모금함으로 모인다. 결제 페이지에는 국내 사업이 아닌 '국내 아동권리 보호사업'으로 나오지만, 홈페이지 후원하기 메뉴에서 국내 사업 후원하기를 눌러도 '국내 아동권리 보호사업'으로 이어지는 것을 보면, 사실상 국내 사업 모금함이라고 할 수 있다. 이 안에는 생리대 지원사업 외에도, 학대피해아동 보호 및 예방, 마음건강 지원, 위기가정 아동지원, 지역사회 복지지원 등이 포함되어 있다. 캠페인 하단에는 후원금이 여아 지원사업을 위해 우선 사용되며 이후 여아 지원을 포함한 국내 사업 및 아동지원에 소중하게 사용된다는 문구가 있지만, 실제로 여아 지원사업에 우선적으로 쓰였는지, 얼마가 소녀별 캠페인에 쓰였는지 확인할 수 있는 방법은 없다. 어려운 아이들에게 생리대를 선물했다는 기부자의 기대와 달리, 실제 기부자의 기부금은 기대와 아주 다르게 흘러간다.

의도대로 쓰인 기부금 6.6%

그럼 내가 낸 기부금 중 몇 퍼센트가 생리대를 사는데 쓰였을까? 내가 만 원을 기부했다면 얼마가 생리대를 사는 데 쓰인 걸까? 만약 기부자에게 정보 청구권이 생긴다면 가장 먼저 공유를 요청할 정보일 것 같다.

기부자의 기대치는 보통 85%에서 시작한다. 어디선가 15%만 (인건비가 포함된) 운영비로 쓰이고 나머지는 아이들에게 전달된다고 들었기 때문이다. 하지만 조금 더 구체적으로 상상하면 15%도 많아 보인다. 단체가 하는 일이라곤 어려운 아이들의 리스트를 취합하고, 생리대를 사서 보내주고, 잘 받았는지 확인하는 일 정도다. 고작 이 정도 업무에 기부금의 15%를 가져간다니, 5%도 너무 많아 보인다.

이런 상상을 거치며 기부자들 기대치는 한없이 올라간다. 기존에 가지고 있던 '비영리는 인건비가 무조건 적어야 한다.', '운영비는 없을수록 좋다.', '내 돈이 모두 아이들한테 갔으면 좋겠다.'는 인식들도 한몫 한다. 실제 많은 기부자들이 100% 전달되지 않는 부분을 모두 잘못 사용된 기부금이라고 생각할 정도로, 기부자들은 비용에 대해 매우 가혹한 기준을 가지고 있다. 생리대가 없어서 외출도 못하겠다던 캠페인 속 아이들을 생각하면, 기획비나 포장비를 아껴서 생리대를 한 개라도 더 사주는 게 나아 보인다고 생각한다. 이런 과정을 거쳐 분배에 대한 기대치는 100%로, 다른 비율은 0%로 한없이 근접하게 된다.

그럼 진짜 비율은 어떨까? 기부자의 기대대로 95%에 근접할까? 사회복지법인 굿네이버스[13]가 추가 정보를 공개하지 않는 한 정확한 숫자를 알 수는 없다. 하지만, 공개된 자료들을 최대한 찾아보

---

13 굿네이버스는 굿네이버스 인터내셔널과 사회복지법인 굿네이버스 두 법인으로 나뉘어져 있고, 운영성과표등의 자료도 각각 따로 낸다. 국내/해외로 법인이 나뉘어져 있는 것은 아닌 것으로 보이며, 굿네이버스 인터내셔날에도 국내 사업 일부가 포함되어 있다. 굿네이버스 문의 결과, 이 여아지원사업을 통해 기부하면, 사회복지법인 굿네이버스로 등록된다고 한다.

면, 근사치 정도는 유추할 수 있다.

　이 비율을 구하기 위해, 이 단체가 작년 한 해 지출한 생리대 구매비용을 도출한 뒤 그 금액을 단체의 국내 사업비 총액으로 나눠 보았다. 소녀별 캠페인 모금함이 따로 있고, 거기 모인 돈으로 생리대를 샀다면 계산이 편하겠지만, 모든 기부금은 국내 사업 모금함에 모인 후 섞여서 사용되기 때문에, 이 방법이 최선으로 보인다.

　그럼 지금부터 생리대 구매 비용을 계산해 보자. 정보가 제한적이므로, 조금 돌아가야 한다. 불확실한 숫자가 있다면, 가급적 굿네이버스에 유리하게 가정했음을 미리 밝힌다.

　가장 쉽게 찾을 수 있는 정보는 반짝반짝 선물상자 제작비다. 기사를 통해 추산할 수 있는 상자당 가격은 12만 원이다. 12만 원이라고 특정되어 있는 기사[14]도 있고, 5천만 원 상당의 위생용품 키트로 500명의 아이들을 도왔다고 이야기하는 기사[15]도 있지만, 이중 더 큰 12만 원으로 가정한다.

　선물상자 제작비 중 생리대 가격은 85%로 가정한다. 즉, 이 상자 안에 들어있는 철분제나 위생팬티 등 여러 제품들의 가격, 그리고 상자 가격 등은 보수적으로 전체의 15%로 가정한다. 이렇게 되면, 상자 하나를 제작할 때마다 지출한 생리대 구매 비용은 12만 원

14　부천시청, "굿네이버스, 부천시 드림스타트에 반짝반짝 선물상자 후원," *부천미래신문*, 22.7.1, https://mnews.bucheon.go.kr/news/articleView.html?idxno=29152.
15　이태용, "굿네이버스 강원지역본부, 반짝반짝 선물상자 기탁," *참뉴스*, 2022.6.20, https://www.chamnews.net/news/articleView.html?idxno=210246.

× 85%인 10만 2천 원이 된다.

그럼, 선물상자를 받은 사람은 몇 명일까? 약 9,000명으로 추산된다. 연차보고서에 따르면 선물 상자 및 프로그램에 참여한 아이들의 수는 16,833명이다. 이중 약 53%가 선물상자 지원 대상으로 추측된다.[16] 또한 소녀별 캠페인 내 사업 소개 내용으로 미루어, 내용으로 미루어, 아이들에게 선물상자가 전달되는 빈도는 연 2회로 계산한다. 이 숫자들을 조합하면, 2022년 굿네이버스의 생리대 구매 비용은 9,000명 × 102,000원 × 2회, 즉, 18.4억 원이다.

그럼 이번에는 국내 사업 모금액을 보자. 역시 연차보고서에서 확인 가능하다. 2022년 사회복지법인 굿네이버스가 모은 기부금은 488.8억 원이다. 이 금액은 정기회원 회비 277.7억 원[17]과 후원금품 211.1억 원[18]으로 구성되어있다. 해외 사업은 따로 실행하지 않는 법인이기에 이 돈이 모두 국내 사업 모금함에 모인 돈이라고 볼 수 있다. 다만 여기서 후원물품과 일시후원금 등이 포함된 후원금품 211.1억 원은 논의에서 제외한다. 물론 후원물품이 이 사업에 쓰인 생리대였을 수도 있고, 생리대 사업에 일시로 후원한 기부자도 있을 수 있다. 하지만 확실하지 않은 정보들은 모두 제외하고, 최대한 굿네이버스 측에 유리하도록 해석하기 위해 생리대는 모두 정기

---

16 2022년 여아지원사업 중간보고(9월 기준)를 보면, 전체 14,687명의 대상자중, 7,807명(약 53.2%)이 선물상자 지원대상임을 확인할 수 있다.
17 굿네이버스 사업을 후원하는 회원들이 정기 및 일시적으로 납부하는 회비. 일반적으로 기부금으로 불리겠지만, 굿네이버스의 연차보고서에서는 이를 '회비'로 표기하고 있다.
18 지역사회 내 개인, 기업의 사업지원 후원금, 후원물품.

회원 회비 277.7억 원으로 구매했다고 가정한다.

그럼 이제 내가 낸 기부금 중 몇%가 생리대를 사는데 쓰였는지 계산해 보자. 생리대 구매비용 18.4억 원을 이 277.7억 원으로 나누면, 6.6% (18.4억/277.7억)다. 생리대 캠페인에 만 원을 후원했다면, 그 만 원은 국내 사업 모금함으로 들어간 뒤, 일반관리비와 모금비가 제외되고, 남은 돈은 여러 다른 사업에 쓰이고, 그중 660원만 생리대 구매에 쓰이는 셈이다. 그리고 다음과 같은 논리가 완성된다. 배신감을 느끼게 되는 지점이다.

- ☐ 나는 생리대를 보내주고 싶었는데, 알고 보니 내가 기부한 곳은 국내 모금함이었다.
- ☐ 국내 모금함에 기부되는 기부금 중 6.6%가 생리대 구매에 쓰였다.
- ☐ 내 기부금의 6.6%만 생리대 구매에 쓰였다.

6.6%. 놀랍도록 낮은 숫자다. 최대한 굿네이버스에 유리하게 가정해서 계산했으니, 실제 숫자는 더 낮아질 수도 있다. 이런 숫자가 공개되면 어떻게 될까? 생리대가 없다는 학생이 안타까워서 기부를 했는데, 알고 보니 내가 낸 기부금 중 6.6%만 생리대 구매를 위해 썼다고 하면, 좋아할 기부자가 있을까? 물론 나머지 93.4%도 모두 좋은 일을 위해 쓰였겠지만, 그동안 기부금의 80%~90%가 생리대 구매에 쓰였을 것이라고 믿어왔던 기존의 기부자들은 동요할

것이다. 정보를 공개한다는 것은 생각보다 위험한 일일지도 모른다.

깨고 싶지 않은 안락한 현재

기부단체들이 정보공개에 소극적인 또 다른 이유는, 안락한 현재다. 이들에게 변화를 기대하기엔 이미 이들이 가진 것이 너무 많다. 모금액이 매년 수 십%씩 줄어드는 단체라면, 과감한 변화를 시도할 수 있다. 하지만 현재의 기부 시장은 그만큼 나쁘진 않다. 적어도 대형 기부단체들이 위기감을 느낄 정도는 아니다. 시장도 적게나마 계속 성장 중이고, 무엇보다 강력한 정기기부로 묶여있는 고객층도 굳건해 보인다. 기부단체들에게는 섣부른 변화를 멀리한 채, 이 정도에서 기부불신의 바람이 멈추길 바라는 것이 전략적으로 옳은 방향일 수 있다.

수입을 지탱하는 탄탄한 기부자층

기부 시장은 계속 성장하고 있다. 연말만 되면 기부금이 줄어든다는 걱정 섞인 목소리들이 있지만, 사실 전반적인 상황은 나쁘지 않다. 2017년 8.3조 원이었던 개인기부금은 2021년 10.3조 원으로 4년 만에 24% 이상 상승했다. 과거로부터 봐도 장기적인 우상향 그래프다.[19] 기부금 순위 1~5위를 구성하는 5개의 기부단체[20]가 모은 기부금은 연간 8,270억 원에서 1조 원으로 역시 21%가량 상승했다.[21] 1인당 현금기부금은 23년 처음으로 줄어든 것으로 조사되었지만, 그것마저 고액 기부가 줄고 소액 기부자가 늘어서 생긴 현상으로 전체 기부 금액 자체는 늘어났다.[22] 기부불신과는 별개로 기부금은 계속 잘 모이고 있다.

    기부단체들은 기부불신에 흔들리지 않는 견고한 고객층을 가지고 있다. 투명한 기부를 중요시하는 기부자들이 늘어나고 있는 것은 분명하지만, 지금의 투명성에 만족하며 기부하는 기부자들도 굳건하다. 우리가 옷을 살 때 기준이 각각이듯이, 기부도 마찬가지다. 기부의 투명성이나 사업비 비율, 혹은 전달률을 기준으로 기부

---

19 "[기부통계②] 2021년 국내 기부금 총액," 아름다운재단 기부문화연구소, 2024.1.5, https://research.beautifulfund.org/13835/.
20   사회복지공동모금회, 월드비전, 초록우산 어린이재단, 굿네이버스 인터내셔날, 유니세프 한국위원회
21   각 단체의 감사보고서(2017-2021) / 사회복지공동모금회의 경우, 개인기부만 따로 집계.
22   민경락, "1인당 현금 기부액 첫 감소…소득 높을수록 기부액 더 줄어," *연합뉴스*, 2023.11.16, https://www.yna.co.kr/view/AKR20231115150100002.

할 곳을 결정하는 기부자들도 있지만, '좋은 일 하는 사람들이니 잘 알아서 처리하겠지.'라는 막연한 믿음을 가지고 지금의 상황에 만족하는 기부자들도 당연히 많다.

몇 년 전부터 눈에 띄게 늘어난 굿굿즈(good-goods) 마케팅이 이를 증명한다. 굿굿즈 마케팅은, 일정 금액 이상 정기후원을 약정한 기부자에게 기부링이나 팔찌, 목걸이 같은 굿즈를 주는 모금 마케팅 방식이다.[23] 이런 굿즈들이 중고 시장에서도 인기가 있다는 기사를 보면, 꽤나 선풍적인 인기를 끌고 있는 모양이다. 굿즈 제작 비용도 모두 기부금으로 만들어진다는 것을 누구나 알 수 있고, 실제 굿즈 가격이 얼마인지 공개하지도 않는다. 정보공개와는 대척점에 있는 마케팅이다. 그럼에도 불구하고 이런 캠페인의 인기는, 지금 기부단체에게 만족하는 기부자들도 충분히 많다는 사실을 보여준다.

즉, 이런 기부자들만 잘 다독여도 기부금을 계속 늘릴 수 있다. 투명한 기부라는 새로운 가치에 한눈 팔지 않고, 지금의 모금 방식을 그대로 유지해도 문제없다. 정보를 더 공개하지 않고 아무 말도 하지 않는다면, 85%가 어려운 이웃에게 전달된다는 기부자들의 믿음은, 그것이 잘못된 것일지언정 흔들리지 않을 것이다. 기부단체가 스스로 정보를 공개하여 위험을 키울 필요는 없다.

---

23 대표적으로 유니세프 팀반지나 팔찌를 주는 유니세프 팀 캠페인, 세이브더 칠드런의 아이를 구하는 긴급구호팔찌, Save One 캠페인 등이 있다.

높은 정기기부 비율 덕분에, 유지 비용도 생각보다 많이 들지 않는다. 한번 고객으로 만들면 수년 동안은 자동으로 반복 구매가 이루어진다. 영리 기업들이 그렇게 하고 싶어 하는 구독모델을 이미 기부단체들은 구축하고 있다.

한 고객이 전 생애에 걸쳐 한 기업에 발생시키는 매출을 고객생애가치(Life Time Value/ 이하 LTV)라고 한다. 모바일 비즈니스 등 영리 산업에서는 핵심적으로 쓰이는 마케팅 지표이기도 하다. LTV를 알아야 유료화 고객 유치를 위해 사용 가능한 마케팅비용의 계산이 가능하기 때문이다. 예를 들어 월 10,000원짜리 구독 상품에 가입하면, 30,000원 상당의 사은품을 주는 마케팅가 있다고 해 보자. 얼핏 봐서는 10,000원짜리 상품을 팔면서 30,000원을 주는 엄청 착한 회사일 것 같지만, 이미 이 기업의 마케팅 부서에는 한 번 가입하면 적어도 3년은 유지한다는 데이터를 가지고 있을 가능성이 높다. 평균 3년을 유지하는 서비스라면, 한 명의 고객을 유치할 때마다 10,000원 × 12개월 × 3년 즉, 36만 원의 미래 매출이 잡힌다는 뜻이다. 36만 원짜리 제품을 판매하는 거라면 30,000원 사은품은 충분히 투자할 만한 구성일 수 있다.

기부도 마찬가지다. 한번 기부를 시작하면, 보통 5년간 기부가 유지되는 단체라고 생각해 보자. 어떤 기부자가 매달 5만 원의 정기기부를 시작했다면, 이 기부자의 LTV는 300만 원이 된다. 즉 당신이 거리에서 월 5만 원의 기부를 권유하는 모금가라면, 당신은 지나가는 사람들에게 300만 원짜리 상품을 팔고 있는 셈이다.

기부단체들의 '정기기부 유지 기간'은 대략 어느 정도일까? 이에 대한 정확한 데이터를 알 수는 없다. 특정 기부단체의 모금 데이터에 기반한 논문은 몇 건 있지만, 그 편차가 상당해서, 이를 논의의 근거로 삼기는 어렵다. 그래도 그 중 가장 최근인 2018년에 쓰인 한 논문[24]을 통해 유지 기간이 대략 어느 정도인지 감을 잡아보자. 이 논문은 국내 대형 기부단체 한 곳의 기부자 33만 명의 데이터를 조사해서 기부 생존확률 기간을 분석했다. 생존확률 기간이란, 동시에 기부를 시작한 기부자들 중 특정 비율만 남기고 해지하는 기간을 의미한다.

이 연구에 따른 단체의 생존확률 75% 시점은 21.8개월, 생존확률 50% 지점은 73.3개월이었다.[25] 즉 기부단체가 월 5만 원의 정기기부자를 유치하면 그 중에 반 정도는 6년 이상 기부를 유지한다는 뜻이다. SK텔레콤이나 KT와 같은 이동통신회사들이 가입자를 24개월이라도 잡아 두려고 온갖 약정 상품을 만드는 것을 생각하면, 연차보고서 등 몇가지 콘텐츠만 보내줘도 유지되는 73.3개월이라는 숫자는 정말 안정적인 숫자라고 할 수 있다.

---

24 박태근 "기부 지속 및 중단 행동에 관한 연구: 기부자의 기부대상 인식 차이에 따른 기부지속기간의 비교," (박사 논문, 연세대학교 사회복지대학원, 2018), 78.
25 100명의 기부자가 동시에 기부를 시작했을 때, 50명이 해지하고 50명의 기부자만 남겨지는 시점.

유난히 어려운 중단

중단이 유난히 어려운 것도 기부의 특징 중 하나다. 먼저, 중단을 마음먹기부터 힘들다. 기부금이 어려운 이웃들에게 한 푼도 전달되지 않는다고 의심하는 기부자는 없다. 기부를 불신하는 사람들도 그 전달 비율을 높이고 싶을 뿐이지, 무언가 전달된다는 사실 자체를 부정하지 않는다. 그러다 보니, 내가 기부를 중단하면 누군가는 그 도움마저 못 받게 될 것이라고 생각하며 마음 아파한다.

다른 서비스들은 구독 취소에 대한 심리적 허들이 거의 없다. 우리가 매달 결제하는 쿠팡 와우 멤버십을 해지하면서, 이를 통해 줄어들 쿠팡의 매출과 쿠팡맨들의 수입을 걱정하거나, 샐러드 새벽 배송 서비스를 해지하면서, 이름 모를 농부의 수입 감소를 생각하지 않는다. 하지만 기부는 양심과 도덕 감정이 걸려있다. 내가 기부를 중단하면, 당장 사진 속 어린이가 학교에 가지 못하거나, 배고픈 날이 하루 더 늘어날 것 같다.

해지하려고 마음을 먹어도 실행하기 어렵게 되어있다. 사회복지공동모금회, 월드비전, 유니세프 한국위원회, 세이브더칠드런의 기부자들은 대표 콜센터로 전화를 해야만 후원을 해지할 수 있다. 상당히 불편한 과정이다. 전화가 잘 연결될 리도 없거니와, 연결이 되더라도 기부자는 '내가 도움을 주던 사람에게는 미안하지만 나는 기부를 중단합니다.'라는 뜻을 한 번 더 상담원에게 밝혀야 한다. 조금 더 편하게 한 곳도 있긴 하다. 초록우산 어린이재단은 1:1 문의를 통해 신청하면 이후 상담사 연결을 통해 해지할 수 있다. 가장 쉽게 해지할 수 있는 곳은 굿네이버스다. 홈페이지 1:1 문의에서 후원 중단 버튼을 누르면 바로 취소가 가능하다.

이런 모습은 요즘 서비스들에 비하면 너무나 공급자 중심적이다. 기부자들이 밖에서 만나는 서비스들은 대부분 해지도 가입처럼 쉽고 빠르게 할 수 있게 되어있다. 넷플릭스는 계정 안내 페이지에 바로 해지하기 버튼을 배치했으며, 쿠팡은 넷플릭스보단 잘 안 보이는 곳에 있긴 하지만 와우 멤버십 페이지 하단에 해지하기 버튼이 있다. 한 때 해지하기 어렵기로 소문났었던 인터넷/TV 업체들 역시 이제는 홈페이지에서 해지할 수 있도록 되어 있다. 그러다 보니, 기부자끼리 손쉬운 후원해지 방법을 인터넷에서 공유하기도 한다. 자동결제금액을 1원으로 바꾸거나, 은행 어플에 들어가서 자동이체를 끊는 방법 등이 소개될 정도다.

기부를 해지한다고 해도, 기부 자체를 중단한 것이 아니라면, 다시 대형 단체의 문을 두드릴 가능성이 높다. 미흡한 정보공개에 불만을 품고 기부를 해지하기로 마음먹은 기부자가 있다고 해보자. 이 기부자의 다음 기부처는 어디가 될까?

기부 신뢰도를 우선 기준으로 생각한다면, 어쨌거나 다음 기부처 역시 외부감사 대상인 대형 기부단체들 중에서 골라야 한다. 환경보호, 유기 동물같이 대상이 명확한 전문 단체에 기부하기로 했다면 모를까, 대형 기부단체의 브랜드 힘을 무시하기 어렵다. 적어도 이름이 알려진 곳이나 보는 눈이 많은 곳은 아무래도 나쁜 일을 벌이긴 쉽지 않다. 대형 단체가 아니라면, 작은 단체 중 정보공개를 정말 제대로 하는 곳을 찾아야 하는데, 국내에 이런 곳은 거의 없다. 그나마 대형단체들은 자원에 여력이 있기 때문에 보다 체계적인 시스템을 갖추고 있다. 정 안되면, 외국 단체를 찾는 것도 방법이지만 이 경우 세제 혜택을 포기해야 한다.

대형 단체를 떠난 기부금은 보통 다시 다른 대형 단체로 흘러간다. 세이브더칠드런의 후원을 취소한 사람의 새로운 기부처는 굿네이버스나 월드비전, 그리고 초록우산 어린이재단 정도가 된다는 뜻이다. 누군가 후원을 취소하더라도, 다른 대형단체에서 이탈한 기부자가 새로 온다는 뜻도 된다. 물론 2018년 유니세프나 2023년 세이브더칠드런의 후원해지 릴레이 같은 사례는 예외다. 가입자 수는 포화인데, 그 안에서 끊임없이 번호이동이 일어나는 이동통신 시장처럼, 단체에 실망해서 기부자를 해지한 사람들 수만큼 비슷한 숫자의 기부자가 다른 곳에서 옮겨온다. 그러다 보니 전체 기부금 시장은 그대로인데 A 단체 후원자가 B 단체로 옮겨가고 B 단체 후원자가 C 단체로 옮겨가는 현상이 발생한다는 말까지 나올 정도다.[26]

혁신에 인색해도 사업을 계속 영유할 수 있는 시장. 영리기업들이 부러워할 경영환경이다.

---

26 곽대경, "우리나라 개인기부 현주소는?" 복지*타임즈*, 2020.02.17, https://www.bokjitimes.com/news/articleView.html?idxno=22696.

4장

더 이상 외면하기
어려운 정보공개

잠재 기부금의 존재

기부단체들은 정보공개 문제를 외면하지만, 변할 수밖에 없는 시점은 분명 다가오고 있다. 정부의 압박과 경쟁단체들의 출현 때문이다. 이들의 등장은 모두 기부불신 때문에 기부되지 않고 있는 돈, '잠재 기부금'과 연관이 있다.

물론, 잠재 기부금의 존재가 명확하게 알려진 적은 없다. 그저 '기부가 투명해지면 더 기부할 사람들이 있을 것이다.' 정도의 희망 섞인 명제가 있을 뿐이다. 앞에서 살펴본 것처럼, 기부단체들은 이 기부금의 존재에 대해 최대한 보수적으로 접근한다. 신기루일지 모른다고 생각한다. 하지만 정부나 다른 작은 기부단체들의 입장은 다르다. 정보공개가 오히려 독이 될 수 있는 기부단체들과 달리 이들에게 정보공개는 나쁘지 않은 선택이다. 정부는 더 많은 기부금의 유입을 통해 우리 사회의 복지체계를 공고히 하기 위해, 작은 기부단체들은 새로운 성장 기회의 관점에서 이 잠재 기부금을 예의주시한다.

잠재 기부금의 존재를 확인할 수 있는 단서가 있다. 투명한 기부를 기치로 나름의 성공을 거둔 사례들이다. 사실 이 자리에는 '(원래는 인기가 없었지만) 투명해졌더니 모금액이 증가한' 기부단체의 이야기가 있으면 가장 확실한 근거가 되겠지만, 아직 그런 단체들은 없다. 특히 우리나라의 사례는 더더욱 없다.

여기서는 차선책으로 '투명성'을 중심으로 성장에 성공한 대표 사례들을 모아봤다. 이들의 사례는 매우 소중하다. 1년에 수많은 기업이 탄생하고, 이 중에서도 몇 개씩 새로운 아이디어로 무장한 신흥강자들이 탄생하는 일반 시장과 달리 기부 시장은 매우 변화폭이 적기 때문이다. 기존 기부자들의 기부처 변경이 어려운 환경인 것은 물론, 차별화도 어렵다. 너도나도 비슷한 모델에, 어차피 기부자가 원하는 만큼만 소비(기부)하기에 가격 경쟁력을 가져가기도 어려우며, 무엇보다 유일하게 눈에 보이는 혜택인 세제 혜택은 동일하다. 제품의 차별화가 어려운 시장에서의 시장지배력은 결국 단체의 인지도에 좌우되기 마련이다. 게다가 영리 스타트업처럼, 좋은 팀과 모델이 있으면 투자를 받아서 빠른 시기에 규모 있게 성장할 수 있는 구조도 아니다. 신생 단체들이 성장하기엔 매우 어려운 시장인 것은 확실하다.

지금부터 소개할 단체들은 아직 기부업계를 움직일 만큼 크게 성공한 사례들은 아니다. 하지만, 이들이 보수적인 시장환경 속에서 만들어낸 '작지만 의미 있는' 성공들을 보면, 기부금 사용 정보를 투명하게 공개하는 단체들을 위한 잠재 기부금의 존재를 확인할 수 있다.

채리티워터 Charity: Water

채리티워터는 개발도상국에 깨끗하고 안전한 물을 제공하는 단체다. 설립된 지 16년 만인 2022년, 연간 USD 100.9M 약 1,300억 원을 모금했다. 연평균 30%의 고성장이다. (참고로 월드비전이 2,800억, 초록우산 어린이재단은 2,010억 수준을 모금한다)

채리티워터의 성공 기반은 투명성이다. 그냥 단순히 투명하다고 외치는 것이 아니라, 기부자들에게 이를 입증하기 위해 끊임없이 연구하고 노력했다. 그 결과 두 가지 차별점을 통해 기부자들에게 '기부금의 100%가 깨끗한 물을 제공하는 데 사용된다는 것'을 보여줬고, 이는 기부금 증가로 이어졌다. 투명한 모금 방식에 잠재 기부금이 반응한 셈이다.

모든 금액이 사업에 사용된다 100% Model
눈여겨 볼 것은 첫 번째 차별점인 '100% Model'다. 모든 기부금은 운영비(모금비용이나 일반관리비)로 쓰이지 않고 전액 사업수행비로 쓰인다. 이 모델이 가능한 이유는, 이 단체가 기부자들을 (a) (기부단체 관점의) 운영비를 기부하는 특별한 기부자들과, (b) 사업수행비를 내는 기부자들로 나눴기 때문이다. 운영비를 안정적으로 지원해주는 특별한 기부자들이 있기 때문에, 일반 기부자들의 기부금은 100% 사업수행비로 사용될 수 있으며, 이에 대한 증명도 가능하다.

이 두 기부가 섞일 수 없도록 모금 방식도 아예 분리했다. 홈페이지의 모금 페이지에서는 100% 사업수행비 기부만 가능하다. 운영비는 아무나 기부할 수 없고, '더 웰the Well'이라는 기부자 그룹에서 담당한다. 홈페이지에 따르면 이 그룹에는 기업가, 예술가, 음악가, 그리고 업계 리더들이 참여하고 있다고 한다.

운영비가 적은 것은 아니다. 전체 비용 101.0M (1,310억) 중 일반관리비(management and general)가 7.0M (91억), 모금비용(development)이 12.7M (165억) 정도로[1] 일반관리비와 모금비용의 통합 비율은 약 20%다. 이 책에서 다룬 월드비전(11.5%)이나 초록우산 어린이재단(13.0%)의 비율과 비교하면 오히려 높다. 하지만, 채리티워터의 기부자들은 내 기부금에서 운영비가 얼마나 쓰였을지를 고민할 필요가 없다.

우리는 모든 프로젝트를 증명한다 We prove every project

기부금이 모두 사업수행비로 나간다고 해도, 사업수행비가 어떤 식

---

[1] Charity global, Inc. and Affilate, "Consolidated Statement of Activities," *Consolidated Financial Statement*, 2022.12.31.

으로 사용되는지는 알 수 없다. 아마 그 안에서도 로컬 협력 단체들에 대한 운영비가 당연히 나갈 것이다. 특히나 깨끗한 물이 없는 오지 기반의 사업이기 때문에, 일반적인 기부자들의 생각보단 더 보이지 않는 운영비가 많이 쓰일 수도 있다. 하지만 이런 운영비는 물이 부족한 곳에 깨끗한 물을 공급하는 이 단체의 목적상 양보하기 어렵다.

대신 채리티워터는, 개인의 기부금에 대해 보고한다. 개인기부금 관점의 사용 내역을 알려주지 않는 국내 기부단체들과는 아예 다른 접근이다. 기부가 일어나면, 기부자가 낸 기부금은 개발도상국 각지에 퍼져있는 프로젝트 매칭되며, 21개월 뒤에는 실제 해당 프로젝트에서 깨끗한 물이 공급되는 사진과 GPS, 그리고 사용량을 보여준다. 기부자들은 자신의 기부금이 어떤 프로젝트에 쓰였고, 어디에서 어떤 결과를 만들어냈는지 알 수 있다.

도너스추스 Donor's Choose

도너스추스도 기부단체 투명성을 이야기할 때 자주 오르내리는 이름이다. 미국 학교 선생님들이 아이들 교육에 필요한 물건들을 모아서 모금함을 만들어 올리면, 기부자들이 그 구매액을 기부하는 모델이다. 전체적인 모금 모델은 아래 자세히 설명할 곧장기부와 거의 비슷하다. 2000년 시작된 이 단체는 2022년 USD 214M(약

2,780억)를 모금했다.

도너스추스는 비용의 투명성이 특징이다. 무엇이 필요한지를, 얼마가 왜 드는지를 기부자에게 명확하게 사전에 보여준다. 도너스추스안에 모금 프로젝트 하나만 눌러봐도 무엇이 다른 기부와 다른지 바로 알 수 있다. 운영비도 함께 기부 받긴 하지만 기부자에게 운영비 기부에 대한 선택권을 준다는 점에서 다른 곳들과 다르다.

프로젝트의 완벽한 공개

가장 큰 특징은 기부금이 어떻게 쓰일지 완벽하게 미리 보여준다는 점이다. 선생님이 어떤 물건을 신청했고, 교실로 전달하기까지 드는 비용을 알려주고 그만큼만 모금한다. 먼저 선생님이 신청한 물건들의 설명과 가격은 전자상거래 사이트인 아마존amazon.com 내의 정보를 기반으로 그대로 표시된다. 예를 들어 연필이 신청되었다면, 모금함에는 'Dixon Ticonderoga #2 Pencil 24 Count'와 같은 아마존몰의 상품명과 $8.96의 가격, 그리고 개수가 적혀있다. 이런 물품리스트가 모두 나오고, 전체 물품구매비에 대한 총합이 나온다. 이 부분은 분배비용이라고 할 수 있다.

사업운영비도 미리 보여준다. 이 물건들을 사서 보내주기 위한 모든 비용이 함께 공개되어 있다. 배송비 vendor shipping charges, 그리고 주문 배송 관리비(인건비 포함) fulfillment labor & materials, 세금 Sales Tax, 결제수수료 3rd party payment processing fee까지 하나하나 비용을 모두 보여준다. 즉, 모금하는 금액 전액에 대한 필요 이유를 자세하게 공개해 놓았다.

특정 프로젝트에 기부한 돈이 어떻게 쓰일 것인지 미리 알려주다는 점에서, 전술한 채리티워터보다 더 확실한 정보를 기부자들에게 제공한다. 물론 도너스추스의 프로젝트는 교실이나 학교 운영, 그리고 제품의 배송까지 인프라를 갖춘 미국에서 교육 용품만 모금하는 플랫폼으로, 깨끗한 물을 구할 수 없는 오지에서 진행되는 채리티워터의 프로젝트와는 직접 비교가 어렵다. 다만, 배송 인프라가 갖춰진 사회에서는 충분히 참고할 만한 모델이다.

운영비의 선공개와 분리 기부

채리티워터처럼 아예 모금함을 분리하진 않았지만, 기부자들에게 운영비 기부 선택권을 제공하는 것도 특징이다. 전체 프로젝트 모금액과 함께 운영비라고 할 수 있는 '도너스추스가 더 많은 교실에 닿을 수 있도록 후원하는 금액 suggested donations to help DonorsChoose reach more classrooms.'이 제안된다. 이 운영비는 기부 요청 금액의 15% 수준이고, 기부자들이 기부 여부와 그 비율을 선택할 수 있다. 기부금 중 15%가 운영비로 쓰인다는 것을 기부자에게 미리 알려주고 선택할 수 있게 하는 것이 핵심이다.

홈페이지에 따르면 84%의 기부자들이 이 추가 기부 비율을 유지한 채 기부한다고 한다. 이 단체가 2022년 쓴 비용 205.6M (2,670억) 중 사업비가 165.9M (2,150억), 일반관리비가 1.9M (25억) 모금비가 37.8M로 (490억), 운영비 비율은 19.3%다. 역시 낮은 수치는 아니지만, 운영비 분리 기부와 사용 내역의 선공개를 통하여, 기부자들의 신뢰를 최대한 얻고 있다. 그리고 이를 통해 잠재 기부금들을 성공적으로 해제시키고 있다.

1원도 빠짐없이, 곧장기부

국내 사례로는 곧장기부가 있다. 곧장기부는 2020년 12월 런칭 이후 3년만에 월 기부금 1억 원을 돌파한 기부 플랫폼이다. 23년 총 11.5억 원을 모금했다. 모델은 앞에서 살펴본 도너스추스와 비슷하다. 지역아동센터나 보육원에 필요한 물품을 먼저 확인하고, 그 물품을 사는데 기부하는 플랫폼이다. 기부금의 100%를 물품 구매에만 쓰는 방식과, 모금부터 배송까지의 전과정을 온라인쇼핑몰처럼 거의 실시간으로 보내주는 투명성이 차별점이다. 인터넷에 곧장기부를 검색하면, '투명성 때문에 기부했다.', '어디에 썼는지 알려줘서 좋다.'는 글을 쉽게 찾아볼 수 있다.

정보공개에 특화된 사업 모델

기부 방식은 단순하다. 사이트에 들어가면, 50만 원 상당의 모금함들이 보인다. 들어가 보면 지역아동센터나 보육원에서 본인들에게 필요한 물품들을 모아놓은 온라인 쇼핑몰의 장바구니가 나온다. 과자 같은 간식이나 보드게임 같은 놀거리, 혹은 책가방이나 책 같은 학용품들도 있다. 물건, 가격, 그리고 총합 모두 실제 쇼핑몰의 데이터와 일치한다. 아래에는 이 물품들을 담은 이유와 기부받는 기관의 소개 등이 있다.

　기부자가 내는 기부금은 오직 이 물품 구매에만 쓰인다. 장바구니의 총금액이 모두 모금되면, 이 모금함은 자동으로 닫히고 주문과 배송이 시작된다. 그리고 모금 이후의 모든 단계, 즉 모금이 완료되었을 때부터 주문 배송 그리고 기부 후기까지 카카오톡을 통해 기부자들에게 계속 알려준다. 기부자들은 자신의 돈이 어떤 물건을 사서 어디로 가는지 직관적으로 볼 수 있다. 마지막으로 아이들의 사진(얼굴은 나오지 않는다)과 편지가 나오는 알림을 받게 되면, 해당 기부는 마무리된다.

　곧장기부는 애초에 기부에 대한 의심이 생길만한 부분을 아예 다 없애버리고 투명성에만 집중했다. 기부금을 물건 구입에만 사용하며, 그 외의 비용은 모두 재단이 부담한다(SK그룹에서 매년 운영비를 기부한다.).

- ☐ 모든 기부금을 사업비로만 쓴다.
- ☐ 모든 사업은 '전달'만 한다.[2]
- ☐ 모든 사업비를 전달할 '물건' 구매에만 사용한다.
- ☐ 모든 과정을 최대한 실시간으로 공유한다.

2　23년부터 Impact 기부가 런칭되면서 전달이나 물건구매가 중심이 아닌 프로젝트도 생겼다. 여전히 프로젝트는 기부자가 선택할 수 있다.

이를 통해 기부자들은 기부한 지 보통 10~15일 사이에 자기가 낸 기부금의 행방을 완전히 알 수 있다. 결제한 장바구니 내역과, 배송 현황, 실제 배송된 사진, 그리고 기부 후기를 카카오톡 메시지를 통해 확인한다. 한번 결제에 5-6번의 알림이 오게 설계되어 있다. 정보공개 측면에서 보면 더 이상 나무랄 데가 없는 모습이다.

물론 투명성을 추구하느라, 포기한 부분도 많다. 기부를 투명하게 만드는 새로운 기술을 개발한 것이 아니라 투명성을 부각하기 위해, 다른 사업 요소들을 단순화 시킨 모델이기 때문이다. 곧장기부가 포기한 것은 크게 세 가지다.

- **모금함의 제한**

먼저, 한번에 보여주는 모금함의 수가 9개뿐이다. 기부자의 선택의 폭을 넓히기 위해 수십~수백 개의 모금함을 한 번에 보여주는 여타 기부 플랫폼과는 다르다. 기부자가 원하는 모금함을 찾을 수 없는 경우가 많다. 그럼에도 불구하고 모금함의 수를 제한한 이유는 빠르게 모금하고 전달하기 위해서다. 보통 모금 시작 3일 만에 모금을 완료하고 완료 후 2주 내에 모금 후기 사진까지 기부자에게 보내주는 것을 목표로 한다.

- **모금액의 제한**

특별한 경우를 제외하고는 한 모금함의 총액은 50만 원 내외로 제한된다. 역시 빠른 모금을 위해서다. 다른 모금 플랫폼의 모금함이 대부분 수백만 원 선에서 만들어지는 것에 비하면 상당히 적은 수치다. 지역아동센터의 경우 보통 25명 정도의 아이들이 있다 보니 1인당 2만 원 정도의 물건밖에 받지 못하는 맹점이 있다.

- **사용처의 제한**

생필품 전달만 가능하다. 정확히는 온라인 쇼핑몰에서 구매 가능한 제품만 전달 가능하다. 그래야만 구매 기록이나 영수증, 그리고 배송 관리를 모두 실시간으로 받아볼 수 있고, 구매 가격 역시 합리적인 수준임을 기부자들에게 확인해줄 수 있기 때문이다. 이에 따라 애초에 쇼핑몰에서 구매할 수 없는 것들, 즉, 교육 프로그램이나 자원봉사 지원, 인테리어 비용 지원 등은 불가능하다.

곧장기부로 확인된 '잠재 기부금'

매우 단순하고 제한된 기부모델이지만, 투명성 하나는 확실하게 보장되는 기부. 이 곧장기부의 결과는 어땠을까? 2020년 12월 런칭한 이래, 21년 2.5억, 22년 5억, 23년 11.5억으로 매년 2배씩 성장하는 가파른 상승을 보이고 있다. 기부금의 성장 속도로만 보면, 네이버 해피빈의 개인 모금의 성장 속도를 능가한다.[3] (2005 1.3억/ 2006 3.8억, /2007년 4.4억[4])

---

3 물론 해피빈은 프로젝트형 모금 자체를 개척했다는 점에서 규모이상의 의의가 있다.
4 "해피빈 현황 중 연도별 사용자 기부금," 해피빈, https://happybean.naver.com/statistics.

더 중요한 것은 기부자들의 반응이다. 모금함, 모금액, 그리고 사용처의 제한에도 불구하고, 사람들이 곧장기부에 기부하는 이유는 신뢰 때문이다. 인터넷에 올라오는 곧장기부 후기에는 '믿을 수 있어서 좋다.'는 말이 빠지지 않는다. 곧장기부에 모인 기부금이 그동안 기부불신 때문에 지갑 밖으로 나오지 못했던 잠재 기부금임을 알 수 있게 해주는 대목이다.

기부를 하고는 싶었는데 기부금이 아이들에게 곧장 가지 않을까봐 항상 걱정되어 실천하지 못했습니다. 이렇게 진정으로 받아야 될 사람들이 받는 곳이 생겨서 좋네요.

물론 지금 규모는 그래봐야 월드비전의 0.5% 수준이다. 아직 의미 있는 규모라고 하기는 어려우며, 얼만큼 성장할지는 두고 봐야 한다. 하지만 곧장기부의 기부금은 매년 가파른 상승세를 타고 있다. 별다른 홍보를 하지 않는 것에 비하면 인상적이다. 지금도 곧장기부의 기부 후기에는 사이트의 홍보를 늘려달라는 요청이 많을 정도다.

기업재단의 핸디캡도 고려해야 한다. 곧장기부를 운영하는 SK의 행복나눔재단은 곧장기부 이전까지 대중을 대상으로 모금을 한 적이 없다. 반기업 정서가 있는 우리 사회에서 개인이 기업재단에 기부한다는 거부감도 뚫어야 했다. 만약 굿네이버스나 월드비전이 이런 비슷한 모델을 만들었다면, 그 파급력은 곧장기부의 그것보단 훨씬 컸을 것이다. 곧장기부는 우리 사회 내 잠재 기부금이 존재하고, 무시 못 할 수준의 규모를 지니고 있음을 증명한다.

점점 더 커질 정부의 압박

잠재 기부금의 존재에 가장 관심을 가질 곳은 정부다. 정부의 입장에선 기부금은 많으면 많을수록 좋다. 사회안전망[5]을 더 견고하게 만들 수 있기 때문이다. 따라서 정부는 기부단체들에게 정보공개를 압박함으로써, 이 잠재 기부금이 밖으로 나오도록 유도할 것이다. 모든 기부단체의 관리 감독을 맡고 있는 만큼, 단체들의 행동을 유도할 힘도 충분하다. 정부의 최종 고객이라고 할 수 있는 사회구성원들은, 투명하게 정보를 공개하도록 압박하는 정부의 개입을 환영할 것이다. 기부금 유용 사건이 일어났을 때마다 여론은 기부단체들을 압박하는 정부에 무한 지지를 보냈다. 정부의 관심이 커질수

---

[5] 노령, 실업, 재해, 질병 따위의 사회적인 위험 요소로부터 국민을 보호하기 위한 제도적 장치 (출처: 네이버 사전).

록, 기부단체들도 정보공개를 외면하기 어려워질 것이다.

기부금과 함께 만드는 사회복지 체계

촘촘한 사회안전망을 위해서는, 정부의 복지 예산에 민간 기부금이 더해져야 한다. 현장에서는 늘 자원이 부족하고, 정부의 복지 예산만으로는 충분한 사회서비스를 제공하기 어렵다. 신중히 사용될 수밖에 없는 정부 예산의 특성상, 사각지대의 존재는 필연적이다. 정부가 기부금 증감에 신경을 쓰고, 잠재 기부금에 관심을 가질 수밖에 없는 이유다.

복지 예산을 돕는 기부금

정부의 복지 예산은 그동안 가파르게 증가해 왔다. 우리나라의 사회복지 예산 규모는 2013년 88조 원에서 2022년 195조 원으로 9년간 2.2배 증가했다.[6] 그렇다고 해도 정부의 복지 예산은 충분하지 않다. 우리나라의 공공 사회복지 지출 규모(public social spending)는 국내총생산(GDP)대비 14.8%인데, 이는 OECD 평균 21.1%에 크

---

6 김훈남 외 2인 "600조대 슈퍼예산에 복지예산은 찔끔..文도, 朴도 정권초에만 '복지'," 머니투데이, 2021.11.15. https://news.mt.co.kr/mtview.php?no=2021111418525624129. 나라살림연구소의 자료를 재인용.

게 못 미치는 수준이다.[7] 정부의 예산이 발표될 때마다 복지 예산을 더 늘려야 한다는 주장을 보는 것은 어렵지 않다.

매년 반복되는 재정적자 속에서 예산 증가는 늘 부담스럽다. 복지의 필요성은 누구나 인정하지만, 대선 때마다 증세 없는 복지가 늘 화두에 오를 정도로 정부는 복지 재원의 마련에 고민한다. 복지 재원이 꼭 정부 예산에서만 나오는 것은 아니다. 실제 많은 복지 서비스는 민간 기부금과 함께 운영된다.

연간 사회로 유입되는 기부금은 어느 정도일까? 2022년 개인과 기업은 15.6조 원을 기부했다.[8] 개인이 10.3조, 기업이 5.3조였다. 이중 개인기부금의 75% 정도가 종교기부금[9]이라고 가정하고,[10] 나머지 2.6조 원 중 31%가 해외 기부라고 가정하면,[11] 약 1.8조 원이 국내 사업에 쓰인 개인기부금이라고 할 수 있다. 나머지 기업기부금 5.3조 원 대부분 국내 사업용이라고 가정하면, 연간 약 7.4조 원 정도가 국내 복지에 쓰인다고 판단한다.

이 금액은 정부 예산 195조 원에 비하면 3.7%밖에 안되는 수준이지만, 영향력은 생각보다 크다. 정부 예산은 대부분 공적연금

---

7 "OECD," www.oecd.org/social/expenditure.htm.
8 박미희 외 3인, *2023 기부트렌드* (서울: 사랑의 열매 사회복지공동모금회,2023), 10. 국세통계연보를 재인용.
9 물론 종교기부금 역시 종교를 통해 취약계층을 위한 시설운영 등 다양한 사회사업을 하고 있지만, 해당 내용 파악에 한계가 있으므로, 여기서는 일단 비종교 기부금만 확인한다.
10 "한국 기부문화 20년 조망," 아름다운재단, 2020.11.7, 20.
11 "[글로벌 리포트-Global Philanthropy Tracker 2020] 1. 한국의 해외 기부 현황," 아름다운재단 블로그, 2020.10.8.

(63조)이나 기초생활보장(17조), 고용(26조) 등 기본적인 복지 인프라 영역에 몰려있기 때문이다. 보통 기부단체들의 주영역인 아동/보육 관련 예산은 9.1조 원, 취약계층 지원은 4.7조 원에 불과하다.[12] 이 정도 규모라면 민간 기부금의 존재는 충분히 많은 영향력을 지니게 된다.

예를 들어 아동 돌봄서비스의 주축인 지역아동센터의 경우, 정부와 지자체로부터 지원 예산을 받지만 그 지원이 충분하기 어렵다. 코로나 이후 정부지원금에 인건비와 물가의 상승률이 반영되지 않아서, 어려움을 겪는다는 기사는 쉽게 찾을 수 있다. 보통 부족한 예산의 나머지는 대부분 주변의 후원금(혹은 자부담)으로 충당한다. 아이들의 식비나, 선생님들의 급여는 정부에서 지원해 주지만, 학습공간을 리모델링해 준다거나 (KB 드림웨이브 2030), 대학생 과외교사를 지원해 주는 사업(현대자동차 H점프스쿨)들은 기업의 후원으로 돌아가기도 한다.

특히 병원 건립 등, 사회에 꼭 필요하지만 공공 예산이 충분히 투입되기 어려운 사업에 개인과 기업기부금이 빛을 발한 경우가 많다. 예를 들어 게임 기업 넥슨은 개인기부자들과 함께 힘을 모아, '푸르메재단 넥슨어린이재활병원'을 시작으로, '대전세종충남 넥슨 후원 공공어린이재활병원'과 서울대학교병원의 '넥슨어린이통합케

---

12 이지혜 "'복지예산' 30조 대 65조…증가액 많지만 융자 크게 늘어," *한겨레*, 21.9.24, https://www.hani.co.kr/arti/economy/economy_general/1012589.html.

어센터' 설립을 후원했다. 3개 병원을 설립하는데 넥슨이 기부한 금액은 400억 원이다. 오랜 기다림 끝에 건립을 앞두고 있는 루게릭 요양병원도 좋은 예다. '기부천사' 션을 필두로 아이스버킷 챌린지에 참가한 많은 개인들의 기부가 있었고 네오플, 영원아웃도어, 삼양그룹 등 다수 기업들의 참가를 통해 착공을 확정지을 수 있었다.

필연적인 사각지대

사각지대 역시, 민간 기부금이 빛을 발할 수 있는 영역이다. 정부에서 특정 사회문제를 위한 정책을 개발한다고 하더라도, 사각지대는 발생한다. 국민의 세금으로 어려운 이들을 돕는 예산의 특성상, 정부는 최대한 보수적으로 접근한다. 그러다 보니 더 많은 사람에게 적절한 지원을 해주기 보단, 정책을 악용해서 불필요한 혜택을 받아 가는 사람을 줄이는 데 초점을 맞춘다. 지원 정책이 많이 생겨도, 절차가 복잡하고, 억울하게 받지 못하는 사람이 생기는 이유다.

기초생활보장제도의 '부양의무자' 기준은 좋은 사례. 우리나라는 1999년에 제정된 '국민기초생활보장법'에 따라, 저소득 사회구성원들의 생계를 지원한다. 다만 이때 본인은 소득이 없더라도, 자식의 소득이 있는 사람은 부양의무자가 존재한다는 이유로 지원 대상에서 제외된다. 국민의 세금을 '부자 자식'을 둔 부모에게까지 사용하는 것은 여러모로 부담되기 때문이다. 여기까지는 자식이 부모를 봉양하는 우리 사회의 관념에 따라 크게 이상하진 않았다. 하지만 분명 소득이 있는 자식이 존재함에도 불구하고 척을 진 상태

라면 어떻게 될까? 자식과 연락 두절 상태임을 입증하지 못한다면, 아무리 가난해도 법의 혜택을 받지 못하는 억울한 사례가 생긴다. 이렇게 도움이 필요한 상황이지만 정부 복지정책의 혜택을 받지 못하는 사람들에게는 민간의 도움이 필요하다.

정부 역시 이런 사각지대를 줄이기 위해 많은 노력을 한다. 하지만 법이라는 무거운 도구를 다루는 만큼, 변화의 속도는 언제나 신중하고 느릴 수밖에 없다. 2014년 '송파구 세 모녀 자살 사건'이 부양의무자 제도의 허점을 공론화했지만, 이 제도가 단계적으로나마 폐지되기 시작한 것은 또다시 7년이 흐른 뒤인 2021년 10월의 일이었다. 그나마 정부는 부양의무자 제도를 '폐지'한다고 발표했지만, 실제 현장에서는 큰 실효성이 없는 '기준 완화'에 불과하다는 지적이 이어지고 있다.[13]

송파구 세모녀 자살사건

사회복지제도의 사각지대를 드러낸 대표적인 사건. 2014년 2월, 서울 송파구 반지하 주택에 세들어 살던 세 모녀 일가족이 자살로 생을 마감했다. 집세 및 공과금이 든 70만원과 함께, '마지막 집세와 공과금입니다. 정말 죄송합니다.'라는 유서를 남겼다. 기초생활수급자로 등록되면 최소한의 생활을 유지할 수 있었을

---

13 전가영, "[복지칼럼] 생계급여 부양의무자 제도, 왜 폐지되었다 하나," *참여연대*, 2022.8.1, https://www.peoplepower21.org/welfarenow/1902666.

텐데, 왜 생활고를 버티지 못하고 자살했을까? 조사 결과, 박씨 가족은 사회복지 제도에 대한 지식 부족 때문에 기초생활수급자 신청 자체를 하지 않은 것으로 알려졌다. 이 제도는 신청주의로 운영되기 때문에, 이 지원에 대한 정보가 없어서, 혹은 자신의 가난을 증명하는데 실패해서 지원이 절실함에도 불구, 받지 못하는 경우가 존재한다.

설령 신청을 했다고 해도 어머니 박씨는 식당에서 일하면서 월 120만원 상당의 급여를 받고 있었다는 점, 그리고 큰 딸의 질병인 당뇨와 고혈압은 근로가 불가능할 정도의 병으로 인정받지 못한다는 점 때문에, 어머니가 식당 일을 더 이상 하지 못하는 상황이 되었어도 가족 중 근로 능력이 있는 사람이 2명인(큰 딸과 작은 딸) 것으로 간주되어 기초생활수급자 혜택을 받지 못했을 것이라는 의견이 있었다. 돈을 벌사람이 없는 어려운 상황임에도 불구하고, 정부의 지원기준에는 못미치는 사각지대였던 셈이다.

정부와 달리 조금 더 유연한 지원이 가능한 민간은 복지 사각지대에 있는 사람을 도울 수 있다. 약간의 악용 사례가 발생한다고 하더라도, 어려워 보이는 사람들을 바로바로 돕는 모델도 가능하다. 정부가 구조적으로 어려워할 수밖에 없는 부분을 민간의 협력으로 해결할 수 있다.

기부금 성장 정체에 대한 우려

이렇게 우리 사회의 사회안전망은 정부 예산에 기부금이 더해진 채로 운영되어 왔다. 기부금이 줄어든다면, 지금과 같은 수준의 복지를 유지하기 위해 줄어든 만큼의 예산을 정부가 메워야 할지도 모른다. 즉, 기부금의 감소는 정부의 입장에선 생각하기 싫은 시나리오일 것이다.

　기부금으로 운영되는 대중적인 사업 중 하나인 연탄 자원봉사를 보자. 아마 기부에 관심 있는 사람이라면 연말에 많은 정치인, 연예인, 혹은 기업의 임직원들이 리어카에 연탄을 싣고 나르면서 자원봉사를 하는 모습을 봤을 것이다. 사회공헌 업계에서는 한동안 '구시대적 자원봉사'라고 평가절하된 적도 있었지만, 잘못된 생각이다. 꾸준히 연탄을 지원해 오던 개인이나 기업이 갑자기 기부를 중단하면, 그동안 연탄을 지원받아 오던 난방 취약계층은 추위에 내몰릴 수밖에 없다. 해당 기부금이 줄어들었다고 해서, 정부의 예산이 그만큼 자동으로 늘어나진 않기 때문이다. 대신 추위에 내몰린 취약계층에 대한 기사가 미디어에 뜨면 비난의 화살은 대부분 사각지대를 챙기지 않은 정부의 복지정책을 향할 것이다. 기부는 자발적인 행동이지만, 복지정책은 정부가 해야 하는 일이기 때문이다. 지역아동센터나 어린이 재활병원은 말할 것도 없다. 안정적인 운영을 위해선 개인과 기업의 꾸준한 기부금 유입이 필수다. 결국 정부는 기부금의 성장률 정체 혹은 감소 뉴스에 신경을 쓸 수밖에 없다.

그러나 요즘 들리는 아래와 같은 부정적인 소식들은 정부의 고민을 더욱 깊게 만들 것이다.[14]

- 국내총생산(GDP) 대비 민간 기부 비중은 2011년 0.79%에서 2021년 0.75%로 0.04% 감소.
- 우리나라 13세 이상 국민의 기부 참여율은 2011년 36.4%에서 2021년 21.6%로 감소. 기부 의향 역시 같은 기간 45.8%에서 37.2%로 감소.
- 각국의 기부문화 수준을 나타내는 '세계기부지수'에서의 우리나라 순위는 119개국 중 88위로 최하위권.

정부의 방향은 이미 정보공개

기부는 어디까지나 자발적인 행동이기에 정부가 기부를 인위적으로 부양할 순 없다. 기부금에 대한 세제 혜택을 늘리는 등의 기부 활성화 방안이 있긴 하지만, 이런 접근은 세입과 직결되는 문제라 조심스러울 수밖에 없다. 기부단체들의 사업을 늘리자고 정부가 사용

---

14 "공익활동 활성화를 위한 제도 개선방안," *대한상공회의소*, 2023.1.19, https://www.korcham.net/nCham/Service/Economy/appl/KcciReportDetail.asp?SEQ_NO_C010=20120936053&CHAM_CD=B001.

할 수 있는 세금의 규모를 포기하는 것은 어려운 선택이다. 이러한 상황에서 정보공개 확대를 통한 잠재 기부금의 확보는, 기부금 규모를 다시 증가시킬 수 있는 현실적인 대안이다.

이미 정부는 다양한 방법으로 기부단체들의 투명성을 이끌어 내고 있다. 가장 대표적인 것이 공익법인 회계기준 개정이다. 우리가 이미 살펴봤던 〈사업비의 성격별 구분〉, 즉 전체 사업 비에서 인력비용과 분배비용을 구분해서 공개하는 것은 모두 2018년 공익법인 회계기준 개정 때 나왔다. 이전에는 각 단체의 인건비를 따로 확인할 수 없었다.

회계기준 개정 전후의 정보를 비교해 보자. 개정 전의 자료들은 지금보다 훨씬 더 오해를 사기 쉬운 자료들이었다. 예를 들어, 회계기준 개정 전인 2017년, 초록우산 어린이재단이 공개한 급여 항목은 32.6억 원이었다. 전체 사업 비용 1,767.7억 원 대비 1.8%로 매우 양호해 보이는 (혹은 너무 과하게 적어 보이는) 수준이었다. 하지만 당시 〈손익계산서〉[15]에 따르면 이 금액은 모두 일반관리비에 속한 인건비였다. 사업을 수행하는 인력들에 대한 인건비는 아예 알 수 있는 방법이 없었다. '우리 단체의 인건비 비율은 1.8%에 불과하다'고 말해도 아무도 사실을 파악할 수 없었다.

회계기준이 개정된 2018년, 사업수행비 내에서도 인건비를 따로 집계하자, 몰랐던 사실들이 드러났다. 2018년 이 단체는 인력

---

15 운영성과표라는 이름으로 통일된 것도 2018년 이후의 일이다.

비용으로 508.8억 원을 사용했다. 전체 사업 비용은 1,867.6억 원으로 전년도 대비 큰 차이가(5.7% 증가) 없는 데 비해, 인건비는 거의 15.6배 상승했다. 전체 인력비 중 일반관리비에 포함된 인력비는 35.1억 원으로 전년도의 인력비 32.6억 원과 거의 비슷하다. 대신 사업수행비 안에 인력비 410.6억 원과, 모금비용 안의 인력비용 63.0억 원이 새로 생겼다. 정부의 규제로 투명성이 확보되자, 안 보이던 정보들이 드러나기 시작한 것이다. 회계기준의 개정이 없었다면, 기부자들은 계속 이 단체의 실질적인 인건비 비율을 모르고 기부해야 했을 것이다.

정부의 이런 흐름에 기부단체들은 어려움을 호소해 왔다. 아무리 좋은 명분이라고 하더라도, 기부단체 입장에선 새로운 규제와 업무가 생기는데 환영할 리 없다. 정부가 원하는 자료를 정리하는 것도, 국세청 시스템에 등록하는 것도 쉽지 않다. 가뜩이나 전문인력이 부족한 단체들이라면 더욱 그럴 수밖에 없다. 이런 자료를 만드는 데 드는 비용도 모두 기부금에서 나가는데, 민감할 수밖에 없는 것이 당연하다.

기준이 없을 때는 그냥 하던 대로 하면 되지만, 기준이 새로 생기면 지금까지 해왔던 일들이 새로운 기준에 위배되는지 모두 확인해야 한다. 새로운 기준에 따라 업무를 바꾸는 과정에서도 수 많은 시행착오들이 생길 수밖에 없다. 새로운 기준이 생기기 전에는 없었던 일들이다. 당시의 기사를 보면, 기부 투명성을 위한 회계 양식 통일의 필요성은 인정하지만, 모호한 기준 때문에 일이 너무 많

아졌다는 회계담당자들의 불만들을 쉽게 찾을 수 있다.[16]

하지만 기부단체 투명성을 위한 정부의 노력은 계속될 전망이다. 꼭 잠재 기부금 이슈가 아니어도 노력의 이유는 많다. 2018년 정의기억연대의 사례와 같이 기부금 유용 관련 사건은 언젠간 또 터질 것이고, 여론은 다시 한번 정보공개 강화에 초점을 맞출 것이다. 실제 정의기억연대 이슈가 나왔던 시점은 새로운 공익법인 회계 기준이 적용된 첫해였음에도 불구, 사회적 여론은 '더 자세한 정보공개'로 향했다. 기부단체들의 생각이 어떻든 간에, 기부단체를 신뢰하지 않아서 기부를 하지 않는다고 이야기하는 사람들이 점점 많아질수록 정부는 또 다른 정보 추가 공개 방안을 고려할 것으로 예상한다. 기부단체들이 정보의 공개를 더 이상 외면할 수 없는 순간은 점점 더 다가오고 있다.

---

16 박민영, "[어떻게 생각하십니까] 알쏭달쏭 공익법인 표준 회계기준… 어디까지가 공익목적사업?," *더나은미래*, 2019.3.27, https://www.futurechosun.com/archives/40072.

정보공개에 진심인 단체들의 출현

정보공개에 대한 정부의 규제가 강화되더라도, 기부단체들이 즉각적인 반응을 보이진 않을 것이다. 규제를 피하는 수준의 소극적인 대응으로 일관할 가능성이 크다. 특히 이미 시장의 지배적 사업자 역할을 하는 대형 단체들은 더욱 그럴 것이다. 이들의 미온적인 대응이 놀랄 일은 아니다. 원래 조직이 클수록, 이미 현재의 시장구조에서 많은 성과를 내는 조직일수록 변화를 이야기하기 힘든 법이다.

    어느 산업에서나 잘되는 기업일수록 변화의 도입을 주저한다. 수많은 스타트업들이 기존의 시장을 지배하던 대기업과의 대결에서 승리를 꿈꿀 수 있는 이유이기도 하다. 이미 지킬 것이 많은 기업들은 변화에 소극적일 수 밖에 없고, 그동안의 성공으로 몸집이 커진 상황이라면 높은 확률로 조직 내 의사결정 과정이 느려져 있을 것이다. 이런 기업들은 새로운 사업에 빠르게 대응하기 힘들다. 이미 잘되고 있는 사업을 굳이 바꾸고 싶어 하지 않기 때문에, 변화에 언제나 보수적이다. 이미 가만히 있어도 시장지배력과 수익이 보장되는 상황에서 굳이 판을 흔들 이유가 없다.

여기서 모든 것을 걸고 달려드는 작은 기업들과 큰 기업들간의 차이가 생긴다. 통신회사들의 SMS(문자서비스)를 제치고 국민 메신저가 된 카카오, 오프라인 강자들을 제치고 유통업계의 강자가 된 쿠팡 등 작은 기업들의 성공 스토리는 모두 이러한 구조가 있었기에 가능했다.

새로운 변화에 맞춰 빠르게 변신하는 것이 꼭 정답은 아니다. 그 변화가 산업 전반을 바꿔버릴 태풍인지 아니면 금방 그칠 소나기인지 미리 완벽하게 예측할 수는 없다. 사실 우리에게 보이는 것은 성공한 혁신들뿐이다. 그렇기 때문에 우리는 별다른 파장 없이 조용히 묻힌 혁신 시도에 대해서는 알지 못한다. 작은 변화에 호들갑스럽게 변화를 외쳤다가는 기존의 경쟁력마저 사라질 수 있다. 즉, 대기업의 입장에서는 변화의 바람이 진짜인지 최대한 검증하며 기다렸다가 늦기 직전 동참하는 것이 가장 적절한 선택일 수 있다.

기부 시장에도 그대로 적용된다. 우리가 이 책에서 언급하는 사회복지공동모금회, 월드비전, 굿네이버스, 초록우산 어린이재단 등은 기부 시장의 대기업이다. 사회복지공동모금회(7,925억)이 부동의 1등이고, 그 아래 월드비전(2,873억), 어린이재단(2010억), 굿네이버스(2,138억[17])가 2,000억 원대, 그리고 유니세프 한국위원회

---

17   사회복지법인 굿네이버스와 굿네이버스 인터내셔날의 합계.

(1,436억)와 세이브더칠드런(956억) 그리고 이 책에서 다루지 않은 한국컴패션(1,003억)과 밀알복지재단(828억)이 나온다. 여기에 기아대책기구(699억)와 요 근래 빠른 속도로 성장하고 있는 국경없는의사회(457억) 정도를 제외하면, 개인기부 중심 재단 중 400억 원이상 기부를 받는 곳은 거의 없다.

지금도 잘 되고 있는 지배 사업자들은 변화의 도입에 소극적일 수밖에 없다. 투명한 기부를 위해서는 더 많은 정보를 공개해야 함을 기부단체들이 모를 리 없지만, 정보공개를 계속 외면하는 이유도 결국 지금도 모금이 잘되고 있기 때문이다. 하지만, 지금 이들의 성공을 뒷받침하고 있는 것들이 급격하게 변하는 시기가 오면 어떻게 될까?

제1 기준이 브랜드에서 투명성으로 바뀐다면

지금 기부 시장은 동정심 유발 광고와 기부단체의 브랜드에 따라 움직인다. 어려운 이웃들의 모습을 최대한 불쌍하게 보여주고 기부를 읍소하는 방법은 효과적인 모금 방법 중 하나다. 빈곤 포르노라고 불릴 정도의 수준은 아니지만, 우리가 늘상 보는 기부 캠페인들도 감정에 호소한다. 기부자의 동정심을 불필요하게 자극하고, 대상자들에게 무력한 인간이라는 편견을 가지게 하는 점에 대한 우려도 있지만, 이 방법을 포기하기는 어렵다. 사진이나 영상의 눈물샘 자극 정도에 따라, 모금액의 규모가 너무 크게 차이나기 때문이다.

수혜자에 초점이 맞춰질수록 이들을 돕는 방법의 차별성은 소멸된다. 비슷한 모델이라면, 결국 브랜드가 중요해진다. 같은 가격의 비슷한 제품이 진열대에 놓였다면, 먼저 많이 들어본 브랜드 제품에 손이 가기 마련이다. 기부도 마찬가지다. 어차피 아프리카에 만 원을 보내는 것이라면, 처음 듣는 단체들보다 유니세프나 월드비전같이 유명한 단체에 기부하는 것을 한 번 더 고려하게 된다.

보통은 유명 브랜드 상품이 더 비싸지만, 기부할 때는 가격도 중요하지 않다. 기부금의 크기는 어차피 기부자가 형편에 따라 임의로 정하기 때문이다. '이름 있는 단체는 나쁜 짓을 안 하겠지.'라는 심리도 있다. 대형 기부단체들은 이런 시장 환경 속에서 지배력을 유지해 왔다.

선택의 기준이 바뀌게 되면 어떻게 될까? 즉, 기부에 대한 정보가 더 많이 공개되고, 기부자들은 여러 자료를 비교하면서 기부하는 시대가 오면 어떻게 될까? 기부자들에게 기부금이 어떻게 쓰일지 미리 설명하고, 그 사용 결과를 투명하게 공개하는 시대가 온다면, 기부 시장 경쟁의 법칙이 바뀔 수 있다. 아마도 브랜드보다는 그 단체의 전문성, 아이디어, 기획력, 추진 능력, 그리고 소통 능력이 중요한 시장이 될 것이다.

물론 대형 단체들이 먼저 변화의 모습을 보여준다면 이런 변화속에서도 지배력을 유지할 수 있을 것이다. 하지만 매일 혁신을 외치는 대기업들도 변화에 소극적이기 일쑤인데, 관료주의가 남아있는 대형 단체들이 변화에 긍정적인 모습을 보이기는 더욱 어려워 보인다.

하지만 중소 기부단체들에게 이런 변화는 기회다. 이미 이 변화에 맞춰 조금씩 사업 모델을 다듬고 있는 단체들도 있다. 그동안 이 문제를 고민하면서 알게 된 몇몇 우수 사례들을 지금부터 공유하고자 한다. 대부분 스타트업 같은 작은 단체들은 아니고, 나름 업계에서 중요한 위치에 있는 단체들이다. 일반시장으로 치면 중견기업 정도라고 할 수 있다.

비영리는 영리와 달리 투자를 받아서 성장할 수 없는 구조인 만큼 스타트업 수준의 작은 단체에서 혁신을 이끌어가기는 어렵다. 투자를 받지 못하면 좋은 아이디어가 있다고 해도 이를 구현하기 어렵다. 그러다 보니 영리 시장에 비해 기부 시장의 혁신은 매우 더디다. 큰 단체들은 움직일 생각이 없고, 새로운 것을 해보고 싶은 작은 단체들은 자원이 없다. 그래도 그 중간에 있는 단체들을 중심으로 조금씩 재미있는 사례들이 만들어지는 중이다.

아쉽게도 우리가 앞에서 살펴본 기부불신의 이유들, 즉 운영비나 기부금 사용 내역의 공유, 잘못된 모금 캠페인과 같은 이슈를 모두 비껴가고 있는 단체는 찾지 못했다. 하지만 각각의 문제마다 나름대로 이상적으로 대처하고 있는 곳들을 모아보았다. 물론 아쉬운 부분도, 한계도 있는 모델이지만, 기부불신을 논하면서 충분히 참고해 볼 만하다(※곧장기부는 충분히 잘 설계된 사례이지만, 이미 위에서 한번 소개했기에 여기서는 제외하기로 한다.).

정직한 모금함: 지파운데이션

먼저 모금 캠페인과 모금함을 딱맞게 연결한 단체를 소개한다. 지파운데이션이다. 2022년 311억 원의 기부금을 받은 곳으로, 월드비전(2,873억)이나 세이브더칠드런(956억)보다 훨씬 작은 규모다. 이 단체의 주요 캠페인 중 하나는 생리대 지원사업이다. 홈페이지 메인 화면에서 가장 먼저 만날 수 있으며, 네이버에서 '생리대 후원'을 검색하면 세 번째 파워링크로 노출되고 있다.

 캠페인 내용 자체는 다른 단체들의 그것과 크게 다르지 않다. 생리대가 필요한 아이들의 이야기가 나오면서 생리대 후원 사업에 기부를 유도한다. 하지만 지파운데이션 캠페인의 가장 큰 특징은 후원 결제 페이지에 있다. 캠페인 결제창에 국내 후원 모금함을 배치한 단체들과 달리, 지파운데이션에서는 생리대 지원을 지정하여 후원할 수 있다. 심지어 청소년과 취약계층의 생리대 지원을 나눠서 지원할 수 있다. 대형 단체들과 달리 기부자가 캠페인을 보면서 느낀 감정대로 모금함을 찾아 기부할 수 있는 셈이다.

지파운데이션의 후원사업 선택화면

후원사업 선택			* 여러가지 후원사업을 한번에 신청하실 수 있습니다. 원하시는 후원의 종류를 모두 선택해주세요
전체사업 지원	청소년 생리대 지원사업	취약계층 생리대 지원사업	미혼·한부모 지원
위기노인 지원사업	자립준비청년 지원사업	결식아동 지원사업	국내 아동청소년 지원
보육원 지원사업	학대피해아동 지원사업	국내 장애 및 환아 지원사업	국내 위기가정 지원사업
해외 교육지원사업	해외 생리대 지원사업	해외사업	

출처: 지파운데이션 홈페이지

마이페이지에도 기부 내용을 그대로 확인할 수 있다. 생리대 지원 캠페인을 통해 기부를 하면, 마이페이지의 약정 내역에도 '후원-국내-여성청소년 생리대 지원'으로 명시된다. 대형 단체의 마이페이지보다 훨씬 더 구체적인 정보를 보여준다. 적어도 이 단체에 기부한 기부자들은 자신의 기부금이 어디로 흘러갔는지 더 상세하게 알 수 있다.

아쉬운 점이 없지 않다. 기부금이 어떤 모금함에 들어가는지는 보여주지만, 그 돈이 그 모금함 내용대로 쓰였는지 보여주지는 못한다. 모금액, 그리고 그 모금액의 사용 성과와 지출내역이 모금함별로 정리되어 있지 않기 때문이다.

먼저 모금액은 다른 단체들과 비슷하게, 총액만 나와 있다. 모금함별 모금액은 찾을 수 없다. 사업 성과 역시 아쉽다. 국내 청소년과 취약계층, 그리고 해외 생리대 모금함이 따로 있지만, 정작 연차보고서에는 모금함 구분 없이 총 22,896명에게 생리대를 지원했다는 설명만 나온다. 지출 내역도 마찬가지다. 모금함의 이름과 연차보고서상 지출 항목의 사업 분류가 맞지 않는다. 연차보고서에서는 국내 사업을 저소득 아동청소년 지원, 저소득 미혼한부모 지원, 위기노인 지원 등 총 6개의 사업으로 구분하고 각각의 세부사업과 지출을 정리했다. 하지만 이중 가장 많이 노출되는 생리대 지원사업에 대한 내용은 없다. 생리대 지원사업은 저소득 아동 청소년 지원 안에도, 저소득 미혼한부모 지원 안에도 위생용품 지원이란 이름으로 들어가 있다. 두 사업의 총지출 91.3억 원 중 일부가 위생용품 지원에 사용되었을 것이라고만 짐작할 수 있을 뿐이다. 15개의 모금함을 정성껏 나눈 것에 비해, 모금함별 모금액과 지출액을 체계적으로 설명하지 못한 부분은 아쉽다.

어찌 되었든 기부 과정의 전반부만 보면, 꽤 잘 만들어진 모금 모델이다. 캠페인 모금을 하면서도, 캠페인을 보고 기부를 마음먹은 사람의 기부금이 온전히 그 뜻대로 전달되도록, 캠페인에 관한 사업(생리대 지원) 만 따로 떼서 기부할 수 있도록 한 점은 단연 돋보인다.

지파운데이션의 2022년 지출내역

(단위: 원)

구분		세부 내용	지출액
국내 사업	저소득 아동청소년지원	위생용품지원, 가전제품지원, 교육비지원, 피복비지원, 주거비(주거환경개선)지원, 양육시설아동지원, 학대피해아동지원, 아동결연 등	6,045,956,298
	저소득 미혼한부모지원	위생용품지원, 생계비지원, 교육비지원, 생필품(육아용품) 및 식료품 지원, 가전제품 지원 등	3,088,668,233
	위기노인지원	생계비지원, 냉난방(비)용품지원, 주거비(주거환경개선)지원, 노인결연 등	1,211,297,650
	위기가정 및 기타취약계층지원	코로나19긴급지원, 긴급생계비지원, 주거비(주거환경개선)지원, 냉난방(비)용품지원, 의료비 지원 등	4,726,050,717
	옹호사업	나눔문화 확산 캠페인, 인식개선 캠페인 등	927,923,955

지원재순환사업	자원재활용, 환경보호, 취약계층일자리창출을 위한 자원재순환사업 등	6,971,935,228
소계		22,971,832,081

출처: 지파운데이션 연차보고서

작게 나눈 모금함: 네이버 해피빈

프로젝트별로 기부자들이 원하는 사업에 기부할 수 있도록 만든 플랫폼도 있다. 네이버 해피빈이다. 네이버의 사용자 기반으로 기부자를 모으고, 이들을 기부단체가 올린 프로젝트 모금함과 연결해준다. 네이버의 대표적인 사회공헌 사업으로, 네이버는 해피빈에서 통용되는 화폐인 '콩'을 통해 회원들에게 해피빈 사용을 장려한다. 2005년부터 우리 사회에 '프로젝트' 기부를 본격적으로 소개함으로써, 기부문화 발전에 한 획을 그은 플랫폼이다. 22년 기준 265.0억 원을 모금했으며, 이중 댓글이나 이벤트 참여, 혹은 콩 기부가 아닌, 기부자가 직접 현금으로 기부한 금액은 138.5억 원이다.

해피빈 페이지에는 여러 기부단체의 모금함들이 모여있다. 현재 모금중인 내용만 봐도 아동청소년, 어르신, 장애인부터 동물과 환경까지 총 10개의 주제를 아우르는 755개 모금함이 있다.[18] 이 책

---

18   2024.2.17 기준.

에서 다른 기부단체들도 기부금의 일부를 해피빈을 통해 모금한다. 예를 들어 초록우산 어린이재단은 2005년부터 지금까지 100.3억 원을 모금했다. 1년 평균 5억 원 수준으로 어린이재단의 연간 모금액 1759.5억 원에 비하면 미미한 수준이지만, 해피빈의 모금 규모(138.5억)를 생각한다면 여기서도 대형 단체들은 나름 큰 비중을 차지하고 있음을 알 수 있다.

재미있게도 해피빈에선 기부단체의 특정 사업을 선택해서 기부할 수 있다. 국내 사업 모금함만 허락된 기부단체의 페이지에선 오히려 불가능한 기능이다. 단체에 직접 기부할 때는 특정 사업이나 캠페인을 지정해서 기부할 수도 없고, 내 기부금이 투입된 사업의 후기를 따로 받아보는 것도 불가능하지만, 해피빈에선 가능하다. 게다가 기부금의 사용계획을 미리 공개하기 때문에, 원하지 않는데도 관리운영비나 모금비로 기부금이 쓰이는 것을 걱정할 필요가 없다. 또한 결제수수료까지 지원해 준다. 수수료를 네이버 해피빈재단과 KG모빌리언스가 따로 지원하기 때문이다.

기부자에게 이 정도로 사업결정권을 줄 수 있는 플랫폼은 이곳과 '카카오 같이가치'가 유일하다. 프로젝트형 모금함을 도입한 기부 플랫폼은 많지만 대중적으로 성공한 곳도 이 두 곳뿐이다. 사실 기부금을 모두 프로젝트에만 쓰기 위해서는, 누군가가 플랫폼 운영비를 계속 지불해야 하는데, 네이버나 카카오 급의 후원자가 없으면 어려운 일이기도 하다. 해피빈의 경우 기부 인프라 구축(해피빈 사이트 운영비용으로 판단된다)에만 21년 16.0억 원, 22년

10.4억 원을 투입했다.[19]

물론 아쉬운 부분도 있다. 사용 내역을 모두 공유해주긴 하지만, 영수증을 검증하는 수준의 투명성은 아니다. 별다른 증빙 없이 '○○○ 제품 얼마 어치를 사줬다.'는 기부단체의 서술을 그대로 믿어야 한다. 기부자의 완벽한 신뢰를 이끌어내기에는 무리가 있다. 또, 긴 모금 기간과 후기를 받기까지 걸리는 시간도 아쉽다. 모금은 대개 3개월 정도 진행되며, 사업이 진행되고 난 후 최종 모금 소식을 기부자가 듣기까지 또 다른 시간이 필요하다. 예를 들어 사회복지법인 승가원에서 진행한 '장애아동의 자립을 돕는 나만의 공간을 선물해 주세요' 프로젝트를 보면, 22월 9월부터 12월까지 모금을 진행한 후, 5개월 후인 23년 5월에 모금후기를 등록했다. 만약 모금 초기에 기부한 기부자라면 거의 8개월이 지난 후에 모금 후기를 받게 된다는 뜻이다. 기부자가 기부 사실을 잊어버릴 때쯤 후기가 온다.

사업별 예산의 완벽한 공개: 아름다운재단

여러 기부단체들의 사업 체계를 조사하면서, 특별히 잘 만들어진 사업 체계도 찾을 수 있었다. 아름다운재단의 사업 체계다. 역시 연

---

19 "해피빈재단 2022 감사보고서," 한영회계법인, 2023.3.31, 19.

간 기부금 101.8억 원, 사업수행비로 79억 원을 쓰는 재단으로 이 책에서 다루는 기부단체보다는 훨씬 작은 규모다. 주요 사업 중 하나로 '기부문화'를 연구하는 사업도 있다.[20] 그래서인지 몰라도 사업 분류는 정말 체계적으로 해 놓았다.

먼저 홈페이지와 연차보고서의 사업 분류가 통일되어 있다(당연한 것 같은 이야기지만, 의외로 대부분 단체의 사업 분류는 같은 단체 내에서도 제각각이다. 이에 대해서는 다음 단원에서 후술할 예정이다.). 홈페이지에는 건강, 교육, 노동, 주거 등 총 8개의 사업 영역이 나온다. 그리고 각 영역을 클릭하면, 영역별 세부 사업 리스트를 볼 수 있다. 예를 들어 건강 영역은 '암 환우 네트워크 지원사업', '여성장애인 맞춤형 보조기기 지원사업', '이른둥이 재활치료 지원사업' 등으로 구성되어 있다. 이 분류 체계는 연차보고서에서도 모두 통일된 형식과 이름으로 나온다. 내부적으로 사업의 분류를 매우 중요하게 다루고 있다는 증거다.

이 사업 분류는 결제 페이지에도 이어진다. 기부자들은 이 8개의 영역 중 한 곳을 선택하여 기부할 수 있다. 정기기부 페이지에는 제일 먼저 '8개 영역기금 자세히 보기' 배너가 나온다. 그리고 배너를 클릭하면 각 영역에 대한 설명을 볼 수 있고, 그다음 해당 영역의 모금함으로 들어갈 수 있다. 모금액의 규모보다, 사업을 충분히 이해한 후 기부하라는 배려가 느껴진다.

---

20   이 책 역시 이 단체의 기부문화연구소에서 발간하는 연도별 기빙코리아 자료를 많이 참고했다.

더 탁월한 점은 8개의 영역을 넘어, 각 세부 사업별 사업비까지 모두 정리해 놓았다는 점이다. 대부분의 기부단체들이 세부 사업비는 공개하지 않는 데 비해, 아름다운재단은 연차보고서를 통해 각 세부 사업의 사업비까지 모두 공개하고 있다. 심지어 빠진 사업도 없어서 세부 사업의 합도 영역별 사업비의 합과 정확히 일치한다. 이 정도로 정리해 놓으면 기부자가 10,000원을 건강 영역에 기부했을 때, (일부 운영비는 빠지겠지만) 자신의 기부금이 각각 '이른둥이 재활 치료 지원사업'과 '여성장애인 보조기기 전문사업'에 얼마나 사용되었는지를 충분히 유추할 수 있다.

아름다운재단의 사업분류

(단위: 원)

8개 영역사업	사업비
건강	619,527,041
교육	1,238,579,805
노동	666,624,910
문화	1,146,562,644
안전	814,703,894
주거	463,742,979
환경	127,949,067
사회참여	2,825,814,301
합계	7,903,504,641

건강 영역의 세부사업 내용

(단위: 원)

세부 사업	세부 내용	사업비
이른둥이 재활치료 지원사업	이른둥이(미숙아)를 돌보는 가정을 위해 재활치료비와 형제자매 돌봄비, 심리치료비 등을 지원했습니다.	196,458,102
여성장애인 맞춤형 보조기기 지원사업	여성장애인 개개인의 특성과 상황에 맞춘 보조기기를 지원하여 사회생활을 돕고 편안한 일상을 이어갈 수 있도록 뒷받침했습니다.	181,358,160
재가노인 방문의료 지원사업	거동이 불편한 어르신들 대상으로 의사, 간호사, 코디네이터가 한 팀을 이루어 직접 찾아뵙고 일상과 건강을 살피는 방문의료서비스를 지원했습니다.	121,486,740
암환우 네트워크 지원사업	암경험자에 대한 사회적 인식을 개선하고 정서적 지지 체계를 마련해 이들의 사회 복귀와 안정적인 생활을 돕습니다.	10,860,000
장애아동 친환경 DIY 보조기기 지원사업	2021년 '장애아동 친환경 DIY보조기기 지원사업' 집행 결과 보고를 위한 수행비입니다.	237,500
재가 치매노인 보조기기 지원사업	2021년 '재가 치매노인 보조기기 지원사업' 집행 결과 보고를 위한 수행비입니다.	60,000
건강영역 현물	건강영역의 고유목적사업 수행을 위한 현물 배분 *화장품 40세트, 방역 마스크 84,000장	38,426,960
건강영역 사업 수행	건강영역의 고유목적사업 수행을 위한 진행비	70,639,579
총계		619,527,041

출처: 아름다운재단 2022 연차보고서

한 가지 아쉬운 점을 꼽는다면 〈기부금품의 모집 및 지출 명세서〉다. 홈페이지와 연차보고서에는 완벽에 가깝게 내용이 정리되어 있는 반면, 이 명세서의 내용은 다른 기부단체에 비해서도 부실하다. 사업 분류체계가 잘 자리 잡혀 있는 만큼, 각 세부 지출 역시 사업별로 나눠져 있었으면 더욱 좋았겠지만, 그렇지 않다. 242개의 지출 내역이 모두 장학, 사회복지, 그리고 기타로만 나뉜다. 심지어 그중 90.1%인 218건은 모두 '기타'로 표기한다. 분류 자체를 하지 않은 수준이다. 사업 분류 체계와 연차보고서의 내용을 거의 완벽하게 구현했기 때문에 더욱 아쉬움이 남는다. 〈기부금품의 모집 및 지출 명세서〉까지 모두 같은 사업 분류를 접목했다면, 사업별로 기부금의 쓰임을 기부자들이 더욱 명확하게 파악할 수 있었을 것이다.

    하지만 이런 아쉬움을 감안하더라도, 이 단체의 사업 분류 및 이를 공개한 방식은 매우 체계적이며, 완벽에 가깝다.

5장

지금, 바뀌어야 하는 것들

정보공개 시대를 대비한 기부자 재신임

우리는 지금까지 기부에 대한 의심이 확산되는 과정과, 그 의심에 대처하지 못하고 있는 기부단체들, 그리고 새로운 변화를 압박하는 환경에 대해 살펴보았다. 기부자, 기부단체, 그리고 정부까지 모두 투명한 기부를 외치고 있지만, 기부 환경은 바뀌지 않은 채 오랜 세월을 보냈다.

기부 시장은 짧은 미래에 어떤 형태로든 변화할 것이다. 정부와 사회의 이목을 집중시킬 기부금 유용 사건은 언제 또 터질지 모른다. 투명성을 앞세운 모금도 중소형 단체들을 중심으로 조금씩 나오고 있다. 정보공개에 특화된 기부 플랫폼들은 앞으로도 더 많이 나올 것이다. 지금도 사회혁신 공모전에서는 기부불신 문제를 해결하고자 하는 많은 혁신가를 만날 수 있다.

기부단체는 이런 변화에 어떻게 대응해야 할까? 정보공개가 답인 것은 누구나 알고 있다. 하지만 정보공개는 보기보다 어렵고 복잡하다. 이미 공개된 정보를 기부자들이 찾아보는 것도 무섭지만, 정보공개의 딜레마와 건들고 싶지 않은 기존의 충성 고객 등 여러 문제가 얽혀있다. 기부단체들, 그중에서도 특히 기부의 성장을 그동안 견인해온 대형 기부단체들은 어떤 준비를 해야 할까?

정보공개 시대의 도래는, 기부자들이 정보를 보다 능동적으로 확인하는 시대가 온다는 것을 의미한다. 지금 기부자들은 정보를 하나하나 찾는 수고보단, 기부단체의 말을 그냥 믿거나, 아니면 기부를 불신하는 사람의 말을 믿는다. 시장에는 기부금의 10%만 아이들에게 전달된다는 사람과, 85%가 전달된다는 사람이 공존한다. 기부단체도 기부자도 적극적으로 정보를 알리거나 찾지 않으며 불편한 동거를 계속한다. 이 상황에서 정보공개의 바람이 분다면, 85%가 전달되는 줄 알았던 기부자들은 기부금이 유용되었다는 배신감을, 10%만 전달된다던 사람들은 '여태껏 거짓말이었네, 저것도 믿을 수 없다.'고 반응 할 것이다. 기부단체에게는 최악의 시나리오다. 기부단체들은 기부자들이 아직 정보 탐색에 소극적인 것을 다행으로 여겨야 한다.

기부불신은 그동안 기부 시장 성장의 견인차 역할을 해온 사연형 캠페인과 전달 사업 중심의 홍보가 만든 그림자다. 기부단체들은 정보공개의 시대가 본격화되기 전에 이 상황을 바로 잡아야 한다. 기부자들에게 충분히 알리지 않고 있던 것들을 먼저 이실직고하고 기부자들로부터 재신임을 받아야 한다. 관행적으로 기부자

허락 없이 기부금을 사용하던 부분에 대해 다시 기부자에게 설명하고 허락을 받아야 한다.

꼭 필요한 사업결정권과 높은 운영비

기부자에게 재신임을 받아둬야 하는 것은 두 가지, 사업결정권과 높은 운영비다. 기부자는 자신의 기부금이 자신의 의도대로만 쓰이기를 원하고, 운영비 역시 최소 수준을 유지하기를 바란다. 하지만 현실은 그렇지 않다. 사업결정권은 기부단체가 가지고 있고, 운영비는 생각보다 훨씬 높다.

먼저 사업결정권을 보자. 기부금은 기부자가 생각한 모금함이 아닌 국내 사업 모금함으로 들어간다. 그 안의 기부금은 기부단체의 판단에 따라 사용처가 결정된다. 그 어떤 국내 사업에도 사용가능하다. 기부자가 모르는 사이 기부단체가 사업결정권을 갖는다.

운영비 역시 마찬가지다. 기부자들은 보통 85%를 전달하고 15%만 운영비에 쓴다고 생각하지만, 실제 기부단체의 기부자 운영비는 27.6%(월드비전)부터 42.2%(세이브더칠드런)까지 기부자의 짐작보다 훨씬 높다. 드러난 것만 이 정도고 해외 사업이나, 현물기부, 지정후원 등을 반영하면 이 숫자는 더 올라간다.

그렇다고 마냥 기부자의 의도대로만 기부하고, 운영비를 최소화할 수도 없다. 기부단체의 목적은 기부자 만족이 아니다. 자신들의 미션대로 사회를 더 따뜻한 곳으로 만드는 것이다. 기부금을 기부자들이 원하는 대로 사용하는 것과, 진짜 사회를 위해 사용하는 것은 사회적 가치 측면에서 큰 차이가 존재한다. 기부자의 뜻에 따른다고 언제나 좋은 결과로 이어지는 것은 아니다. 오히려 비전문가들의 지나친 개입은 좋지 않은 결과로 이어질 확률이 높다. 사연 중심의 캠페인에 익숙한 기부자들이라면 더욱 그렇다.

스포츠 구단의 운영을 생각하면 이해하기 쉽다. 팬들의 의견을 반영하는 것과 팀의 성적을 올리는 것은 별개의 이야기다. 팬들의 의견을 100% 반영하여 스포츠팀을 운영한다고 생각해 보자. 선수 영입과 선발 라인업을 전문가가 아닌 팬들의 인기순으로 설정한다면, 당연히 좋은 결과로 이어지기는 어렵다. 팬들의 관심이 아무리 높더라도, 매일매일 선수들의 컨디션을 체크하고, 팀 전술과 선수들의 활용을 하루 종일 고민하는 감독과 코치보다 선수들을 더 잘 알 수 없다. 아무리 팬들이 경기에 투입하라고 하는 선수나 혹은 빼라고 하는 선수가 있다고 해도, 이런 목소리에 팀의 운영을 맡겼다가는 아무것도 이룰 수 없다.

기부단체의 전문성

누군가를 돕는다는 것은 (기부자의 생각보다) 매우 어렵고 복잡한 일이다. 그냥 가난한 아이들에게 물건을 좀 나눠준다고 아이들은 스스로 성장하지 않는다. 장학금을 받고 더 열심히 공부할 수도 있겠지만, 가난해서 남에게 도움을 받는다는 사실에 마음의 상처를 입을 수도 있다, 한 명 한 명이 다른 환경에 놓여 있고, 나름대로 각자의 아픔을 가지고 살기 때문에 도움에도 세심한 배려가 필요하다.

도움이 오히려 독이 되는 경우도 많다. 다행히 요즘은 많이 줄었지만, 십 년 전쯤 유행하던 아프리카에 헌 옷 보내기 캠페인을 생각해 보자. 아프리카의 어린이들을 위해, 헌 옷을 열심히 모아서 보냈지만, 정작 이 옷을 받은 현장에선 나눠줄 수도 버릴 수도 없어서 곤란한 경우가 많았다. 이렇게 보내진 옷은 대량 폐기로 인한 환경 오염 등 여러 문제를 일으키기도 한다.[1] 지나친 도움이 사회의 자생력을 약하게 만들기도 한다. 한때 한 켤레를 팔면, 한 켤레를 빈곤국에 기부하는 1+1 모델로 선풍적인 인기를 끌었던 탐스슈즈(TOMS shoes)[2] 역시, 해당 개발도상국의 신발 시장 붕괴를 야기한다는 비판에 직면하기도 했다. 도움을 영원히 줄 것이 아니라면, 도움을 안 받고 살 수 있게 만드는데 초점을 맞춰야 한다. 선의가 언제나 긍정적인 결과만 가져다 주지 않는다.

특히 우리나라같이 복지 체계가 일정 수준 이상 갖춰져 있다면, 더욱 어렵다. 누군가를 돕기 위해서는 정부의 복지 정책, 기존의 지원 인프라, 다른 단체들의 지원 현황 등을 가지고 판단해야 하는데, 많은 정보를 찾고 분석해야 한다. 기부자들이 이런 부분까지 알

---

1 김동현, "선의로 기부한 옷들, 아프리카 '쓰레기 산' 되고 있다." 조선일보, 2022.1.30, https://www.chosun.com/international/international_general/2022/01/30/ZNDA4QFCAJDMNO6UG47IP7JJBI/.
2 지금이야 잊혀진 브랜드가 되었지만, 신발 한 켤레를 팔 때마다 한 켤레를 개발도상국 아이들에게 기부하는 탐스슈즈의 모델은 2010년 초반 엄청난 성공을 거두었다. 사람들은 자신이 탐스슈즈를 살 때마다 누군가에게 신발을 선물하는 감정을 느꼈고, 이는 구매로 이어졌다. 탐스슈즈를 신는다는 것이 '개발도상국 어린이를 생각하는 사람'으로 인식되는 마케팅 효과도 있었다.

기는 어렵다. 예를 들어 정부는 이미 다음과 같은 지원을 이미 해오고 있다.

- ☐ 기초생활 지원 대상이 되면 생계급여(23년 2인 가구 기준 월 103만 원)나 주거비 지원을 받는다.
- ☐ 서울의 보육원에는 아이 1명당 매월 200만 원 이상의 지원금이 지원된다.[3]
- ☐ 지역아동센터에도 기본적인 인건비와, 식비 등 시설 운영에 필요한 비용을 지원한다.
- ☐ 정부나 지자체에선 저소득 여성 청소년들을 대상으로 월 12,000원의 생리대 바우처를 지급한다.[4]
- ☐ 결식아동지원(도시락 지원) 사업의 경우, 지자체에서 1식당 7~9,000원을 지원한다.[5]

대부분의 기부자들은 대부분 잘 모르거나, 어렴풋이 알고 있는 내용들이다. 기부자들은 현장의 상황을 파악하는 것은 고사하고, 인터넷에서 표면적인 내용을 검색하기도 어렵다. 오랜 기간 이 일

---

[3] 장나래, 윤연정, "한부모 양육지원 월 20만원뿐…보육원은 200만원," *한겨레*, 23. 7. 7, https://www.hani.co.kr/arti/society/society_general/1099131.html.

[4] 진윤지, "성인 여성이 시각으로 본 생리대 지원사업," *대한민국 정책 브리핑*, 2019.1.31, https://www.korea.kr/news/reporterView.do?newsId=148858009.

[5] 김정석, "편의점 도시락도 8천원 넘는데…한끼 7천원 지원받는 결식아동," *매일경제*, 2022.10.18, https://www.mk.co.kr/news/society/10493564.

을 해온 기부단체의 전문성이 필요하다. 기부단체가 사업결정권을 가지고, 운영비를 충분히 쓸 수 있어야 사회적 가치를 극대화 할 수 있다. 어려운 이웃을 찾는 것은 매우 어려운 일이고, 정책 혹은 당사자를 둘러싼 환경의 변화로 인해 필요한 지원이 그때그때 바뀔 수 있기 때문이다. 사회만 생각하면 기부자의 의견보단 기부단체가 전문성을 가지고 스스로 판단하여 기부금을 사용하는 것이 낫다. 물론 사연형 캠페인에 슬쩍 국내 사업 모금함을 넣는 것은 바꿔야겠지만, 전문가로서 어떤 사업이 필요할지를 판단하고, 높은 운영비가 들더라도 필요한 사업을 진행하는 것이 잘못된 일은 아니다. 기부금을 아껴 썼다는 전제만 확실하다면, 기부단체는 해야 할 일을 한 셈이다.

험난한 재신임의 길

문제는 기부자들의 납득 여부다. 기부단체의 잘못은 운영비와 사업결정권의 필요성에 대해 기부자들을 설득하지 않은 채, 이를 실행에 옮긴 데 있다. 아무리 좋은 취지의 행동이라도, 당사자의 동의를 구하지 못한 행동이라면 긍정적인 평가를 받기 어려운 법이다.

기부단체의 모든 수입은 기부자들로부터 나온다. 기부는 개인의 자유로운 선택이다. 기부금은 기부자의 의도대로 쓰여야 한다. 만약 단체들이 높은 운영비와 사업결정권을 가지고 싶었다면, 모금 과정에서 기부자들에게 충분히 설명하고 설득했어야 했다. 왜 이런 방식의 기부금 사용이 최선인지를 설명하고 여기에 납득한 기부자들의 기부금만 받았어야 했다.

하지만 기부단체들은 이런 과정을 건너뛰었다. 기부자들에게 자신들의 기부금 사용 방식에 대해 설명하고, 이에 동의하는 기부자들을 모으기보단, 기부 과정을 불투명하게 유지한 채, 무차별적으로 모금을 해왔다. 자신들을 믿든 안 믿든, 운영비에 대해 알든 모르든 아이들의 사연을 앞세워 기부금을 받아왔다.

기부단체와 기부자 사이엔 아이들의 사연만 있을 뿐, 이들을 어떻게 돕겠다는 약속은 없었다. 기부자들이 운영비나 사업에 대해 어떤 생각으로 기부하는지, 기부단체는 궁금해하지 않았다. 기부금의 85%가 아이들에게 전달된다고 믿는 기부자들의 기부금도, 혹은 자신의 기부금이 사연 속 아이들에게만 전달된다고 믿은 기부자들의 기부금도 받았다. 기부자들이 나중에 다 이해해줄 것으로 생각했는지, 혹은 계속 관심을 가지지 않을 것으로 생각했는지, 기부금을 내면 그 기부금이 어떻게 쓰이는지에 대한 정보는 지금도 거의 알려주지 않는다. 오히려 기부자들이 잘못 알고 있는 내용도 기부단체에 유리한 내용이라면 그다지 정정하려는 모습을 보이지 않았다.

정보를 배제하고 감정에 호소한 모금은 성공했다. 그동안의 성장이 이를 방증한다. 하지만 이 성공은 미래의 성공을 미리 당겨 쓴 결과일 뿐이다. 100%가 아이들에게 전달되기를 바라는 기부자들과, 인건비로 다 써도 좋으니 아동학대 인식개선을 위한 캠페인을 해달라는 기부자들을 함께 만족시키려고 하니 당연히 잡음이 생길 수밖에 없다. 조금 느리게 성장하고 돌아가더라도, 기부자들을 먼저 설득했어야 했다. 기부의 투명성과 정보공개가 중요해진 지금, 과거의 영광은 모두 잠재 리스크가 되었다.

결국 필요한 것은 사업결정권과 높은 운영비에 대한 재신임이다. 하지만 이제 와서 재신임을 묻는 것은 매우 어려운 일이다. 사업결정권과 높은 운영비를 이실직고하는 순간 몇 명의 기부자들이 실망하고 기부를 중단할 지는 아무도 알 수 없다. 기부자의 이탈로 그동안 쌓아온 성과가 대폭 줄어드는 것도 두렵다.

하지만 재신임을 마냥 미룰 수도 없다. 재신임이 늦어지면 늦어질 수록 리스크는 더 커진다. 진실을 알았을 때의 배신감은 그동안 속아온 시간에 비례하는 법이다. 일을 더 크게 만들지 않으려면, 리스크를 어느 정도 감수하더라도, 리스크를 최소화할 수 있는 준비를 미리 해둬야 한다.

이탈 방지를 위한 대안, 모금함의 세분화

무분별하게 모아온 기부자들에게 진실을 말하고 재신임을 받고 싶지만, 이 과정에서 실망한 이들의 이탈만은 막고 싶은 상황. 이 상황을 어떻게 타개할 수 있을까? 유일한 대안은 기부자들에게 재신임을 묻되, 단체를 신임하지 않을 기부자들도 만족할 만한 선택지를 만들어 두는 것이다.

넷플릭스의 광고형 요금제 출시

기부단체는 그동안 이런 문제를 고민해본 적이 없었겠지만, 영리 시장에선 종종 고민하는 문제다. 기부자의 이탈방지 측면에서, 전 세계 1위 OTT[6]인 넷플릭스의 요금제 전략은 참고할 만하다. 넷플릭스는 매출 확대를 위한 요금제 인상을 단행하면서도, 새로운 요금제에 동의하지 못하는 고객들의 이탈을 막기 위해 광고를 봐야 하지만 더 저렴한 요금제를 함께 출시했다.

넷플릭스의 가장 기본적인 요금은 베이식 요금제였다 (9,500원). 처음 OTT 서비스가 대중화되던 시점에는 꽤 높은 가격이긴 했으나 넷플릭스가 워낙 독보적인 콘텐츠로 인기를 누리고 있었기에 이 가격은 크게 진입장벽으로 작용하지 않았다. 느슨했던 가족 계정 공유 정책을 통해 멀리 사는 친구들과 계정을 공유할 수 있었던 것도 한 몫 했다. 2012년 3,300만 명 이었던 가입자 수는 계속 증가하여 2022년 2억 3,000만 명에 이르렀다.

넷플릭스의 과거 요금제를 살펴보자. 가장 저렴한 베이식 요금제는 혼자만 사용할 수 있다. 가장 인기가 높은 것은 프리미엄 요금제(17,000원)다. 비싸지만 UHD 화질[7]을 제공하고, 가족 공유 정책을 통해 최대 4명까지 계정을 공유할 수 있었다. 다만 넷플릭스에서 '가족 공유'에 대한 검증을 따로 하지 않았기 때문에, 지인 4명

---

6 Over The Top media service / 인터넷을 통한 각종 미디어 콘텐츠 제공업체.
7 Ultra High Definition 초고선명도 화질.

이 1/4인 4,650원씩 내고 이용하는 것도 가능했다. 시청자 입장에서 가장 기본적인 요금제는 월 4,650원을 내고 UHD 화질을 즐기는 요금제였던 셈이다.

이렇게 요금제와 그 실질적인 사용이 얽혀있다 보니 넷플릭스 고객들 안에는 월 17,000원을 내고 보겠다는 사람도, 월 4,650원 이상은 어렵다는 사람도, 혹은 좋지 않은 화질로 9,500원을 내는 사람도 섞여 있었다. 구독자는 많아졌지만, 그 안에 여러 가격 수용도를 가지고 있는 고객들이 섞여 있던 셈이다.

넷플릭스가 성장할 때는 괜찮았다. 하지만 디즈니 등 타 OTT들의 출시 등으로 고객들의 선택권이 넓어지면서 넷플릭스의 사업 환경도 변하기 시작했다. 경쟁이 점점 치열해짐에 따라 서비스 경쟁력의 핵심이라고 할 수 있는 오리지널 시리즈 제작 비용이 급증했다. 넷플릭스가 전 세계로 퍼질 만큼 퍼지면서, 신규가입자의 증가율도 정체기에 접어들게 되었다. 사업을 계속 성장시키기 위해서는 요금제의 인상이 불가피해 보였다. 하지만 치열해진 경쟁 속에 함부로 가격을 올릴 수도, 그렇다고 콘텐츠의 경쟁력과 직결되는 제작 비용을 낮출 수도 없는 노릇이었다.

이때 넷플릭스의 선택은 '상품 세분화를 통한 이탈 방지'였다. 먼저 넷플릭스는 가격을 인상했다. 기존에 가장 저렴했던 베이식 요금제(9,500원)를 없애고 가장 저렴한 요금제를 13,500원의 스탠다드 요금제로 변경한다. 기존 베이식 요금제를 사용하던 구독자는 계속 요금제는 사용할 수 있도록 했지만, 신규 가입자들은 13,500

원의 스탠다드 요금제나 17,000원의 프리미엄 요금제를 사용해야 한다.[8] 이와 함께 그동안 암암리에 이루어지던 계정 공유도 금지시켰다.[9] 이제 넷플릭스 몰래 월 4,650원에 UHD 영상을 즐기던 사람들은 다른 요금제를 선택해야 한다. 가장 저렴한 것이 9,500원인 데다가 그마저도 신규 가입이 중단되었으므로, 이 사람들은 꼼짝없이 13,500원의 요금제에 가입해야 한다.

이렇게 되면, 고객들은 구독을 해지하기 마련이다. 어쩔 수 없는 상황이긴 하지만, 시청자 수가 줄어드는 것을 환영할 콘텐츠 업체는 없다. 어떻게든 이들의 이탈을 막을 방법을 고안해야 했다. 넷플릭스는 기존 요금을 거의 그대로 유지하면서 넷플릭스를 즐길 수 있는 광고형 스탠다드 요금제를 출시했다. 시간당 4~5분의 광고를 시청해야 하지만, 기존 베이식 요금제보다 40% 저렴한 월 5,500원 요금제다. 광고 매출을 통해 요금제의 차액을 메우는 모델이다. 요금을 올리는 대신, 높아진 요금에 탈퇴하는 고객을 최소화하기 위해, 상품을 세분화하여 조금은 불편하지만 저렴하게 사용할 수 있는 보급형 요금제를 출시한 것이다.

만약 모두가 9,500원이 아닌 13,500원 이상의 요금제를 써야 했다면, 구독자들의 불만은 지금보다 훨씬 높아졌을 것이다. 친구 가족의 이름을 빌려 4,650원 요금제로 넷플릭스를 즐기다가 계정

---

[8] 국내에서는 23년 12월부터 신규가입이 중단되었다.
[9] 국내에서는 23년 11월부터 계정공유금지 정책이 시작되었다.

공유가 막힌 구독자의 불만은 말할 것도 없다. 가격 인상이나 새로운 계정 공유 금지 정책에 대해 기존의 구독자들을 설득하는 것이 아니라, 상품의 세분화를 통해 설득이 안 될 사람들도 고객으로 남아있을 수 있는 5,500원짜리 피신처를 만들어준 것이 핵심이다.

기부단체가 참고할 만한 기부자 이탈 방지 방안

지금 기부단체의 상황은 가격인상을 앞둔 넷플릭스의 상황과 크게 다르지 않다. 넷플릭스의 유명무실한 가족 공유 계정 때문에 같은 제품을 다른 가격으로 이용하던 고객들이 섞여 있었듯이, 기부단체의 역시 무분별한 모금을 해오면서 단체를 신뢰하는 사람도 신뢰하지 않는 사람도 모두 모아왔다.

치솟는 제작비에 대응하기 위해 가족 공유 정책을 정상화하고 요금을 인상한 넷플릭스처럼, 기부단체들도 이제 정보를 공개해야 하는 상황을 앞두고 있다. 요금 인상 정책에 그동안 4,650원으로 넷플릭스를 이용하던 구독자들이 반발한 것처럼, 기부단체가 정보를 공개하면 어떤 기부자들(아마도 반 이상의)은 자신의 기대치에 못 미치는 높은 운영비 비율과 기부단체가 가지고 있던 사업결정권에 반발할 것이다.

지금 기부단체들이 제공하는 기부과정은 소수의 기부자만 만족시킨다. 단체를 신뢰해서 운영비를 이해하고 기부금의 사용을 위임할 준비가 된 기부자들이다. 이들은 큰 문제가 없다. 정보를 공개해도 계속 기부를 이어갈 것이다. 하지만, 정보를 공개할 수록 불만을 가질 기부자들에 대해서는 대책이 필요하다. 정말 사연 속의 아이들이 불쌍해서, '내 돈을 그대로 전달해 주겠지.'라고 믿는 기부자들, 혹은 '많아 봐야 15% 정도만 단체가 운영비로 쓰고 나머지는 아이들에게 갈 것이다.'라고 생각하는 기부자들이다. 아이들을 위해서 모금했으면 그 아이들을 위해서만 쓰는 거라고 생각하는 기부자들도 마찬가지다. 아무런 대안없이 정보를 공개한다면, 바로 기부단체를 떠날 기부자들이다.

이들의 이탈을 막기 위해서는 넷플릭스가 광고형 요금제를 만든 것처럼, 기부단체들도 상품을 세분화해서 불만을 가질 이들을 위한 피신처를 만들어야 한다. 일단 기부자들의 이탈을 막고, 기부단체의 소속으로 남아있게 해야 나중에라도 재신임을 설득할 수 있다. 지금처럼 '국내 사업 모금함' 같이 큰 모금함 몇개로 모금하는 방식으로는 할 수 없는 일이다. 기부단체의 사업결정권과 높은 운영비를 당장 인정하지 못하는 기부자들이 이탈하지 않도록, 충분히 신뢰하지 않아도 만족하면서 기부할 수 있는 모금함을 만들어 둬야 한다.

이를 만들기 위한 첫 단추가 바로, 모금함 세분화다.

사업결정권: 사업별 모금함

먼저 사업결정권을 인정하지 않는 기부자들을 위한 모금함을 생각해 보자. 이건 간단하다. 사업별로 모금함을 만들어주면 된다. 하나의 국내 사업 모금함을 여러개의 사업별 모금함으로 쪼개면 사업결정권을 다시 기부자들에게 돌려줄 수 있다. 쉽게 말하면, 지금 단체들이 홍보하는 사연 기반의 캠페인 하나하나에 그 사업만을 위한 모금함을 붙이는 것이다. 사업결정권을 가지고 싶은 기부자는 사업별 모금함에, 기부단체의 전문성을 인정하는 기부자는 지금과 같이 기부단체의 뜻에 따라 여러 사업에 사용할 수 있는 모금함에 기부하면 된다. 이렇게 분리된 모금함을 기부자에게 제시함으로써, 사업결정권을 기꺼이 위임해 주는 기부자들과 위임을 거부하는 기부자들을 이탈 없이 분리하는 것이 핵심이다.

　사업별 모금함이 잘 돌아가려면, 두 가지 조건이 전제되어야 한다. 먼저 잘 정비된 사업 분류 체계가 필요하다. 지금 단체들이 가지고 있는 뒤죽박죽인 사업 분류 체계로는 사업별 모금함의 생성과 관리가 불가능하다. 또 한 가지는 사업에 대한 정보공개다. 사업별 모금함이 작동하려면, 기부자들이 사업 모델과 그 차별성을 쉽게 이해할 수 있도록 정리해야 한다. 지금처럼 한두 줄짜리 부실한 설명으로 사업함을 만든다면, 오히려 기부단체의 전문성을 의심받을지도 모른다.

사업별 모금함

사업별 모금함이란, '결식아동 도시락 지원사업', '생리대 지원사업'과 같이 대상과 지원 방식이 명확한 세부 사업마다 독립적인 모금함을 만들고, 기부자들이 원하는 모금함에 기부할 수 있도록 만들어주는 방식이다. 하나의 사연을 소개하고, 모금된 돈은 모두 해당 사연에만 사용한다.

    사업별 모금함을 통해, 기부자는 원하는 사업에 기부하고, 기부금이 그 사업에만 쓰였음을 확인할 수 있게 된다. 기부금이 투입될 사업을 결정하는 사업결정권이 기부자에게로 완전히 넘어가게 되는 것이다. 적어도 기부자는 기부금이 생각지도 못한 엉뚱한 사업에 쓰일지 모른다는 불안감에서 자유로워질 수 있다.

모금함 구분의 기준

그럼 사업을 어떻게 나눠야 할까? 독립된 모금함을 만들 사업을 구분하는 것은 보기와 달리 쉽지만은 않은 문제다. 지금 단체들은 국내 사업도, 사업 내 세부 사업들도 크기와 상관없이 똑같이 '사업'이란 명칭을 사용하기 때문이다.

기부자의 선택권을 최대한 보장한다는 세분화의 취지상 사업을 작게 나눌수록 좋다. 구체적이고 세분화된 모금함을 만든다면, 기부금 사용 과정과 결과를 디테일하게 기부자들에게 공유해줄 수 있다. 현실적인 난관은 있다. 예를 들어 '위기가정 아동 ○○이의 의료비 30만 원'을 위한 모금함을 따로 만든다고 가정해 보자. 30만 원만 모금하고, 30만 원짜리 영수증을 보여줄 수 있다. 기부자들 역시, 모금 총액 중 자신이 차지하는 비중이 높아지고, 사연의 주인공에게만 집중할 수 있게 되면서, 대형 모금함에 기부할 때보다 뿌듯함을 느낄 수 있다.

다만 세분화되고 구체적인 모금함을 만들면 관리 비용이 기하급수적으로 올라간다. 몇 개가 될지 모르는 모금함을 일일이 홍보하고, 사연마다 모든 후기를 관리해야 한다. 물건도 소품종 대량생산을 해야 제조원가를 줄일 수 있듯이 모금함 운영도 마찬가지다. 월드비전의 연간 사업비 약 3,000억 원 중 절반 수준인 1,500억 원만 이렇게 바꿔도, 모금함 개수만 50만 개다. 현실적으로 관리가 불가능한 수치다. 그렇다고 한 모금함이 커버할 수 있는 사업의 범위를 너무 늘리면, 사업결정권을 기부자에게 주려는 취지에 맞지 않아 보인다. 적정한 기준을 찾아야 한다.

가장 좋은 방법은 그동안 기부자들에게 소통해 왔던 사업들을 기준으로 모금함을 만드는 것이다. 연차보고서 사업 성과에 나오는 사업 정도라면 나쁘지 않다. 그동안 소통되어 오던 사업 단위였기에, 이질감도 덜할 것이다.

초록우산 어린이재단은 연차보고서에 18페이지부터 7페이지에 걸쳐 주요 사업을 소개한다. 여기에는 아동권리실현 기반부터 특별보호 조치까지, 8개 주요 영역을 소개하고, 그 안에 18개의 세부 사업에 대한 설명과 성과를 포함한다. 좀 더 자세히 보면, 주요 영역 중 하나인 〈교육과 여가문화〉 영역에는 문화예술지원, 여가놀이지원, 인재양성, 인성함양 지원, 교육 지원(학습비 지원)의 5개 세부 사업이 포함되어 있고, 각 사업의 소개와 함께 수혜 인원을 명시해 두었다.

예를 들면 문화예술 지원사업의 경우, 이 사업을 통해 3,371명의 어린이를 지원했다는 기록과 함께, 어린이날 100주년 기념 음악회 '그린노블레스데이GREEN NOBLESS DAY'와 영등포구 주관 '무지개음악회' 공연, '초록우산 드림합창단', '초록우산 드림오케스트라' 사업에 276명의 아동이 참여했고, 공연관람, 예술동아리 활동 등을 통해 3,095명의 아동에게 문화체험 기회를 제공했다는 점을 언급한다.[10]

---

10 "2022 초록우산 사업보고서," 초록우산 어린이재단, (2024. 4): 22.

문화예술 지원사업에도, 무지개음악회나 초록우산 드림합창단, 예술동아리 활동 등 다양한 사업이 포함되어 있다. 하지만, 사업의 이름 정도만 언급되는 이런 사업들까지 하나하나 모금함을 만들 필요는 없어 보인다. 문화예술 지원사업 수준의 사업들만 모아서 모금함을 만들어도, 18개의 모금함이 생긴다. 기존의 한 개의 모금함에서 모든 것을 해결했던 것을 생각하면 충분히 기부자들의 호응을 얻을 수 있을 것이다.

각 단체에서 운영하는 사연형 캠페인도 이 정도 범위의 사업을 다룬다. 대부분의 캠페인이 한 개인의 사연을 중심으로 기부를 유도하지만, 끝까지 읽어보면 '비슷한 상황에 놓인 대상자들'을 지원한다. 세이브더칠드런이 23년 8월 진행한 '여름이 두려운 지윤이' 캠페인을 보자. 이 캠페인은 지윤이라는 학생의 사연에 맞춰 여러 사진과 문구를 보여준다. 그리고 캠페인 하단에는 지윤이네 이사에 사용되고 남은 후원금을 지윤이처럼 폭염폭우에 취약한 481 가정을 지원한다고 명시했다. 결국 이 캠페인은 '폭염 폭우에 취약한 아동'을 지원하는 사업을 다루는 캠페인이다.

폭염 폭우에 취약한 아동을 돕는 사업은, 연차보고서에도 '중부권 폭우 피해 아동 긴급 지원'으로 언급된다. (※물론 폭염 폭우에 취약한 아동과, 폭우 피해를 이미 입은 아동을 지원하는 것은 엄연히 다르지만, 이 부분은 세이브더칠드런의 사업체계가 불명확해서 생긴 문제이니 어쩔 수 없다.) 연차보고서를 보면, 2022년 기준 79가구에 2.0억 원을 지원했다는 내용도 확인할 수 있다. 이 정도 사이즈로 사업별 모금함을 만든다면, 기부자들은 자신이 원하는 사업에 기부할 수 있게 될 것이다.

묶음 모금함

모금함을 사업별로 나누는 데 그쳐서는 안 된다. 사업별 모금함의 최종목표는 사업결정권을 기부자로부터 위임받는 것이다. 사업별 모금함이 있음에도 불구하고 기부자들이 '국내 사업 모금함' 같은 큰 모금함에 기부한다면, 사업결정권이 기부단체에게 다시 위임되었다고 할 수 있다. 따라서 기부단체는 사업별 모금함보다 더 넓은 사업 범위를 다루는 모금함도 만들고, 그 비중을 계속 높여나가야 한다. 이 책에서는 이런 모금함을 '묶음 모금함'으로 부를 것이다.

묶음 모금함은 각 단체의 사업분류를 기준으로 만들면 된다. 세이브더칠드런의 연차보고서 내 '재난위기/ 저소득 가정 아동지원' 사업 성과 소개 부분을 보자. 중부권 폭우피해아동 긴급 지원사업, 아동식사 지원, 저소득 조부모 가정지원 DREAM 사업까지 3개의 사업이 소개되며, 각각 사업별 모금함을 만들 수 있다. 중부권 폭우피해아동 긴급 지원사업에만 기부하고 싶은 사람도 있겠지만, 한 단계 위인 '재난위기/ 저소득 가정 아동지원' 사업 묶음에 기부하고 싶은 사람도 있다. 특정 사업을 본인이 고르기 보단, 자기는 큰 영역만 정하고 나머지는 세이브더칠드런에게 결정을 위임하는 기부자들이다. 이런 사람들을 위해서는 '재난위기/ 저소득 가정 아동지원' 모금함을 만들면 된다. 3가지 사업 그 어떤 곳에도 사용할 수 있다. 같은 방식으로 '아동이 안전하게 성장할 수 있는 사회'를 위한 모금함이나, '모든 아동의 놀권리와 참여권 보장'을 위한 모금함을 운영할 수 있다. 그만큼 기부단체의 사업결정권은 증가한다. 그리고 마지막으로 지금과 같은 크기의 모금함인 '국내 사업 모금함'을 배치한다.

이제 기부자는 자신의 신뢰도에 따라 다음과 같이 모금함을 선택할 수 있게 된다.

- ☐ 신뢰도 낮음: 사업별 모금함(중부 폭우피해아동 지원)
- ☐ 신뢰도 중간 수준: 묶음 모금함(재난위기/ 저소득 가정 아동지원)
- ☐ 신뢰도 높음: 대형 모금함(국내 사업)

이렇게 모금함을 크기별로 구비하는 것이 아주 새로운 개념은 아니다. 국내 사업 모금함보다 더 큰 사용 범위를 가진 모금함을 운영하는 단체도 있다. 국내/해외 사업도 넘나들며 그 어떤 사업에도 쓰일 수 있는 모금함이다. 예를 들어 월드비전에 정기후원하는 기부자는, 국내 사업-해외 사업-국내 아동-해외 아동 모금함과 함께 '전체 후원' 모금함도 선택할 수 있다. 세이브더칠드런은 더 적극적으로 정기후원 신청 페이지에 '가장 필요한 곳에 3천 원을 추가 후원합니다.'라는 문구를 두고, 추가 기부금을 전체후원 모금함에 내도록 유도한다. 더 큰 모금함을 만드는 것도 언젠가는 필요하겠지만, 지금 기부단체에게 필요한 것은 사업별로, 영역별로 세분화된 모금함들이다.

사업별 모금함의 기반: 사업 분류표

사업별 모금함 만들기의 복병은 의외로 사업 분류표다. 모금함을 제대로 나누고, 기부자들을 헷갈리게 하지 않으려면, 기부자들에게 노출되는 사업 분류 체계를 먼저 통일해야 한다. 이상적인 사업 분류표라면 세부 사업들과 각 사업의 예산(혹은 전년도의 지출)은 물론, 이들을 묶는 모금함까지 모두 나와야 한다. 전체적으로는 각 개별 사업 예산의 합과, 전체 사업의 예산이 같아야 한다. 이 정도의 사업 분류표가 있어야 모금함을 만들고 기부자들과 소통할 수 있다. 이런 사업 분류표가 이미 정리되어 있다면, 사업별 모금함을 만드는 것은 어려운 일이 아니다.

안타깝게도, 체계적인 사업 분류표를 갖추고 있는 단체는 별로 없다. 앞에서 살펴본 아름다운재단 정도가 유일하다. '기부금이 완벽한 통제하에 쓰이고 있다.'던 기부단체들의 주장이 무색하게도, 기부단체들이 보여주는 사업 분류표는 전혀 체계적이지 않다. 사업별 모금함을 만들기로 마음먹었다면, 모금함을 만들기 전에 먼저 사업 분류표를 가다듬어야 한다.

불완전한 분류체계

체계적인 사업 분류표에는 어떤 내용이 있어야 할까? 먼저 이름과 금액이 매칭되어야 한다. 즉, 사업 분류표에 나오는 모든 세부 사업마다 올해의 예산 배정액 혹은 전년도의 지출액이 있어야 한다. 이름만 언급하거나 글로 된 간략한 사업 설명으로는 부족하다. 기부자와 기부단체를 연결하는 것은 기부금인만큼, 금액이 나와야 기부자가 사업 분류표를 제대로 이해할 수 있다.

월드비전 2022 국내 사업비 지출 세부 내역

(단위: 원)

사업명	사업비
꿈 지원사업(꿈디자이너, 꿈날개클럽)	17,630,549,554
위기아동 지원사업	7,660,679,641
결식아동 지원사업	4,890,283,300
아동옹호사업	153,481,218
꿀때말 공부방 운영	303,872,181
지역지원사업	2,229,343,454
기업지원 나눔사업	3,537,025,572
선물후원	579,348,513
전국 8개 복지관 사업 등	11,686,100,216
GIK(물품지원)	1,289,107,786
문화사업	1,348,534,779
기타사업(청소년 교육사업 등)	15,954,145,662
계	67,262,471,876

출처: 월드비전 2022 연차보고서

하지만 현재 대부분의 단체들은 세부 사업 각각의 예산을 공개하지 않고 있다. 월드비전 연차보고서의 국내 사업비 지출 내역을 살펴보자. 사실 월드비전은 국내 사업비를 가장 자세하게 나눠서 공개하는 곳 중 하나다. 연차보고서에 따르면 2022년 국내 사업에 지출된 금액은 672.6억 원이었다. 같은 자료 50페이지를 보면, 672.6억 원을 어떤 사업들에 사용했는지를 정리한 표가 나온다.

아마 2022년 월드비전 국내 사업 모금함에 10만 원을 기부한 사람이 있다면, 앞의 표를 통해 10만 원이 어느 사업에 얼마씩 쓰였는지 알 수 있다. 물론 기부단체들이 이런 자료를 친절하게 가공해서 보여주지 않기 때문에 기부자가 따로 계산 해야 한다.

먼저 10만 원에서 일반관리비와 모금비 약 10%[11]가 먼저 분리되면 9만 원이 남는다. 즉, 국내 사업비로 쓰이는 기부금은 9만 원이다. 이제 국내 사업의 세부사업 비율을 계산해 보자. 전체 국내 사업비 672.6억 원 중 꿈 지원사업이 26%(176.3억), 위기아동 지원사업이 11%(76.6억) 결식아동 지원사업이 7%(48.9억)를 차지한다. 즉 기부자의 9만 원은 꿈 지원사업에 26%인 23,590원, 위기아동 지원사업에 11%인 10,250원, 결식아동 지원사업에 7%인 6,540원이 쓰였다고 유추할 수 있다.

---

11 2022년, 월드비전의 운영성과표상 지출 내역은 사업비 89.6%, 모금비용 7.5%, 일반관리비용 2.5%이다.

이것으로 충분할까? 아니다. 먼저 표 안에 내용을 파악하기 어려운 사업들이 있다. 이 표에 나온 12개의 사업 중 연차보고서에서 사업 내용이 설명된 사업은 꿈 지원사업, 위기아동지원, 결식아동 지원사업 3개가 전부다. 지출액 기준 국내 사업비의 44.9% (301.8억)에 불과한 비율이다. 즉 이 표의 나머지 55.1%는 사업의 이름은 있지만, 사업 내용은 찾기 어렵다. 예를 들어 '꽃때말 공부방 운영', '지역지원사업'은 어떤 사업인지 알 수가 없다.

유추의 정확도를 높이기 위해서는 개인기부와는 상관없는 사업들은 제외하고 계산해야 하지만, 이에 대한 별다른 언급이 없다. 예를 들어 개인기부와는 무관해 보이는 35.3억 원 규모의 기업지원 나눔사업은 계산할 때 제외해야 한다. 116.9억 원에 이르는 8개 복지관 사업도 마찬가지다. 월드비전은 22년 코이카Koica[12]지원, 국내 복지관 어린이집 등의 운영을 명목으로 166.2억 원의 정부보조금을 받았는데, 아마도 그 보조금이 사용된 사업일 가능성이 높다. 개인기부금이 투입되지 않은 것으로 보이는 이 두 사업의 내용만 빠져도 국내 사업비는 672.6억 원에서 520.4억 원으로 줄어들고, 이때 꿈 지원사업의 비율은 26%에서 33.8%로 상승한다.

기타 부분도 너무 크다. '기타' 항목의 비중이 높을수록, 자료의 신뢰도가 떨어지는 것은 상식이다. 만약 사업비를 공개하면서 80%를 기타 항목에 썼다고 한다면, 공개를 안 하느니만 못한

12　KOICA, Korea International Cooperation Agency. 한국국제협력단.

결과를 초래하게 된다. 앞에 표를 보면, 월드비전은 국내 사업비의 23.7%인 159.5억 원을 기타 항목으로 처리했다. 즉 사업비 중 23.7%의 사용 내역은 공개하지 않았다. 청소년 교육사업 등에 썼다고 적어 두긴 했지만, 그 크기를 짐작할 수 없다. 다른 사업을 보면 1.5억짜리 아동옹호 사업도 별도 분류해 놓았기 때문이다. 만약 이렇게 큰 비율을 기타로 분류할 수밖에 없는 부득이한 사정이 있다면 그 이유라도 따로 설명을 해줬어야 했다.

마지막으로, 조금 더 작은 사업 단위로 분류해야 한다. 다른 단체의 사업 분류표보단 잘 만들어 두긴 했지만, 월드비전이 기부자들과 소통해 오던 사업 단위까지 구분하지는 않고 있다. 76.6억 원 규모인 위기아동 지원사업을 보자. 연차보고서에서는 이 사업을 다시 긴급위기, 위기특화, 시설아동지원 3가지로 나눠서 소개하고, 그 각각의 성과를 기부자들과 소통한다. 하지만, 사업비 세부내역 표에는 이 구분된 사업들에 대한 정보를 찾을 수 없다. 사업 성과는 이야기 하지만, 정작 그 성과를 위해 들인 비용을 말하지 않는다. 월드비전은 사업 분류표를 지금보다 한 단계 더 세분화해야 한다.

뒤죽박죽 분류체계

더 큰 문제는 제각각인 사업 분류다. 사업 분류표가 제 역할을 하려면, 적어도 같은 단체 내에서는 같은 사업 분류기준이 통용되어야 한다. 사업 분류체계를 확인할 수 있는 곳은 홈페이지 사업 소개, 연차보고서 사업비 지출 부분, 연차보고서 사업성과 부분 3곳이다.

하지만 현재 이 3곳의 사업 분류가 통일되어 있는 곳은 없다. 국내 사업이라는 대형 모금함에 기부금을 받으면서, 그 안의 사업들을 제대로 분류하지 못하고 있다면, 기부자의 신뢰도는 당연히 낮아지기 마련이다.

대부분의 대형 기부단체가 이 문제에 대해 자유롭지 못하다. 먼저 초록우산 어린이재단의 사업 분류표를 보자. 재단의 홈페이지를 보면, 이 단체의 국내 사업은 돌봄, 자립, 교육, 건강, 주거 등 총 7개의 사업으로 나눠져있으며, 각 사업에도 세부 사업들이 나열되어 있다. 예를 들어 '돌봄'영역은 보호대상 아동지원사업, 가족돌봄 아동 지원사업, 이주배경 아동지원 사업, 위기영아 지원사업, 돌봄 지원 사업 등 5개의 사업을 포함한다(※다만, 이 사업분류는 24년 초 변경된 것으로 보인다. 변경전 국내 사업은 아동지원, 아동교육, 임팩트, 공모사업 등 4개 그룹과 그 안의 22개의 세부사업으로 이루어져 있었다.).

하지만, 연차보고서에는 전혀 다른 사업 분류표가 나온다. 연차보고서에서는 사업비 지출과 사업성과 부분 모두, 국내 사업을 아동권리 실현의 기반, 시민적 권리와 자유 등 총 10개의 사업군으로 구분한다. 그 안의 세부 사업이 서로 다른 것은 말할 것도 없다. 과연 이 단체가 각 사업을 제대로 관리하고 있는지 의심이 들 정도다.

초록우산 어린이재단 국내 사업 분류 차이 (1) 홈페이지

분류1	분류2
돌봄	보호대상 아동지원사업 가족돌봄 아동지원사업 이주배경 아동지원사업 위기영아 지원사업 / 돌봄지원사업
자립	자립준비청년 지원사업
교육	인재양성 지원사업 교육지원사업 / 문화예술 지원사업
건강 안전	의료지원사업 / 인성함양 지원사업 학대피해아동 지원사업 / 여가놀이 지원사업 안전환경 조성사업 / 영양지원사업
주거	주거지원사업
미래세대교육	아동권리 / 인성나눔 디지털시민성기후환경 / 부모교육 / 자립지원
공모사업	자유공모사업 / 기획공모사업

출처: 초록우산 어린이재단 홈페이지 (2024년 4월 기준)

초록우산 어린이재단 국내 사업 분류 차이 (2) 연차보고서

분류1	분류2
아동권리 실현의 기반	권리기반 강화
시민적 권리와 자유	시민적권리 강화
가정환경과 대안양육	가족기능 강화 양육지원(결연양육비 및 보육비 지원 등)
기초보건과 복지	보건의료지원(의료비지원 등) 장애아동지원 안전환경조성(주거비지원 등)
교육과 여가문화	문화예술지원 / 여가놀이 지원 인재양성 / 인성함양지원 교육지원(학습비 지원 등)

폭력으로부터의 아동보호	폭력예방 / 폭력피해아동보호
특별보호조치	특별보호
지역사회복지(일반지원)	사례관리 / 지역조직화
디지털사업	디지털사업
국내 사업 연구조사	연구조사

출처: 초록우산 어린이재단 2022 연차보고서

    세이브더칠드런은 그나마 낫지만 여전히 갈 길이 멀다. 홈페이지에 따르면 이 단체의 국내 사업은 아동보호, 빈곤위기 아동지원, 아동발달, 놀권리, 자립성장, 인도적 지원으로 이루어져있다. 연차보고서에 있는 사업 세부내역과 비교하면 연차보고서의 기후위기는 사라졌고(아동발달영역으로 통합된 것으로 보인다.), 자립성장이 새로 생겼다. 발달참여는 아동발달과 이름만 다른 것으로 보인다. 연차보고서와 홈페이지의 사업 세부내역이 어느 정도 맞춰져 있는 모습이다. 하지만, 연차보고서 사업 성과 부분의 사업분류는 여전히 따로 논다. 여기서는 사업을 '재난위기/ 저소득 아동지원', '아동이 안전하게 성장할 수 있는 사회', '모든 아동의 놀권리와 참여권'으로 나눠서 설명하는데, 모두 홈페이지나, 같은 보고서의 사업 세부내역에서는 보기 힘든 문구들이다(※세이브더칠드런의 홈페이지 역시, 24년 초에 변경된 것으로 보인다. 이전의 사업분류는, 아동보호, 발달참여 보건의료 3가지로 분류되어 있었다. 늦게나마 연차보고서와 어느정도 연계되는 사업 분류표를 보유하게 되었으니 다행이긴 하다.).

세이브더칠드런 국내 사업분류 차이 (1) 홈페이지

분류1	분류2
아동보호	아동보호전문기관 사업 및 운영 학대피해아동쉼터 사업 및 운영 가정위탁지원센터 사업 및 운영 아동에게 안전한 기관 만들기 학대피해아동쉼터 운영메뉴얼 개발 및 지원
빈곤위기 아동지원	저소득 조부모가정 아동지원 DREAM 저소득가정아동지원 아동 식사 지원 난민아동지원 보건 의료 지원
아동발달	장애아동 놀이지원 기후위기대응 지역아동센터 지원 영세이버
놀 권리	놀이 환경 진단 놀이 환경 개선
자립성장	자립아동청소년 꿈지원 자립아동청소년 생활공간 개선 새움센터 운영
인도적지원	국내 인도적 지원

출처: 세이브더칠드런 홈페이지 (2024년 4월 기준)

세이브더칠드런 국내 사업분류 차이 (2) 연차보고서

분류1	분류2
아동보호	아동에게 안전한 기관만들기 사업 학대피해아동 심리정서 및 사례관리강화 아동보호시설 지원 (아동보호전문기관, 학대피해아동쉼터, 가정위탁지원센터)
빈곤위기 아동지원	저소득가정 아동지원 조손가정 아동지원 아동 식사지원, 난민아동지원 국내아동결연, 보건의료지원 지역아동권리사업

발달참여	장애아동 놀이교사 지원 삼성 스마트스쿨 사업 지역옹호·아동참여활동 기후위기 대응을 위한 지역아동센터 지원 아동권리기획연구
놀 권리	놀이환경 개선사업(도시형, 농어촌, 학교) 놀이환경 진단사업(지역사회, 학교)
국내인도적 지원 /기후위기	국내 재난대응 활동 기후위기 아동권리교육 지구기후팬클럽 어셈블

출처: 세이브더칠드런 2022 연차보고서

비용 중심의 사업 정보공개

사업별 모금함을 제대로 운영하려면, 자세한 설명이 필요하다. 비용에 대한 언급은 필수다. 말로는 어떤 사업이든 할 수 있다. 하지만 아무리 좋은 사업 계획이라도 예산에 대한 이야기가 없다면 빈 껍데기일 뿐이다. 예상 고객 수와 기대 매출, 그리고 기대수익 등 여러 숫자로 점철된 스타트업의 IR 자료(Investor Relations/ 투자유치를 위한 사업 설명 자료)를 생각하면 쉽다.

기부 역시 마찬가지다. 전체 사업비, 1인당 지원금, 사업에 배정된 인건비 등의 정보가 있어야 읽는 사람이 머릿속에 제대로 그릴 수 있다. 기부처럼 돈을 내는 사람과 물건을 사는 사람, 그리고 그 물건을 쓰는 사람이 다른 구조에서는 더욱 그렇다. 사람들이 기부를 믿지 않는 이유는 이 사업이 좋은 사업인 줄 몰라서가 아니다. 기부금이 어떻게 쓰는 사업인지 몰라서다. 이들에게 신뢰를 얻고싶다면, 적어도 사업별로 전년도의 자세한 지출내역 정도는 알려줘야 한다.

현재 기부자들은 이런 정보를 얻을 수 없다. 지금 공개된 자료에는 몇 명에게 어떤 도움을 주었는지에 대해서만 매우 간략하게만 나온다. 정작 얼마를 지출했고, 지출된 비용은 어떻게 구성되어 있는지에 대한 내용은 없다. 예를 들어, 생리대 기부 사업에 기부한 기부자들은 최종 결제 버튼을 누르는 그 순간까지, 반짝반짝 선물상자의 가격, 전년도의 사업예산, 포장 및 배송 비용에 대한 정보를 받지 못한다.

그나마 생리대 지원사업은 사정이 낫다. 기부자들이 어느 정도 아는 물건을 전달하기 때문에, 비교적 쉽게 이해할 수 있다. 하지만 이런 단순 전달 사업 외에, 아동학대 피해 지원처럼 훨씬 더 복잡한 사업을 설명하려면 훨씬 많은 자료가 필요하다. 아동학대 피해 지원사업이 어떻게 돌아가는지 설명할 수 있는 기부자는 몇 명이나 될까? 알려준 사람도, 아는 사람도 없다. 단체의 살림살이에 대해서는 정보를 공개하는 편이지만, 사업에 대한 정보는 거의 전무하다.

기부자가 궁금해하는 사업비용

기부의 사업 모델은 수혜자를 돕는 방식이다. 기부단체에 도착한 기부금이 수혜자를 돕는데 쓰일 때까지 거치는 과정을 의미한다. 기부자들에게 사업 모델을 제대로 이해시키기 위해서는, 모델 설명과 함께, 비용을 표기해줘야 한다. 모델은 최대한 단순하게 설명한다. 굳이 복잡한 도형이나, 도표를 활용해서 설명할 필요 없다. 조금은 투박하더라도 최대한 글을 활용하는 것이 빠른 이해에 도움이 된다. 사업 모델을 글로 풀어내는 과정은, 이 사업을 위해 직원들이 하는 일을 시간 순서대로 나열해 보는 것부터 시작하면 된다.

생리대 지원사업의 사업모델을 사업비용과 함께 설명해보자. 가장 먼저 할 일은 생리대 지원부서의 직원들이 하는 일을 써보는 것이다. 대상자를 선정하고, 그 대상자에게 필요한 수만큼의 생리대를 구매하고, 제품을 대상자 한 명 한 명에게 보내주도록 포장 및 배송하고, 잘 받았는지 확인하고 그 내용을 기부자들과 소통하는 일들이 있겠다.

- ☐ 대상자 선정: 이번 달 사용 가능한 기부금을 확인하고, 수혜자의 수를 정하고, 전국 12개의 기관으로부터 신청을 받은 후 심사 및 선정
- ☐ 생리대 구매: 제조사와의 협의, 대상자들의 수요 등을 고려하여, 가장 합리적인 구매 방식 및 가격 도출
- ☐ 포장 및 배송: 자원봉사자들을 조직하여, 생리대와 간단한 문구가 들어간 카드를 포장하고 각 대상자 가정에 배송
- ☐ 수령 확인 및 후기: 20%의 학생들을 무작위로 선정하여, 대면으로 생리대를 잘 받았는지 확인하고, 더 필요한 것은 없는지 조사. 기부 후기를 작성하고 해당 내용을 다음 달 모금함에 활용할 수 있도록 편집

이제 본격적으로 비용을 설명해 보자. 비용 분류는 분배비, 사업수행비, 모금비 등 현재의 회계기준을 최대한 따르면 된다.

생리대 기부사업 사업비용 설명(예시)

구분1	구분2		내역	금액	비율	참고자료
분배비	생리대		생리대×○○개	7,680,000	51.2%	영수증
	생리대와 물품		여러 물품 리스트	3,450,000	23.0%	영수증
사업 운영비	인건비	전체 사업운영 대상자 모집/선정 포장 등 자원봉사 관리 수령확인/기부후기	리더 20% 시니어 1명 20% 주니어 2명 각 30%	2,360,000	15.7%	인건비 표
	기타 지원	배송비 물류비	○○○기관에 배송 포장 자원봉사 활용	560,000	3.7%	영수증
일반 관리비	기본비용	HR 및 회계 비용	규모를 기준으로, 전체 HR/회계비용의 15%가 본 사업에 배정	950,000	6.3%	기본 비용 배분 표
Total				15,000,000	100.0%	

기부자들이 가장 궁금해하는 것은 분배비다. 여기에는 생리대, 그리고 생리대와 함께 보낸 위생용품에 대한 내용을 설명하면 된다. 얼마짜리 생리대 몇 개를 어디서 구매했냐는 정보가 중요하다. 여기에 전체 사업비에서 차지하는 비율을 써주는 것도 중요하다. 이 비율이 있어야 기부자가 자신의 기부금 중 얼마가 아이들에

게 전달되는지를 유추할 수 있다.

두 번째는 사업운영비다. 다시 한번 복습하면, 사업수행비에서 분배비를 뺀 비용이다. 여기에는 생리대를 잘 전달하기 위해 쓰인 모든 비용을 보여준다. 가장 중요한 것은 인건비다. 인건비는 구성원들 사이에서도 기밀인 경우가 많아서 정확한 공개는 어렵다. 이때는 실제 지급된 인건비보다는 주니어, 시니어, 팀장, 임원 등 직급별 평균 임금과 투입된 인원수를 조합해서 공개하면 해결된다. 직급별 평균 임금 표를 참고 자료로 첨부하거나, 계산식에 대한 설명을 간략하게 언급해주는 것이 필요하다. 인건비와 함께 이 사람들이 하는 일을 적어준다. 앞의 사업 모델 설명에 나온 '할 일'을 정리해서 써주면 된다. 이와 함께 물류비나 배송비, 임대료 혹은 외주로 맡긴 용역 비용 등이 있다면 함께 적어준다.

물론, 이런 세부 지출내역을 정확하게 만들기는 사실상 불가능하다. 예산을 독립적으로 배정하고 운영하는 독립채산제[13] 방식의 회사가 아니라면, 이 정도로 자세하게 만들기 위해서는 상당히 많은 과정을 거쳐야 한다. 직원 한 명이 여러 사업을 동시에 할 수도 있고, 예산의 절감을 위해 두세 개의 사업을 동시에 묶어서 진행할 수도 있다. 따라서 사업별로 정확한 비용을 산정하기는 어려울 수 있다. 하지만 방법이 없는 것은 아니다. 사업 간에 공유된 예산이 있다면 자체 기준을 만들어서 정리하면 된다. 사업의 규모 혹은 개인

---

13 기업에서 일정한 사업 부분을 독립하여 경영하고 결산하는 일.

의 업무 비중 등이 기준이 될 수 있다. 예를 들어 단체의 전체 사업 예산 대비 특정 사업 예산의 비율이 30%라면, 사무용품비 20만 원 중 이 사업에는 20 × 30%인 6만 원을 배정한다.[14]

다시 한번 강조하지만 정확성보다는 사업 구조를 설명하는 것이 목적이다. 사업별 비용은 외부감사를 거친 공식 자료가 아니며, 기부자들과 사업별 비용 구조 소통을 위해 작성된 내용이라, 정확하지 않을 수 있음을 미리 명시해 놓으면 된다. '이걸 어떻게 구분해?'가 아니라, '어떻게 보여줘야 기부자들이 이해할 수 있을까?'의 관점에서 접근해야 한다.

칸투칸의 비용공개 사례

비용 중심의 정보제공으로 고객의 신뢰를 얻은 사례는 가성비 중심의 중소기업에서 종종 볼 수 있다. 대표적인 사례는 남성 의류 쇼핑몰인 칸투칸이다. 이 회사는 기업회계자료와 ERP[15], 및 내부 관리 시스템의 실시간 데이터를 바탕으로 소비자가 궁금해할 제품별 가격 산정 내역을 공개한다. 놀랍게도 기업 전체의 원가율이 아니라, 제품 하나하나의 이익과 원가율 그리고 판매관리비 등을 자세하게 공개한다. 기부단체의 관점에서 보면 기부자가 만 원을 냈을 때, 이 돈이 어디에 쓰이는지를 자세하게 보여주는 셈이다.

---

14   지금도 비영리 회계기준에 따라, 관리운영비에 쓰이는 임대료와 사업에 쓰이는 임대료를 가정할 때, 이러한 방식이 쓰인다.
15   Enterprise Resource Planning 전사적 자원관리 시스템.

어떤 공개 방식으로 소비자들의 신뢰를 확보했는지 조금 더 자세히 살펴보자. 이 사이트를 돌아다니다가 쉽게 찾을 수 있는 '스마일 캐주얼 하이탑 스니커즈'라는 제품이다. 판매가격은 39,800원이며, 여기까지는 다른 쇼핑몰들과 크게 다르지 않다. 하지만 그 아래를 보면, 이 가격의 산정 내역이 자세하게 나와 있다. 표가 그렇게 직관적이진 않지만, 숫자들이 빈틈없이 적혀 있기에 찬찬히 살펴보면 내용을 파악하는 것이 어렵지 않다. 먼저 판매가격 39,800원 중 57%인 20,800원이 순생산 원가로 쓰이고, 남은 19,000원 중 판매관리비(8,605원)를 제외한 10,395원이 판매당 순마진이 된다. 판매관리비 내에는 급여(3,260원)와 광고비(1,791원)까지 따로 구분해서 보여준다. 거기에 이 단일 상품의 누적판매 금액까지 보여준다. 숫자를 중심으로 내용을 공개하고, 투명성을 경쟁력으로 삼으려면 어느 수준까지 보여줘야 소비자들에게 어필할 수 있을지를 보여주는 사례다. 기부단체 역시 이런 식으로 비용을 공개한다면, 기부자들의 발걸음을 돌릴 수 있을 것이다.

불확실성에 대한 인정

기부단체들이 숫자 중심의 사업 계획을 공개하지 못하는 이유 중 하나는 불확실성이다. 틀린 말은 아니다. 비영리사업은 계획대로 이루어지지 않는 일이 많다. 소외된 이웃들의 이야기다 보니 기부자들이 상상하기 어려운 일들이 벌어진다. 처음에는 저소득 아동의 학원비를 모금하다가도, 아동의 상태를 보니 가정폭력이 훨씬 시급한 문제로 밝혀질 수도 있다. 생리대를 지원하고 미리 약속한 인터뷰를 위해 방문하였지만, 개인적인 사정으로 수혜자가 아예 타인의 접촉을 거부할 수도 있다. 개발도상국에서 진행되는 해외사업의 불확실성은 더욱 크다. 학교를 짓는 중에, 홍수로 마을이 큰 피해를 입었다면, 사업의 우선순위가 수해복구로 바뀔 수 밖에 없다. 어차피 계획대로 되지 않을 계획을 공개하느니, 다 하고 나서 알려주는 것이 낫다고 판단하는 듯하다.

하지만, 틀려도 공개해야 한다. 처음부터 공개를 안 하기보다는 최대한 지금의 예측치를 공개하고, 예측치와 다른 결과가 나왔을 때는 이에 대해 납득할 만한 설명을 해주면 된다. 그 정도는 기부자들도 이해하며, 이해하지 못한다 해도 이런 어쩔 수 없는 상황들을 계속 알려줘야 한다. 기부자들의 신뢰를 하락시키는 것은 계획과 다른 결과가 아니라, 이에 대한 부족한 설명이다.

해외 패키지여행을 생각해 보자. 사전에 안내받은 여행 일정대로 모든 일정이 착착 진행되지 않을 때도 있다. 현지 날씨의 변화나 예정에 없던 파업 등 여러 불확실성이 있기 때문이다. 여행이라는 특수성이 있기 때문에 이 정도의 불확실성을 이해해 주지 못할 고객은 없다. 다만 중요한 것은 가이드의 상황 설명이다. 상황을 투명하게 공개하고, 양해를 구해야 한다. 어차피 계획대로 되지 않을 것이라며 처음부터 시간표도 없이 여행을 시작할 수는 없는 노릇이다.

모금도 비슷하다. 어차피 발생할 '계획과 실제의 차이'는 기부자와 그 존재를 서로 인정하고 시작하면 된다. 기부단체는 사업계획에 대해 조금 더 기부자들과 자세히 소통하고, 계획과 다른 부분을 어떻게 기부자들에게 설명할지를 고민해야 한다. 한번도 '소외'를 경험해보지 못한 기부자는 불확실성에 대한 이해가 부족하기 마련이다. 부모님과 함께 살며 매년 개근상을 타며 학교를 다녔던 사람은, 동생을 돌보거나 일을 해야 해서 어쩔 수 없이 학교를 갈 수 없는 사람의 마음을 완전히 이해하기 어렵다. 많은 기부자들이 사회문제를 이해한다고 하지만, 빈곤이나 장애를 상상해본 사람과 진짜 당사자들간의 차이는 생각보다 훨씬 크다. 현장의 어려움과 이를 해결하는 단체의 노력을 기부자들과 계속 공유해야 한다.

비교를 통한 사업 정보공개

모든 사업의 효과는 비교급으로 설명할 때만 의미가 있다. 소비자 앞에 비슷한 선택지가 여러 개 있을 때는 더욱 그렇다. 오프라인 유통의 강자가 된 다이소에 사람들이 몰리는 것은 다른 곳보다 싸고 좋은 물건들을 소비자와 가까운 곳에 가져다 놓았기 때문이다. 금융업계를 혁신하고 있는 토스가 잘 되는 건 기존 은행 앱보다 월등히 뛰어난 UI/UX 때문이다. 다이소와 토스는 이 차별점을 내세우며 끊임없이 고객들과 소통한다.

영리에서는 흔한 제품 비교

영리 사업은 경쟁 제품과 비교하면서 상품의 차별점을 소개한다. 브랜드 인지도 없이 오직 제품의 성능으로만 승부해야 하는 제품들일수록 이런 비교에 더욱 열심이다. 경쟁사 A, B의 데이터를 표시해 가면서 본인 제품의 차별성을 설명하거나, 제품의 개선도를 예전 자사 모델과의 비교를 통해 설명하기도 한다.

브랜드 없이 성능을 중심으로 마케팅을 하는 와디즈(wadiz.kr) 사이트를 보자. 각 제품의 설명에서 비교급 표현을 상당히 많이 발견할 수 있다. 이 사이트의 아무 제품이나 클릭해도 된다. 예를 들어 어느 보조배터리 상품 소개에서는 이전 모델과의 비교를 통해 차별성을 어필한다. 신규 배터리의 발열이 38도임을 이야기하면서, 무미건조하게 38도라고 이야기하는 것이 아니라, 예전에는 47도였는데 이를 38도로 줄였다고 이야기하는 식이다. 이렇게 하면, 같은 온도라도 훨씬 더 좋은 성능이라는 감이 온다. 다른 기업의 제품을 비교하는 그래프도 거침없이 끼워 넣는다. 자사의 제품이 A사의 제품보다 훨씬 좋다는 식의 그래프다. 물론 실명을 거론하지 않고 본인들에게 가장 유리한 지점만을 부각해서 이야기하지만, 예비 고객들에게 차별점을 이야기하기에는 이것만큼 확실한 것도 없다.

이런 방법은 기부단체들의 사업 설명에도 유효하다. 다른 단체 사업과의 비교가 있어야 기부자들이 사업에 대해서 제대로 파악할 수 있다. 우리 단체에 기부하는 것이 다른 곳에 기부하는 것보다 절대적으로 낫다고 이야기하라는 것이 아니다. '우리는 다른 곳들과 이런 점이 다르니 이런 것을 원하면 우리에게 기부해라'는 메시지를 던져야 한다는 뜻이다.

비교의 무풍지대, 기부업계

그런데 지금은 이런 비교가 없다. 세이브더칠드런을 통해서 국내 아동을 도울 때나, 굿네이버스를 통해서 국내 아동을 도울 때 무엇이 다른지 설명할 수 있는 기부자가 있을까? 아마 없을 것이다. 월드비전이나 어린이재단에서도 그걸 제대로 알려주지 않는다. 다른 기부단체에 기부했을 때와의 차이점을 설명해 주지 않고, 수혜자의 지원 전 후 모습만 비교한다(※이런 경우 상식적으로 차이가 날 수밖에 없다. 감성에 호소하는, 큰 의미가 없는 비교다.). 의도적으로 타단체들과의 비교를 피하는 느낌이다. 전년도 사업과도 비교해서 보여주지 않는다.

잘 찾아보면, 차별점이 없는 것은 아니다. 각 사업의 담당자들은 더 좋은 사업을 만들기 위해 정말 많이 노력한다. 생리대 지원 사업 같이 단순한 사업 안에도 각 기부단체의 고민이 녹아 있다. 예를 들어 생리대와 함께 지원되는 물품 리스트는 매년 만족도 조사를 통해 새롭게 업데이트된다. 아마 생리대 구입 단가를 줄이기 위한 노력도 계속 진행하고 있을 것이다. 물품 리스트와 단가 그리고 함께 진행되는 위생교육 및 맞춤형 교육의 내용이나 만족도 등은 모두 차별점이 될 수 있다. 그 차이를 설명하지 않고 그냥 어려운 아이가 있으니, 생리대를 보내주자고 하니, 당연히 제대로 된 설명이 나올 수 없다.

기부단체들은 오랜 기간 타 단체와 비교를 터부시해왔다. 경쟁이란 단어도 잘 쓰지 않는다. 경쟁에 앞서 같은 사회를 위해 일하는 활동가라는 연대의식 때문으로 짐작한다. 아마 당장 비교를 시작하라고 해도 쉽지 않을 것이다. 다 같이 데이터를 공개하지 않았기 때문에 처음에는 어차피 비교하고 싶어도 할 수 없다.

만약 다른 단체와 비교가 어색하다면 전년도의 자신과 비교할 수 있다. 아주 쉬운 방법이지만, 사업 성과를 설명하면서 전년도의 성과와 비교하는 기부단체는 거의 없다. 일반기업들이 매출 ○% 증가, 회원수 ○명 증가를 내세우는데 비해, 기부단체는 이런 면에선 아무말이 없다. 사업별 성과를 이야기할 때도 모금 현황을 소통할 때도 별다른 비교가 없다. 모금액이 매년 성장해왔음에도 불구하고 연차보고서에는 당해의 정보만 나와있다. 이래서는 정보를 제대로 파악할 수 없다. 기부단체는 언제나 더 나은 모델을 만들기 위해 노력한다고 항변하겠지만, 이런 차이를 알려주지 않는 이상 기부자는 알 수 없다. 내부 사정을 모르는 사람이 이렇게 겉으로 보이는 자료만 보면, 매년 같은 사업을 기계적으로 하는 모습을 상상할 수밖에 없다. '직원들이 하는 일이 뭔데 인건비가 이렇게 들어가냐?'라는 기부자들의 비판에 억울해 하기보단, 인건비의 정당성을 단체 스스로 증명해야 한다.

높은 운영비:
비용별 모금함

이번엔 높은 운영비를 인정하지 않는 기부자들을 위한 비용별 모금함이다. 높은 운영비를 공개한 후에도 기부자가 머물게 하려면, 이들을 위한 피신처를 준비해 둬야 한다. 이러면 자연스럽게 높은 운영비를 인정하는 기부자와, 인정하지 않는 기부자를 구분할 수 있다. 아마 운영비를 인정하지 않는 기부자들은 소외계층에 물품을 전달하는 사업에 직접 기부하길 선호하거나, 자신의 기부금이 아이들의 학용품 구매나 의료비 지원 등으로 직접 쓰이기 원할 것이다. 이들이 마음 놓고 기부할 수 있는 모금함을 만들어 줘야 한다.

    기부단체의 목표는 각 비용별로 필요한 만큼 모금하는 것이다. 정보공개를 통해 높은 운영비가 드러난다면, 기부자들의 선택은 어쨌거나 분배비 중심으로 몰릴 수밖에 없다. 이렇게 되면, 극단적이지만 배송비 모금이 안되서 기껏 구매한 생리대를 나눠줄 수 없는 사태가 생길 수도 있다. 때문에 운영비를 구분한 이후의 후속 전략이 중요하다. 예를 들어 현재 단체의 지출이 분배비 59.6%, 사업운영비 18.5% 운영비 13.0% 이라면, 비용별 모금함의 모금액도 이 정도의 비율이 나오도록 전략을 잘 짜야 한다. 비용별 모금함별로 기부금 확보전략을 고민해야 한다.

비용별 모금함

어떤 기부자는 내 돈이 어려운 이웃에게 직접 전달되기를 바란다. 만약 저 이웃의 계좌번호를 알 수 있다면 직접 송금해주고 싶어 할 정도다. 또 어떤 기부자는 운영비를 인정한다. 돈을 전달하는 것 외에도 어려운 이웃을 찾고 무엇이 필요한지 파악하며, 지원 결과를 확인하는데 많은 비용이 들어간다는 사실을 인정한다. 또 어떤 기부자는 자신이 후원한 단체를 100% 믿고 있으며 자신의 기부금이 신규사업 기획이나 모금비로 쓰여도 전혀 개의치 않는다. 오히려 사용할 수 있는 금액이 매우 제한적인 이런 분야에 기부금을 써달라고 요청하는 경우도 있다.

　　기부자의 신뢰도와 니즈가 다양함에도 불구하고 기부단체는 이들의 기부금을 구분하지 않고 임의로 사용해 왔다. 직접 전달되길 원한 기부자는 생각보다 많은 운영비에, 단체를 굳게 믿는 기부자는 운영비 부족으로 너무 더딘 신규 사업기획 속도에 불만을 품는다. 기부자를 구분하지 않고 모금을 하다 보니, 오히려 그 어떤 기부자도 만족시키지 못하는 결과로 이어졌다. 사업별 모금함과 마찬가지로 비용 역시 기부자가 믿는 만큼 기부할 수 있도록 선택지를 줘야 한다.

비용의 재분류

이를 위해 먼저 기부자가 이해하기 쉽게 비용 구분 기준을 다시 만들어보자. 사업수행비, 일반관리비, 모금비로 나뉘는 지금의 회계 기준은 정부에서 전문가들과 함께 만든 회계 기준이므로, 비용확인 면에서 가장 정확한 방법일 수 있으나 기부자에게는 일부 어려운 개념과 명칭들이 포함되어 있다. 기부자의 기부 신뢰도를 기준으로, 단체의 비용을 다음과 같이 재분류할 수 있다.

비용별 모금함의 분류 과정

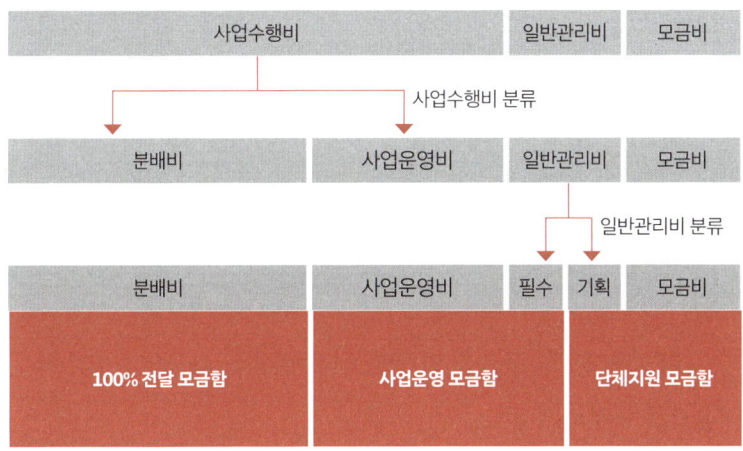

- **사업수행비 분류**

사업수행비는 분배비와 그 외의 비용(인력, 시설, 기타 비용)으로 다시 나뉜다. 우리가 앞에서 살펴본 것처럼, 각 단체는 〈사업비용의 성격별 구분〉을 통해 이 비용들을 공개한다. 책에서는 이 분배비 외의 비용을 사업운영비로 통칭한다. 즉 전체 비용을 분배비(직접 전달하는 돈), 사업운영비(잘 분배하기 위한 돈), 그리고 일반관리비와 모금비로 나눌 수 있다.

- **일반관리비 분류**

일반관리비에는 서로 다른 두 개의 비용이 섞여 있다. (1) 당장 사업을 운영하는 데 꼭 필요한 비용과 (2) 새로운 사업을 위한 기획비용이다. 예를 들어 HR이나 재무회계 비용, 그리고 이 인력에 연결된 비용들은 사업운영에 꼭 필요한 필수 비용들이다. 사실상 간접적인 사업수행비라고 봐도 무방하다. 이런 비용들은 '필수' 일반관리비로 따로 분류한다. 하지만 신사업개발팀, 기획팀 운영 비용 등, 예산이 없다고 해서 사업에 당장 지장이 있지는 않지만, 앞으로의 미래를 위해 꼭 필요한 비용도 있다. 이런 것은 '기획' 일반관리비라고 칭하자.

이렇게 2개의 구분을 거치면, 전체 비용은 다음의 5개의 세부 비용으로 구분되게 된다.

- 분배비
- 사업운영비
- 필수 일반관리비
- 기획 일반관리비
- 모금비

이 세부 비용들은 재미있게도, 첫 번째 분배비부터 마지막 모금비까지 점점 더 기부 난이도가 높아진다. 분배비는 단체를 믿지 않더라도 기부금 행방만 확실하면 기부하게 되는 비용이고, 모금비는 정말 기부단체를 좋아해야지만 기부할 수 있는 비용이다. 이 5가지 세부 비용을 '기부자가 이해하기 쉬운' 기준으로 다시 묶으면, 다음과 같이 3가지 성격의 모금함 구성이 가능해진다.

- 100% 전달 모금함: 분배비
- 사업운영 모금함: 사업운영비 + 필수 일반관리비
- 단체지원 모금함: 기획 일반관리비 + 모금비

3가지 모금함 설계

• [100% 전달 모금함]: 분배비

앞에서 살펴본 '곧장기부'가 활용한 모델이다. 기부자가 이 모금함에 기부하면, 그 돈은 100% 수혜자들에게 '직접적으로' 쓰인다. 대상자에게 직접 전달되는 장학금이나 생필품, 생활비와 같은 지원들이다.

다만, 회계기준상의 분배비는 기부자가 생각하는 '전달'과 조금 다르다. 일부 비용을 추가로 여기에 배정해야 하는데 이른바 유사 분배비다. 직접 전달되는 비용이 아니지만, 직관적으로 그 혜택이 어려운 이웃에게 최종 전달되는 비용이다. 다만 유사 분배비의 경우, 이를 구분하는데 있어 주관적인 판단이 들어갈 수밖에 없기 때문에 위의 비용 분류에서는 다루지 않았다. 예를 들면 다음과 같은 비용들이다.

- 학교 설립 비용: 어차피 건설 후에는 학생들이 이용한다.
- 진로 교육 멘토링이나 특정 과목의 교육 비용: 멘토들이나 교사에게 비용이 지급되지만, 그 수혜는 학생들이 입는다.
- 아동 폭력 피해자들을 위한 장소 제공 비용: 시설비용으로 분류되겠지만 결과적으로 도움을 받는 것은 대상자들이다.

이들은 직접 수혜자에게 지급되는 돈이 아니기 때문에, 회계기준상 분배비에는 포함되지 않는다. 하지만 결과적으로는 수혜자들에게 지원되는 금액들이고, 기부자들에게도 직관적으로 설명 가능하다. 어떤 비용이 여기에 포함될지는 기부단체가스스로 판단하고, 그 내용을 구체적으로 기술해 두면 된다.

- **[사업운영 모금함] : 사업운영비+ 필수 일반관리비**

여기는 사업운영비, 조금 더 정확하게 말하면, 사업수행비에서 '100%전달 모금함'으로 모으는 비용을 제외한 모든 비용과 필수형 일반관리비가 포함된다.

핵심은 사업운영비다. 기부금을 오직 전달하는 사업이라도 이런저런 비용이 들어간다. 누가 어려운 이웃인지를 확인하고, 때론 직접 거주지에 방문해서 실제로 어려운 대상인지를 확인해야 한다. 사각지대 당사자일수록 교통이 잘 닿지 않는 곳에 거주하는 경우가 많기 때문에, 한번 방문할 때의 비용도 만만치 않다. 예를 들어 50만 원 가량의 의료비를 지원하기 위해, 수혜자를 만나러 부산을 간다고 생각해 보자. 50만 원은 분배비가 되겠지만 수혜자를 만나러 가는 교통비만 10만 원 상당이 들어간다. 비용의 효율화를 위해, 영상통화로 대상을 확인할 수도 있고, 부산에 있는 단체에 협력을 요청할 수도 있지만, 이때도 비용이 발생하지 않는 것은 아니다.

'좋은 사업'을 위해 필요한 보이지 않는 비용은 기부자의 생각보다 훨씬 많다. 단순 전달 모델이 이럴진대, 복잡한 모델(※예를 들어 어려운 상황에 놓인 어린이들을 모아서 힐링캠프를 열어준다고 생각해 보자)은 이 비용의 비중이 훨씬 커진다.

- **[단체지원 모금함] 기획 일반관리비 + 모금비**

단체의 성장을 위한 모금함이다. 여기에는 기획 일반관리비와 모금비가 들어간다. 사업과는 직접적인 연관이 없는 비용들로, 모금이 전혀 되지 않더라도 이론상 기존 사업 운영에는 지장이 없어야 한다. 즉 어려운 이웃을 돕기 보단, 이 어려운 이웃을 돕는다는 단체를 믿고 기부하는 기부금이 모이는 곳이다. 기부자들은 단체의 목적에 부합하는 더 좋은 사업을 만들라는 뜻에서 신규사업 개발비를 기부하고, 더 큰 규모로 타인을 도우라는 뜻에서 모금비용을 기부한다.

비영리의 특수한 상황 때문에, 직원들을 위한 추가 복지비나 인건비가 포함될 수 있다. 기부단체는 최소한의 비용으로 운영되어야 한다고 생각하는 인식 때문에, 앞의 사업운영 모금함에서는 인건비나 복지비용을 충분히 확보하기 어렵다. 하지만 기부단체도 팀워크를 위한 워크숍이나 간식 테이블, 교육비, 휴가비 등은 필요하다. 때로는 일을 잘한 사원들을 위한 인센티브제도가 필요할 수도 있다. 보통의 기부자들은 인정하지 않겠지만, 단체를 신뢰하고, 단체의 성장을 기원하는 기부자들일수록 이 부분을 주목할 것이다.

일반 기부자들이 가장 의구심을 가지고 있을 비용이다. 의구심을 차단하기 위하여 몇몇 단체들은 이런 성격의 모금함을 이미 별도로 운영하고 있다. 채리티워터는 모든 기부금을 사업수행비로 사용하기 위해 일반관리비나 모금비는 the well이라는 별도의 후원자 그룹으로부터 후원 받는다. 아름다운재단은 '아름다운재단만들기기금' 모금을 통해, 재단의 운영 기금을 따로 모금한다.

기부자들에 이렇게 3가지 비용별 모금함을 주면 어떻게 될까? 직접 기부를 원하는 사람들은 100% 전달 모금함에, 사업에 대한 더 많은 관심을 가지는 사람은 사업운영 모금함에, 전적으로 단체를 신뢰하고 그 신뢰를 바탕으로 기부하는 사람들은 단체지원 모금함에 기부하게 될 것이다. 이렇게 되면 적어도 내 돈이 인건비에 쓰였다는 둥, 모금비에 쓰였다는 둥의 불만은 듣지 않을 수 있다. 기부자가 믿는 만큼만 기부할 수 있게끔 선택지를 주었기 때문이다.

모금함을 정비한 기부단체가 이제 해야 할 일은 명확하다. 모금함별 기부자에게 충분한 기부 효능감을 주는 것이다. 이제부터는 위에서 언급한 세 모금함별로 기부자들에게 기부 효능감을 주는 방법을 알아보자.

100% 전달 모금함: 100% 전달의 입증

먼저 100% 전달 모금함이다. 세 모금함 중, 가장 모금의 난이도가 낮다. 이 책에서 다루는 기부단체들이라면, 100% 전달 모금함을 채우는 것은 어렵지 않을 것이다.

100% 전달 모금함의 성공조건은 100% 전달을 입증하는 것이다. 기부자가 낸 기부금이 모두 대상자에게 전달되었다는 것을 증명하면 된다. 대상자에게 전달된 제품의 영수증이나, 송금증으로 증명 가능하다. 이런 증명없이 말로만 '100% 전달합니다.'라고 해서 없던 신뢰가 생기긴 어렵다.

100%는 어떻게 증명할 수 있을까? 안 믿는 사람을 믿게 해야

하는 것이기 때문에, 조금은 과한 정보공개가 필요하다. 100% 증명을 위해서 단체는 다음의 3가지를 준비해야 한다.

모금함의 총액과 모금 현황

먼저 내가 낸 금액이 해당 모금함에 들어갔다는 것을 증명해야 한다. 가장 확실한 방법은 모금함별 모금 현황과 기부자 명단의 실시간 공개. 해피빈이나 같이가치, 곧장기부같이 프로젝트 형식으로 모금하는 곳은 이 내용에 충실하다. 기부자들의 이름을 모금함에 실시간으로 보여줌으로써 의심의 여지를 없앤다.

'당신의 기부금은 A 사업에 사용되었습니다.'라고만 말할 경우 의심의 여지가 남는다. 이런 일이 발생할 수 있다. 4천만 원 규모의 인기 사업인 A와 천만 원 규모의 비인기 사업인 B가 있다고 치자. 그리고 모금 현황이나 기부자 명단을 공개하지 않는다고 가정하자. 이 때 기부단체가 나쁜 마음을 먹는다면, 인기 사업인 A의 모금함으로 5명의 기부자에게 천만 원씩 총 5천만 원을 모금하고, 인기가 없는 B 사업은 모금을 포기한다. 이후 A 사업에 기부된 5천만 원 중 4천만 원만 A 사업에 쓰고, 천만 원은 B 사업에 사용한다. 이 경우 한 명의 기부자가 낸 천만 원은 A 사업에 800만 원, B 사업에 200만 원이 쓰이게 된다.

기부단체는 기부자 5명에게 각자에게 각자의 기부금 천만 원이 A사업에 사용되었다는 메시지를 4천만 원짜리 사업결과 보고서와 함께 보낼 수 있다. 기부자들은 자신이 낸 천만 원이 모두 자신이 지정한 A 사업에 쓰였다고 생각한다. 총 사업의 1/4을 자신이 냈다고 뿌듯해할지도 모른다. 5명의 기부자들이 모두 모여서 서로의 메시지를 모아보지 않는 이상, 기부자가 이를 알아챌 수 있는 방법은 없다. B 사업은 어떻게 되었을까? 아무도 B 사업에 관한 메시지를 받지 못했지만, B 사업은 천만 원의 예산으로 잘 돌아간다.

  이론상 충분히 가능한 시나리오다. 사업별 모금액과 기부자명단을 공개하지 않으면, 이런 의심에서 자유로워질 수 없다. 이런 식으로 사업을 하는 단체는 거의 없겠지만, 이런 오해를 사기 싫다면 아예 처음부터 기부자 명단과 모금 현황을 제대로 공개하는 방법을 고민해야 한다.

기부금 사용 내역

모금된 기부금을 계획대로 썼음도 증명해야 한다. 지원 물품을 받은 수혜자의 사진 정도로는 부족하다. 기부금의 최종 사용처를 물건 구매 영수증이나 대상자 통장(혹은 병원 등)으로의 이체 내역서로 증명할 수 있다. 기부단체는 기부자가 기부금을 결제하는 순간부터의 모든 단계, 즉, 결제 시 차감되는 카드수수료부터 물건 구매에 이르기까지의 흐름을 설명해 주고 증빙하면 된다. 모금 초기의 계획이 변경되었다면 그 변경된 이유를 적어준다.

  100% 전달 모금함에 모인 금액은 대부분 사용 내역을 증빙할 수 있다. 적어도 분배비로 인식될 만한 지출이라면 더욱 그렇다. 하지만 현재 100%를 표방하는 플랫폼들도 사용 내역만 서술할 뿐, 영

수증까지 증빙하는 곳을 찾기는 힘들다. 보통 영수증 대신 가격과 수량, 사진 등이 들어간다. 나쁘진 않다. 다만 이럴 경우 역시 의심의 여지는 남는다. 인테리어비용에 100만 원을 썼다고 적었지만, 실제는 70만 원이었고, 나머지 30만 원은 다른 사업에 사용했을 수도 있다. 증빙이 없다면 의심이 자연스럽게 일어날 수 있는 구조다. 안 믿는 사람을 믿게 하려면 보다 확실한 근거가 필요한 법이다.

사용 내역을 공개하는 주기도 훨씬 짧게 할 필요가 있다. 지금처럼 연차보고서나 정기 소식지처럼, 단체의 일정에 맞춰 어떤 소식을 알리면 너무 늦다. 기부를 한 사실조차 잊어버릴 때 즈음 연락을 받고 만다. 기부금이 사용되고, 이를 증명할 자료가 생기는 시점에 맞춰 카카오톡이나 앱의 알람 기능, 혹은 이메일 등을 적극 활용하여 소식을 알려야 한다. 모금 일정 등 때문에 기부금 사용이 늦어질 수 있는 상황이라면, 모금할 때부터, 언제쯤 실제 사업이 진행될지를 모금 페이지에 기재해 두는 것도 방법이다.

전달 내역에 대한 소통

마지막으로 단체가 선택한 지원 내용에 대한 소통이 필요하다. 특히 생리대나, 학용품, 간식 등 기부자들도 자주 사용하는 제품을 기부하는 사업이라면, 기부자들은 제품 선택 이유를 궁금해할 수 있다.

전달 물품에 대한 기부자의 니즈는 다양하다. 맨날 먹을 라면 말고 뭔가 좀 좋은 것을 선물하고 싶어하는 기부자도 있고, 반대로 왜 굳이 라면이 아닌 샤인머스캣을 사서 줘야 하는지 궁금해하는 기부자도 있다. 배고픈 아이들을 생각하며 샤인머스캣 먹을 돈을 아껴서 기부했는데, 그 돈으로 아이들에게 샤인머스캣을 사줬다고 하면 기부단체와 기부자간에 오해가 생길 수 있다. 실제 4년간 1:1 결연 후원을 하고 있던 청소년에게 받고 싶은 선물을 물어보자 20만 원 상당의 패딩을 이야기했다고 해서 후원을 중단한 기부자도 있었다.[16] 100% 전달 모금함에 기부한 기부자들일수록, 보다 기본적인 생필품을 주고 싶은 니즈가 클 것이다. 다만 우리 사회의 복지 체계를 감안한다면, 요즘은 정말 라면도 못 먹는 케이스는 사람들의 인식보다 많지 않다. 오히려 상대적 빈곤 속에 샤인머스캣을 먹어보고 싶어하는 아이들이 더 많을 수 있다. 이런 내용을 잘 설득해야 한다.

일일이 제품이 왜 아이에게 필요한지 설명하는 것보단 '아이가 이걸 필요하다고 한다.'고 설명하는 것이 훨씬 더 쉽게 수긍할 수 있다. 다만 이럴 경우 대상자의 필요를 일일이 물어봐야 하는 현장의 부담이 매우 커진다. 심지어 자신에게 가장 필요한 것이 무엇인지 모르는 대상자도 많다. 아이들이 계속 사탕을 원한다고 해서 사탕만 사줄 수는 없는 노릇이다.

현실적인 대안은 담당자가 한 명의 전문가로서, 본인이 이 제품을 선택한 이유를 직접 스토리로 풀어내는 것이다. 다행히 대형

---

16 황현희, "온라인 달군 패딩 후원 논란, 당신이 생각하는 빈곤은?" 웰페어뉴스, 2017.12.15, https://www.welfarenews.net/news/articleView.html?idxno=63530.

단체들의 경우 같은 사업을 수년간 지속해온 전문가들이 내부에 있으니 이들이 직접 물건을 선정하고 소통하면 된다. 그 필요성을 설명해도 그 물품이 마뜩잖은 기부자는 어쩔 수 없다. 다른 단체로 가거나 기부를 중단해도 어쩔 수 없다.

가격에 대한 소통 역시 매우 중요하다. 요즘에는 가격이 모두 오픈되어 있어서, 모든 제품의 최저가를 인터넷에서 검색할 수 있다. 이에 따라, 물품 구매 정보가 기부자들에게 공개된다면 왜 최저가보다 비싼 가격에 구매했는지 궁금해할 기부자들이 생기게 마련이다. 결국 왜 내 기부금을 아껴 쓰지 않았냐는 항의다. 일부러 비싼 쇼핑몰에서 주문할 단체는 없지만, 기부자가 쉽게 납득할 구조를 만들 필요는 있다. 물품 구매 시 최대한 유명 온라인 쇼핑몰 등 오픈된 가격으로 구매하되, 그게 아니라면, 적어도 유명 쇼핑몰과의 가격 비교를 한 번은 거칠 필요가 있다. 워낙 다양한 쇼핑몰이 많기 때문에, 최저가가 당연히 아닐 수 있다. 하지만 최저가가 아니었다면 그 이유를 설명해 줘야 한다. 주문 효율의 문제일 수도, 배송비의 문제일 수도, 품절의 문제일 수도, 불규칙한 할인 기간이 문제일 수도 있다. 의료비도 교육비도 마찬가지다. 결국 설명이 중요하다.

채리티워터의 증빙 사례

이미 이 정도 수준의 증빙을 하고 있는 곳 중 하나는 곧장기부다. 100% 전달 증빙 방법에 충실한 플랫폼이다.

하지만 보다 눈여겨 봐야 할 곳은 채리티워터다. 개발도상국의 물 부족 문제를 해결하는 채리티워터는 그 특성상 깊숙한 오지에 사업장이 있다. 기부자 입장에서는 직접 가보지 않는 이상 진짜로 깨끗한 물을 만드는 펌프가 만들어졌는지, 만들어진 다음에도 잘 운영되는지 알기 어려울 수밖에 없다. 이 문제를 채리티워터는 GPS와 IoT기술[17]을 활용해 해결한다.

먼저 모든 펌프의 사진과 위치 정보를 볼 수 있다. 기본적으로 어떤 방식으로 작동되는 펌프인지, 몇 명이 펌프를 사용하는지와 같은 간단한 정보들도 추가되어 있다. 더 놀라운 것은 펌프별 현재 가동 상황을 보여준다는 점이다.[18] 오지를 대상으로 하는 사업들은 대부분 가동률 정보에 상당히 민감하다. 워낙 환경이나 현지 사정이 열악하기 때문에, 기부자나 기부단체의 기대만큼 결과가 안 나오는 경우가 많기 때문이다. 학교건설과 동네 아이들이 학교에 가는 것, 도서관건립과 아이들이 책을 읽는 것은 아주 별개의 이야기다. 책을 주었지만 도서관 문이 굳게 잠겨 있을 수도 있고, 노트북을 기증했지만 전기가 끊겨서 거의 사용하지 못하고 있을 수도 있다.

채리티워터는 가동률을 보여주기 위해, 2015년부터 펌프마다 자체 개발한 센서를 부착하고, 시간당 물 생산량과 같은 실시간 가동 정보를 기부자들에게 실시간으로 공개한다. 이로써 기부자들은 자신이 낸 기부금이 어느 프로젝트에 쓰였고, 그 프로젝트가 제대

---

17 Internet of Things/ 사물인터넷.
18 www.charitywater.org/our-work/sensors 에서 'View Dashboard'를 클릭하면 확인할 수 있다.

로 운영되는 것을 확인할 수 있다.

사실 기부자들에게 완공 초기 사진만 보여주며 '지금도 잘 가동됩니다.'라고 이야기해도 기부자들이 이를 검증할 수 있는 방법은 없다. 다만 채리티워터는 이런 상황을 이용하는 대신, 수많은 우물의 실시간 가동률을 기부자들에게 보여주기 위해 노력했다. 재미있는 것은 채리티워터가 우물마다 부착한 센서 덕분에 우물별 실제 가동률 데이터를 실시간 수집할 수 있게 되었고, 이를 통해 빠른 수리가 가능해져 가동률 증대로 이어졌다. 초기의 우물 상시 가동률은 60%였으나,[19] 현재 이 가동률은 90%에 이르는 것으로 알려져 있다.

사업운영 모금함: 사용 가치와 모델의 우수성

사업운영 모금함에 기부한 기부자들은 자신의 기부금이 어떤 경로를 거쳐 수혜자들을 돕게 되는지 관심이 많다. 단순한 전달 사업보단 그 이상의 가치를 전달해 주고 싶어 한다. 단순 전달 사업보다 더 효과적인 지원 방안이 많다는 것을 알고 있으며, 소셜 벤처나 사회적 기업 등 혁신적인 방법으로 사회문제를 해결하는 곳에 관심이

---

19 스캇해리슨, 채리티: 워터, 최소영 역 (서울: 천그루숲, 2020), 300.

많다.

　　기부자를 만족시키고 이 모금함을 키울 수 있다면, 사업의 규모를 계속 늘려 나가기 수월해진다. 이 모금함은 100% 전달 모금함보다 훨씬 모금하기 어렵다. 한 단체의 사업수행비 규모는 사업운영 모금함의 실적에 달려있다고 봐야 한다. 이 모금함에 모인 기부금에 비례해서 100% 전달 모금함에 모인 기부금을 쓸 수 있기 때문이다. 예를 들어 이 비율이 8:2인 100만 원짜리 사업이 있다고 가정해 보자. 80만 원짜리 100% 전달 모금함과, 20만 원짜리 사업운영 모금함을 준비한다. 대부분 100% 전달 모금함은 금방 다 채워질 것이다. 그러나 100% 전달 모금함에 80만 원을 다 채웠는데, 사업운영비 모금액이 목표치의 50%인 10만 원에 불과하다면 어떻게 될까? 100% 전달 모금함의 모인 기부금 역시 그 절반인 40만 원밖에 사용하지 못한다. 총 90만 원을 모금해 놓고도 50만 원밖에 사용하지 못하는 사태가 발생한다. 배송비 부족으로 생리대를 전달하지 못하거나, 정산 및 회계 비용의 부족으로 사업이 지연되는 일이 생긴다.

100% 전달 모금함과는 다른 가치

가장 중요한 것은 사업운영 모금함의 가치를 기부자들에게 알리는 것이다. 기부단체의 입장에서는 100% 전달 모금함에 들어오는 기부금보다, 사업운영 모금함에 들어오는 기부금이 더 고마울 수밖에 없다. 높은 운영비를 신임해준 기부자들이기도 하고, 이들 덕에 100% 전달 모금함에 모인 기부금을 사용할 수 있기 때문이다. 그 마음을 기부자들에게 전달해야 한다. 소통의 열쇠는 100% 모금함과의 관계다. 사업 모델은 정해져 있고, 이에 따른 100% 전달 비용과 사업운영비 비율도 정해져 있다. 100% 전달 모금함에 천 원을 기부하면 천 원만큼의 가치가 수혜자에게 전달된다. 하지만 사업운영 모금함에 들어온 기부금은 다르다. 기부금의 액면가보다 몇 배 많은 가치를 창출한다고 기부자에게 설명할 수 있다.

다시 100% 전달 비용과 사업운영비 비율이 8:2인 사업 모델을 다시 꺼내 보자. 이 모델에 누군가 사업운영비로 10만 원을 기부했다면, 이 사람이 만들어낸 가치는 50만 원이다. 이 기부자 덕분에 100% 전달함에 모금된 기부금 40만 원이 사용될 수 있었기 때문이다. 즉, 사업운영비가 만들어내는 가치는 기부금의 5배가 되는 셈이다.

즉 기꺼이 이 모금함에 기부해 준 기부자들에게는 자신의 기부금이 100% 전달 기부금보다 5배의 가치를 낸다고 소통해야 한다. 그리고 '여러분 덕분에 사업이 잘 운영될 수 있었다.'는 메시지를 전달해야 한다. 즉, 100% 전달 모금함과는 다른 관점에서 보고서가 작성되어야 한다. 100% 전달 모금함의 핵심이 증빙과 숫자 그리고 빠르기 중심이었다면, 이 사업운영 모금함의 핵심은 기부자에 대한 예우다.

사업 모델 우수성 소통의 어려움

사업 모델의 우수성도 더 자세히 설명야 한다. '사업운영비'를 기부하려는 사람들에게, 사업 모델의 우수성을 어떻게 더 어필할 수 있을까? 앞에서 살펴본 비용, 비교 중심의 설명외에 어떤 방법이 있을지 생각해보자.

　모델의 우수성을 입증하려면, 정량적인 지표를 통한 소통이 제일 좋다. 하지만 현재 기부단체들이 하고 있는 사업은 그 우수성을 숫자로 표현하기 어렵다. 형편이 어려운 아이에게 매달 생필품만 보내주는 사업과, 담당자가 찾아가고, 대화하고, 확인하는 사업을 비교해보자. 효과만 보면 직접 찾아간 사업이 훨씬 더 높을 것 같지만, 이 내용이 숫자로 표현되지는 않는다. 오히려 사업운영비(담당자가 훨씬 많은 시간을 쏟아야 한다)가 훨씬 많이 들어가는 비효율적인 사업으로 보일 수 있다.

　5점 척도로 만족도를 조사하는 방법도 있다. 이 역시 문제가 많다. 기본적으로 수혜자들은 어차피 비용도 안 들이고 도움을 받은 상황이기 때문에, 만족도가 낮게 나오긴 어렵다. 수혜자들이 설문 응답을 얼마나 성심껏 해주는지 확인이 불가능할 뿐만 아니라, 지원 직후에 조사할수록 만족도가 높아지는 등 데이터를 신뢰하기 어렵다. 결정적으로 만족도가 높아도 좋은 사업이 아닐 수 있다. 수혜자는 현금지원을 가장 좋아할 수 있다. 먹고 싶은 과자와 라면을 잘 못 사게 하고 집에서 밥을 지어 먹을 수 있도록 유도하면, 만족도는 떨어지게 마련이다. 만족도가 4.3에서 4.1로 떨어졌다고 해서 사업이 더 나빠졌다고 말할 수는 없다.

임팩트 투자[20]가 활성화되면서, 임팩트 측정 기법을 통해 기부단체들의 사업 모델들도 평가하려는 움직임도 있다. 이 기업이 창출한 사회적 가치를 화폐가치로 환산하는 기법이다. 사회 문제 해결의 성과를 돈으로 환산하는 움직임이 지지를 받자, 이 측정 기법을 소셜벤처뿐 아니라, 비영리단체에게도 적용하려는 움직임이 있다. 같은 금액을 여러 단체에 기부했을 때, 어떤 단체가 가장 많은 가치를 창출하는지 알 수 있다면, 이는 매우 중요한 정보가 될 것이다.

하지만 객관적인 평가는 불가능하다. 예를 들어 독거노인에게 도시락을 주는 사업과 초등학생들을 대상으로 기후 문제를 교육해주는 사업의 효과는 서로 비교할 수 없다. 여러 수식을 사용해 임팩트를 화폐가치로 강제 환산할 수는 있겠지만, 지금까지 이렇게 도출된 숫자가 기부자의 기부처 선정에 영향을 끼칠만큼 설득력이 있었던 적은 없었다.

그 대안, 사업 모델 개발 과정

사업 모델의 우수성을 객관적으로 입증하기 어렵다면, 모델 개발 과정을 어필해야 한다. 대부분 기부자는 기부단체들이 소외계층을 도울 때 얼마나 많은 고민을 하는지 잘 알지 못한다. 해당 사업을 뚝

---

20 기업의 재무적 성과에만 집중하는 일반적인 투자와 달리, 재무적 성과와 함께 이 기업이 창출하는 사회적 가치도 고려하며 진행하는 투자.

딱 개발해서 진행하는 것이 아니며, 고도의 전문성이 필요하다는 점을 계속 상기시켜 줄 필요가 있다.

모델 개발 과정에서 중요한 것은 두 가지, (1) 모델을 만든 전문가와 (2) 전문가가 한 고민이다. 먼저 전문가를 보자. 처음엔 조직 차원에서 우리 단체가 그동안 유사한 사업을 얼마나 해왔고, 거기서 어떤 성과를 얻었었는지 알려줘야 한다. 업력이 충분하다면 이를 어필하는 것도 방법이다. 그다음엔 각 담당자의 이야기를 해야 한다. 물론 각 단체의 이사회에는 유명 교수나 업계에서 수십 년간 일해온 전문가들이 있고, 사업개발 과정에서 이들의 조언도 받았을 것이다. 하지만, 사업 모델 설명에서는 실제 사업 개발을 책임지고 관여한 전문가가 아니라면 크게 와 닿지는 않는다. 논문이나 학위, 이전 직장의 화려함보다는, 얼마나 현장에서 수혜자들과 소통하고, 고민하면서 일했는지가 중요하다.

두 번째는 전문가들의 고민이다. 최종 모델만 설명하는 것이 아니라, 왜 이렇게 만들었는지, 왜 이렇게 돕는 것이 최선이라고 생각했는지, 그 고민을 전달해야 한다. 고민은 오랜 기간에 걸쳐 이루어진다. 어떤 사업도 처음 도출된 아이디어가 그대로 구현되는 법은 없다. 몇 번의 시도를 걸쳐 모델을 개선하고, 더 좋은 모델로 만들어 나간다. 그때그때의 과정을 기부자들과 계속 공유해야 한다. 기부자들에게 계속 알리면서 이를 하나의 과정처럼 보여줘야 한다. 사업을 처음 런칭 했을 때부터의 변경 과정을 기부자에게 알리고 소통해야 한다.

네이버 코드의 사례

사업의 개발 과정을 고객들과 소통하는 것은 영리에서도 자주 쓰이는 방식이다. 특히 IT나 게임업계처럼, 사업의 성공 요인이 그저 '창의적인 아이디어'와 '빠른 실행력' 정도로 인식되는 업계일수록 더욱 그렇다. 이런 업계들은 사업의 개발 난이도가 과소평가를 받고 있다는 공통점이 있다. 운영비를 인정받지 못하고, 복잡한 사업들이 단순한 전달 사업으로 치부되는 기부단체와 고민지점이 비슷하다.

'네이버 코드(code.naver.com)'는 이런 면에서 기부단체들이 꼭 참고해야 할 사이트다. 네이버 지도, 파파고 등 다양한 네이버의 사업 개발 과정을 블로그 형식의 글로 고객들과 공유한다. 예를 들어 '은밀하게 조화롭게: 당신이 몰랐던 네이버 지도의 비밀'이라는 글에는 한정된 스마트폰 화면에서 최대한 많은 지도 정보를 효과적으로 담기 위해 고민한 흔적들이 담겨있다. 이 글 안의 '지하철역 도마뱀 꼬리 자르기' 파트에서는 한 번에 담기엔 너무 많은 지하철역의 이름들을 가장 효율적으로 보여주기 위해, 화면 가장 가장자리에 노출되는 지하철역의 이름을 제외하는 과정이 해당 고민의 결과가 적용되기 전과 후를 비교해 놓은 그림이 함께 흥미진진하게 담겨있다. 직접 지도를 만들어 본 사람만 할 수 있는 고민이며, 누군가 다른 회사에서 새롭게 지도를 디자인할 때 시행착오를 줄여줄 수 있는 정도의 수준이다.

브랜드 로고 변경 취지도 들어볼 수 있다. 브랜드 결과물은 언제나 매우 단순하기 때문에, 기부 사업 모델 처럼, 담당자인 디자이

너의 고민이 과소평가되는 대표 영역이다. '네이버코드'는 이런 단순한 변화 뒤에 있는 수많은 고민들을 고객들과 공유한다. 예를 들어 '구매하기' 버튼 디자인을 수정할 때, 그냥 네모에서 원으로 간단하게 바꾼 것이 아니라 어떤 방향성에서 이런 결과가 나왔는지, 어떤 미래를 상상하며 만들었는지를 자세히 설명한다.

기부단체도 이런 소통을 해야 한다. 기부단체가 하는 일이 그저 생리대나 학용품을 전달하고 생활비를 지원해 주는 일이라고 생각하는 기부자들에게, 어떤 고민 끝에 이 사업을 런칭했고, 개선했는지를 소통해야 한다. 그래야 사업운영 모금함에 기부한 기부자들에게 사업 모델의 우수성을 알리고 우수한 사업 모델에 기부했다는 뿌듯함을 선사할 수 있다. 결과적으로 100% 전달 모금함만 바라보는 기부자들의 마음 역시 조금이나마 돌릴 수 있을 것이다.

단체지원 모금함: 가장 중요한 사람들

마지막으로 단체지원 모금함을 보자. 이 모금함에 후원하는 사람들은 단체를 신뢰하는 사람들이다. 자신의 기부금이 일반관리비와 모금비로 사용되는 것을 오히려 자랑스럽게 여기며, 만약 사업에 기부한다고 해도 기꺼이 묶음 모금함이나 국내 사업 모금함에 기부할 기부자들이라고 할 수 있다. 당연히 모금이 가장 어려운 모금함이다.

이들의 관심사는 단체 그 자체에 있다. 수혜자에게 전달된 지원 물품이나, 사업 모델보다는 수혜자를 발굴하고 그 사업 모델을 만든 '단체'에 관심이 많다. 특히 소외계층을 돕는 데 쓰이지 않는 모금비에 선뜻 기부하는 것은 이 단체를 완전히 신뢰하지 않는다면 하기 어려운 일이다. 좋은 모델을 만들기 위해서는 오히려 높은 운영비가 있어야 한다고 생각하며, 직원들의 급여를 높여야 경쟁력 있는 인재들을 확보할 수 있다고 생각한다. 아마도 설립 초기 기부단체일 경우 이 모금함에 기부하는 사람들은 단체 직원의 지인이거나, 이 단체의 대표를 오래 지켜보면서 신뢰를 쌓아온 사람, 그러면서도 이 정도 사업을 하려면 높은 운영비가 필요함을 아는, 기부 업계를 잘 아는 사람일 확률이 높다. 즉, 이들은 누구보다 이 단체의 진정성을 믿는 사람들이며, 단체의 성장에 뿌듯해할 사람들이다.

그럼 이들과는 어떤 내용을 소통해야 만족도를 이끌어낼 수 있을까?

사업의 가치 재계산

단체지원 모금함에 들어온 기부금은 단체 운영에 없어서는 안 될 자원이다. 전체 단체를 운영하는 연료 같은 기부금이라고 할 수 있다. 모금의 난이도가 가장 높은 만큼, 가치도 크다. 기부자들이 준 기부금의 소중함을 충분히 알려줘야 한다.

이 기부금의 가치는 앞서 살펴본 사업운영 모금함의 사례처럼 사업 비용에 비례해서 재계산할 수 있다. 사업운영 모금함의 가치 계산이 전달 비용 대 사업운영비의 비율에서 나온다면, 단체지원 모금함의 가치 계산은 단체지원 모금함과 다른 두 모금함의 비율에서 나오게 된다.

물론 기부단체마다 다르겠지만, 보통 기부단체에서 주장하는 운영비(일반관리비+모금비)가 10% 이내고, 단체 지원 모금함의 일반관리비에는 회계, 등의 비용이 제외되는 점(이 비용들은 단체지원 모금함이 아닌 사업운영 모금함에 포함된다)을 감안하면, 이 모금함은 전체 모금의 7% 정도에 그칠 것으로 보인다. 그 계수는 거의 13배 정도로, 5배 정도로 예상되던 사업운영 모금함의 그것 보다 훨씬 더 클 것으로 예상된다.

예를 들어, 10억 원의 기부금이 100% 전달 모금함에 6.3억(63%), 사업운영 모금함에 3억(30%), 단체지원 모금함에 0.7억(7%)씩 모였다고 가정해 보자. 사업운영 모금함에 모인 3억은 100% 전달 모금함에 모인 6.3억을 사용할 수 있게 해주며, 단체지원 모금함의 0.7억은 나머지 9.3억원을 움직이게 하는 원동력이 된다. 13배의 수준이다. 단체 지원 모금함에 모인 기부금이 100% 전달 모금함의 기부금보다 같은 금액당 13배 가치를 가지는 셈이다.

그만큼 가장 중요하고, 기부자의 예우가 필요한 모금이다. 이 재계산된 가치를 기부자들과 소통하고, 기부증서나 굿즈 등을 통해서 이들을 위한 예우를 해줘야 한다.

모금비용의 가치 재계산
단체지원 기부금의 가치를 알려줄 수 있는 방법은 또 있다. 모금비용을 통한 가치 재계산이다. 이들이 기부한 모금비용으로 기부금이 얼마나 모금되었는지, 앞으로 더 얼마나 기부될 것인지, 그 미래 가치까지 계산하는 것이다. 이 기부금을 통해 다른 기부자들의 기부금이 얼마나 유입되었는지를 설명해 주고 감사함을 표해야 한다.

새롭게 유입된 가치는 앞서 한번 다뤘던 LTV를 통해 계산할 수 있다. 예를 들어 어떤 단체에서 한 해 동안 10억 원의 모금비용을 썼고, 이를 통해 월 2억 원의 신규 정기기부를 모금했다고 해보자. 단순히 한 해 동안의 모금액만 생각한다면, 최대 24억 원으로, 이는 10억의 모금비용 대비 큰돈은 아닐 수 있다. 오히려 상당히 비효율적인 모금으로 보인다. 하지만 이것이 정기기부임을 감안하면, LTV를 계산해 봐야 한다. 월 5만 원 정기기부의 결과물은 5만 원이 아니라 정기기부를 중단하는 시점까지 기부자가 낸 총 금액이 된다. 즉 300만 원(60개월)일 수도 500만 원(100개월)일 수도 있다. 기부금 평균 유지 개월 수를 60개월로 가정하면 새롭게 약정된 기부금은 24억 원이 아니라 120억 원(월 2억 원 × 60개월)이 된다. 10억의 모금비로 120억을 유치한 셈이다. 이때 단체 지원 모금함에 모인 기부금의 가치는 기부금 액면가의 12배가 된다. '기부자님이 기부금 10만 원 덕분에, 120만 원의 신규 기부금이 약정될 수 있었습니다.'와 같은 소통이 가능해진다.

단체의 성장 소통

단체의 발전 과정 공유도 중요하다. 이 모금함에 기부한 기부자들은 단체를 믿고 단체의 성장을 지원하는 기부자들인 만큼, 좀 더 장기적으로 단체의 변화를 보여줄 필요가 있다. 과거 데이터와의 비교를 통해서, 이 단체가 기부자 덕에 얼마나 성장하고 있는지를 보여줘야 한다.

성장의 관점에서 보면, 현재 기부단체들이 기부자들에게 제공하는 자료는 너무 단편적이다. 해당 연도에 벌어진 일만 다룰 뿐, 지난 5년간 10년간 어떤 성장을 해왔는지 보여주는 자료는 찾기 어렵다. 물론 과거의 연도별 자료를 모두 찾아서 이어 붙이면 표를 완성할 수 있고, 운영성과표를 통해 직전 연도와의 비교를 찾아볼 수는 있겠지만, 일반적인 기부자들이 가장 많이 접하는 연차보고서에는 나와 있지 않다. 이런 방식으로는 단체의 성장을 보여주기 어렵다. 우린 이미 앞의 '비교를 통한 사업 정보공개' 단원에서, 연도별 성과 소통의 중요성을 이야기한 바 있다. 적어도 단체지원 모금함에 기꺼이 기부해 준 기부자들을 위해서라도, 기부단체들은 단체의 성장을 연도별 증감율과 함께 공유해 줘야 한다.

맥락을 알 수 없는 숫자는 무의미하다. 어떤 숫자든지 그 숫자의 높고 낮음을 파악하기 위해서는 어떤 기준이 있어야 한다. 한 해 매출이 10억이라고 해도, 전년도 매출이 8억이었다면 더 높아진 값이고, 원래 기대치가 12억이었다면 부진한 성적이다.

단체들의 성과는 이런 맥락 속에서 잘 소통되고 있을까? 전혀 아니다. 성장을 보여줄 수 있는 가장 좋은 지표는 모금액이다. 예를 들어 월드비전의 2022년 연차보고서를 보자. 2022년 2,873억 원을 모금했다. 다만 이 단순 데이터만으로는 이 단체가 성장 중인지 쇠퇴 중인지, 잘하고 있는 것인지 아닌지 알 수가 없다. 월드비전의 2018년 기부금 수입은 2,029억이었다. 5년 동안 41.6%가 증가했다. 연평균 성장률로 환산하면 9.1%다. 꾸준히 성장해 왔음을 알 수 있다. 하지만 이 9.1%도 높은 건지 아닌지 알 수 없다. 월드비전을 제외한 다른 단체들이 모두 20%씩 성장하던 중이었다면, 9.1%도 오히려 아쉬운 성과가 된다. 다른 단체와의 비교를 통해 단체의 성장을 한 번 더 확인시켜 줄 필요가 있다. 참고로 같은 기간 다른 대형 기부단체 4곳[21]의 성장률은 평균 3.9%였다.

다른 성과도 마찬가지다. 다시 월드비전의 연차보고서로 돌아가서 전체 사업 성과를 찾아보자. 이 보고서의 34페이지에는 '세계 곳곳에서 우리가 도운 사람들'이라는 자료와 함께 '도움을 받은 아이들이 5,706,344명에 이른다.'는 내용이 있다. 570만 명이라는 숫자는 꽤 크게 보이지만 그뿐이다. 전후 사정이 없다 보니, 월드비전이 아주 큰 단체임을 다시 한번 일깨워 주는 데이터 그 이상도 이하도 아니다.

전년도 연차보고서에는 같은 지표의 숫자가 4,325,118명로 나온다. 즉 22년 570만이라는 숫자는 전년도 대비 31.9% 상승한 높은 숫자가 된다. 다만 2020년 연차보고서에는 이 지표가 없고, 2019년에는 아동 성인 구분 없이 379만 명이라는 숫자가 나온다. 지표 자

---

21   사회복지공동모금회(개인기부금), 유니세프 한국위원회, 굿네이버스 인터내셔날, 초록우산 어린이재단.

체를 연속성을 가지고 관리하지는 않는 것으로 보인다.

전체적인 지표가 늘 우상향으로 나오기도 어렵고, 자연재해나 전쟁 등 외부적인 이슈 때문에 숫자가 들쭉날쭉할 수 있어서 연도별 데이터를 공개하는 데 주저하는 것일 수도 있다. 실제 각 단체의 사업별 데이터를 연도별로 붙여서 분석해 보면, 수혜자가 줄어든 사업도 있을 수 있다. 혹은 사업의 질에 집중하느라 아이들의 수와 같은 외향적인 성과들은 오히려 줄어든 것으로 나올 수 있다.

하나의 숫자로 사업의 전부를 평가할 수는 없다. 영리보단 훨씬 덜 체계적이고 예측하기 어려운 현장에서 사업하는 기부단체들의 사업이 계속 성장만 할 것이라고 믿는 기부자들은 없을 것이다. 코로나 같은 특수 상황이 생긴다면 그 숫자는 당연히 크게 변한다. 기부단체는 숫자의 감소를 두려워할 것이 아니라, 왜 이런 숫자들이 나왔고, 그럼에도 불구하고 후회 없이 일한 부분에 대한 이야기를 기부자들과 충분히 대화하도록 노력해야 한다. 여기에 기부한 기부자들은 오랜 이야기를 들어줄 충분한 준비가 되어있는 사람들이다.

조직문화와 구성원의 전문성

구성원들의 일하는 모습을 보여주면서, 단체가 성장하고 있음을 보여주는 것도 중요하다. 이때는 단순히 일을 열심히 하는 것뿐만 아니라, 교육이나 워크숍을 통해 성장하는 모습, 유연한 조직문화들을 소통해야 한다. 다른 모금함에 기부한 기부자들은 이런 콘텐츠에 관심이 없거나 오히려 부정적으로 반응하겠지만 (교육이나 워크

숍 모두 다 비용이기 때문이다) 단체지원 모금함에 기부한 기부자들은 더 좋은 사업을 만들기 위해선 이 정도의 투자는 충분히 필요하다고 믿을 사람들이다. 낡은 사무실에서 검소하게 일하는 모습을 보고 안도감을 느끼는 기부자가 있는가 하면, 좋은 사옥에서 일하는 단체의 모습을 보고 전문성을 느끼는 기부자도 있는 법이다.

좋은 조직문화를 증명하기는 어렵다. 사회생활을 조금이라도 했던 기부자라면 어떤 조직이든 밖에 이야기하는 조직문화와, 실제 직원들이 느끼는 조직문화의 간극에 대해 잘 알 것이다. 밖에서는 유연하고 활기찬 조직문화로 알려진 기업도 막상 그 안의 직원들을 만나보면 전혀 다른 이야기를 하는 경우도 많다.

조직문화가 강점이라고 생각하고, 이를 외부에 보여주고 싶으면 기부자들과 직원들이 직접 만나는 프로그램을 만드는 것이 중요하다. 누구에게나 마찬가지지만 자기가 좋아하는 제품을 만드는 회사나 공장에 직접 가보면 신뢰도가 더 향상되는 법이다. 괜히 맥도날드가 매년 수천 명의 우수 고객에게 매장 내 주방을 공개하고 제품이 생산되는 과정을 보여주는 오픈 키친 행사를 실시하고, 농심에서 라면 공장 견학프로그램을 운영하는 것이 아니다. 기부단체들도 마찬가지다. 직원들이 실제 일하는 모습과 업무 환경을 보면서 기부자들에게 보여줌으로써 이들의 신뢰도를 끌어올릴 수 있다.

더 높은 모금함으로의 이동 촉진 전략

지금까지 우리는 3개의 비용별 모금함을 만들고, 각 모금함에 모인 기부자들을 만족시키기 위해서 무엇을 해야 하는지 살펴보았다. 하지만 아직 더 큰 일이 남아있다. 각 모금함별로 설정된 모금 목표에 맞춰 기부를 유도하는 일이다. 모금함을 구분하고, 기부자에게 다시 선택권을 준다면 기대보다 훨씬 많은 기부자들이 100% 전달 모금함에 기부하고, 훨씬 적은 기부자들이 단체지원 모금함에 관심을 가질 것이다. 이른바 기부금 쏠림 현상이다.

기부단체에게 남은 과제는 기부자들을 더 높은 단계의 모금함으로 이동시키는 것이다. 100% 전달 모금함에 처음 발을 들여놓은 기부자도, 기부단체와의 소통을 통해, 혹은 기부 현장이나 정부 복지 정책에 대한 이해를 통해, 점차 사업운영 모금함으로 이동할 수 있다. 100% 전달 모금함에는 그동안 기부를 불신하던 잠재 기부자들을 유입시키는 한편, 이들을 장기적으로 사업운영 모금함으로, 단체지원 모금함으로 계속 이끌어 나가야 한다.

자원 투입의 우선순위

가장 중요한 것은 자원의 집중이다. 모금비용을 사업운영 모금함과 단체지원 모금함 홍보에 집중시켜야 한다. 100% 전달 모금함은 어차피 금방 모금된다. 여기는 여기는 모금 홍보가 아니라 증빙 구현에 집중해야 한다. 증빙이 완벽하다면 기부할 기부자들은 많다. 이미 우리는 곧장기부나 채리티워터의 사례를 통해 '잠재 기부금'의 존재를 확인한 바 있다. 다른 두 모금함이 탄탄하게 모금되고 있다면 모를까, 100% 전달 모금에 힘을 쏟을 이유는 없다.

기부단체들은 전략적 방향성 없이 모금비용을 쓰고 있다. 길거리 모금이든, SNS에 홍보하는 캠페인이든, 혹은 굿굿즈를 통한 기부자 모집이든 모두 정기기부자 확보 중심이다. 단체를 신뢰하는, 단체에게 높은 운영비와 사업결정권을 넘겨줄 기부자가 아니라, 모든 기부자를 대상으로 한다. 모금함도 한곳으로만 받는다. 국내 사업 모금함에는 아무리 기부를 받아봐야 이중 10%도 운영비로 사용하기 어렵다. 85%가 아이들에게 간다고 믿는 기부자들의 기부금을 받아봐야 단체가 가진 잠재적 기부불신 리스크만 키울 뿐이다. 무분별하게 쓰이는 모금비용을 '더 높은 모금함으로의 이동 촉진'에만 사용해야, 지금보다 더 효율적으로 모금할 수 있다.

부드럽게 제안하기

기부단체는 기부자에게 더 높은 모금함으로의 이동을 계속 제안해야 한다. 다음 달의 정기기부금을 윗 단계의 모금함에 기부하도록 제안하는 것도 좋은 방법이다. 예를 들어, 100% 전달 모금함에만 기부해 온 기부자의 정기기부가 24개월을 지났을 때, '24개월 이상 100% 전달함에 기부한 기부자 36%가 다음 6개월간 사업운영 모금함 기부를 시작했습니다.' 라든지 '기부자의 56%는 100% 전달 모금함과, 사업운영 모금함에 동시에 기부합니다.'와 같은 내용을 보여주는 것이다. '만약 이 기부금을 단체지원 모금함에 기부했다면?'이라는 질문과 함께, 같은 기부금을 통해 5배 10배의 효과를 내는 피드백 리포트를 보내줄 수도 있다.

영리 서비스에는 이런 마케팅 장치들이 많이 설치되어 있다. 놀라울 정도로 이걸 잘하는 기업 중 하나는 쿠팡(coupang.com)이다. 쿠팡의 고객 등급은, 일반 회원-와우 회원-와우카드 회원으로 나뉜다. 일반 회원은 쿠팡을 여러 쇼핑몰과 차이 없이 사용하는 그룹이고, 와우 회원은 월 4,990원을 내고 무료배송이나 OTT 서비스인 쿠팡 플레이 등 여러 혜택을 누릴 수 있는 그룹이다.[22] 월정액을 내고 있으므로, 계속 쿠팡에서 쇼핑할 가능성이 높다. 그리고 와우카드 회원은 아예 연회비 2만 원을 내고 쿠팡 이용금액의 4%를 적립하는 카드를 만든 그룹이다. 기부단체로 치면, 일반회원은 100% 전달 모금함, 와우 회원은 사업운영 모금함, 와우카드 회원은 단체지원 모금함 수준의 신뢰를 가지고 있다고 할 수 있다. 당연히 모든 고객의 시작은 일반회원이다. 쿠팡은 이 일반 회원이 와우카드 회원 단계까지 이를 수 있도록 많은 장치들을 만들어 놓았다.

먼저 와우 회원 유인책을 보자. 일단 쿠팡에서 아무 상품이나 검색해 보면 알겠지만, 모든 상품에는 '와우는 무료 배송 무료 반품'이라는 문구가 나온다. 일반 회원들에게 와우 회원이 누리는 혜택을 자연스럽게 보여준다. 또 와우 회원 가입 페이지에서는 '와우 회원은 매달 14,000원을 절약한다.'는 내용을 아주 상세하게 보여준

---

22 2024년 4월 월 7,890원으로 인상되었다.

다. 월 4,990원짜리 회원가입을 주저할 필요가 없어 보인다.

와우 회원들에게 와우카드를 발급하기 위한 마케팅도 치열하다. 아예 개인별 구매 기록을 분석하여 와우카드로 결제했다면 받을 수 있었던 쿠팡캐시를 계산해서 보여준다. 연회비 2만원인 카드를 신청했다면, 93,000원 상당의 캐시를 받을 수 있었다는 식이다.

기부단체도 100% 전달 기부자들에게 이런 정보를 공유해야 한다. 100% 전달 모금함에 기부해 준 것도 고맙지만, 그 돈을 사업운영 모금함이나 단체지원 모금함에 지원했다면 얼마의 가치를 더 만들어 낼 수 있었는지를 알려주면서, 더 높은 단계로의 이동을 유도해야 한다.

이동 장벽 낮추기

영리 기업들은 고객에게 어떤 행동을 유도하고 싶을때, 그 행동을 아주 쉽게 할 수 있도록 만들어 놓는다. 특히 모든 고객의 일거수일투족을 분석 가능한 IT서비스 업계는 이를 치열하게 고민한다. 한 번이라도 더 적게 클릭하도록 결제 단계를 최소화하거나, 클릭보단 밀어서 결제하게 하고, 회원가입 시간을 최소화하기 위해 SNS 연동 로그인을 만든다거나, 로그인 없이 서비스를 충분히 둘러볼 수 있도록 설계한다.

무료 고객을 유료 고객으로 전환할 때도 마찬가지다. 고객 데이터를 분석하여 '이쯤이면 유료 결제를 고민할 법한' 고객에게 안내 문구를 던지며, 돈 때문에 주저하는 시간을 없애기 위한 대폭 할인이나 1달 무료 체험을 알려준다.

　　난이도만 따진다면, 사실 기부업계는 영리보다 고객(기부자)을 이동시키기 쉽다. 영리에서의 고객 이동은 대부분 구매를 조건으로 한다. 처음엔 할인을 해주더라도 결국 장기적으로 돈을 더 많이 내게 하는 것이 핵심이다. 고객들은 끊임없이 추가로 낼 돈과 얻을 수 있는 가치를 놓고 저울질한다. 하지만 기부자들의 이동은 기부금 규모와는 상관없다. 기부자가 내는 금액은 같고, 그 모금함만 바뀐다. 기부를 통해 기부자가 얻는 유일한 경제적 가치인 세제 혜택은 어느 모금함을 선택하든 똑같이 유지된다. 클릭 한번에 모금함을 쉽게 이동할 수 있도록 페이지를 설계하는 것이 중요하다. 페이지 디자인만 고민하면 된다.

　　영리와 같은 1달 무료체험은 제공할 수 없겠지만, 굿굿즈 이벤트를 활용할 수 있다. 100% 전달 모금함에만 기부해 온 기부자가 사업운영이나 단체지원 모금함으로 업그레이드할 경우, 굿굿즈를 주는 것이다.

　　체험하기를 통한 업그레이드 유도도 가능하다. 예를 들어 12개월 동안 사업운영 모금함에 기부해 온 기부자에게 '다음 달만 단체지원 모금함에 50% 기부해보기' 같은 배너를 보여줄 수 있다. 이 배너를 클릭한 기부자에게 다음 달 기부금 50%를 단체지원으로 옮겨주고, 단체지원 모금함의 색다른 결과 리포트를 체험시켜주는 것이다. 기부자의 입장에선 돈을 더 낸 것도 아니고, 본인이 받는 예우만 더 좋아진 셈이기 때문에 굳이 다시 모금함을 다운그레이드시킬 이유도 적다.

'굳이 내가 왜 해야 하지?'라는 심리적 장벽을 없애 주는 것도 중요하다. 이미 많은 사람들이 사업운영이나 단체지원 모금함을 선택하고 있음을 계속 알려줘야 한다. 예를 들어 '올해 신규 가입한 기부자 중 24%는 사업운영 모금함에 기부하고 있습니다.'와 같은 메시지를 던짐으로써 기부자들을 안심시키는 것이다. 100% 전달 모금함에서 사업운영 모금함으로 옮겨왔거나, 사업운영 모금함에서 단체지원 모금함으로 넘어온 기부자들의 인터뷰를 함께 실어주면 효과가 배가될 것이다.

이런 전략들은 사업별 모금함에도 활용할 수 있다. 특정 사업에 몇 달간 정기기부해 온 기부자에게, 묶음 모금함으로의 이동을 제안하는 것이다. 더 다양한 사업에 기부하도록 권유하거나, '기부자의 몇 %가 묶음 모금함에 만족하고 있다.'는 식의 메시지를 전달할 수 있다.

에필로그:
믿을 수 있는 기부는 가능하다.

우리 모두가 알고 있듯이 기부는 위험에 빠져 있다. 이 책에서 우리는 기부불신이 어디서 왔고, 왜 기부자들이 기부를 믿지 않으며, 기부단체들은 왜 이 상황에 적극적인 개입을 하지 못하는 지를 알아보았다. 그리고 나름의 대응책을 제시해 보려고 했다.

이제 마지막 질문만 남는다. 과연 기부단체들은 이런 변화의 주인이 될 수 있을까? 기부자들은 무엇을 해야할까? 사회적으로 이들을 도울 수 있는 방법은 무엇일까? 이 세 가지 질문에 대한 고민을 공유하면서, 책을 마무리하고자 한다.

지금의 기부단체들이 감당할 수 있을까?

이 책은 서두에서도 밝혔듯이, 기부단체들의 내부 사정을 기반으로 쓴 책은 아니다. 어디까지나 외부의 기부자 시선을 따라가려고 노력했다. 이 책의 내용을 바탕으로 각 단체에 맞는 대응책을 고민하는 것은 결국 각 단체의 숙제다. 물론 그 이전에 이 기부불신의 흐름에 얼마나 문제의식을 느끼고 그 해결에 얼마큼의 자원을 배분할지 결정하는 것도 단체들의 몫이다.

확실한 것은, 지금이든 아니든 언젠가는 변해야 한다는 점이다. 변화의 주역이 되느냐, 변화의 바람에 밀려나느냐 역시 각 단체들의 선택이다. 고객의 변화를 무시하고 살아남은 기업은 없다. 이제 곧 변화 강요받는 시대가 올 것이다. 뚜렷한 주인이 없는 공익법인의 특성상 내부에서 총대를 메고 위험을 감수하기는 힘들겠지만, 기부자가 그런 사정까지 감수해 줄 이유는 없다.

새로운 변화를 꿈꾸는 내부 구성원들이 마주할 가장 큰 벽은 '비용'이다. 혁신을 마주한 모든 조직이 하는 변명이다. 새로운 회계기준이나 투명화 정책이 시장에서 논의될 때도 가장 먼저 나오는 '안 되는 이유' 역시 '예산과 인력 부족'이다. 하지만 혁신을 시도하기에 충분히 좋은 환경이란 있을 수 없다. 모든 것은 의지의 문제다. 책에서 본 것처럼, 굿굿즈 마케팅이나 거리 모금등을 생각하면, 돈이 없는 것도 아니다.

적은 돈으로 충분히 할 수 있다. 굳이 모금함을 나눠서 시스템을 개편하지 않더라도, 내부에서 사용된 모든 자료를 오픈하는 것만으로도 신뢰는 쌓을 수 있다. 사업별 분배비 비용만 엑셀로 공개해도 된다. 연차보고서를 화려하게 편집하는 데 쓰이는 비용의 반만 들여도 할 수 있는 일들이다. '모든 것을 공개했다.', '우리는 투명해지기 위해 최선을 다하고 있다.'는 기존의 외침에 부끄럽지 않도록 자료를 공개하는 방법은 너무 많다. 모든 것은 의지의 문제다.

감당할 만큼만 하는 것도 중요하다. 예를 들어 사업결정권과 높은 운영비를 재신임 받을 때, 모든 기부자들을 대상으로 한 번에 할 필요는 없다. 신규 기부자들을 대상으로 먼저 한다든지, 정기기부 60개월이 지난 기부자들에게 먼저 선택권을 줘 보고 조금씩 바꿔 나간다든지, 다양한 방법으로 변화의 속도를 제어할 수 있다. 넷플릭스 역시 베이식 요금제를 금지시킨 것은 신규가입자에 한해서였다.

안 해야 하는 이유를 찾자면 끝도 없겠지만, 하고자 한다면 못 할 이유도 없다.

기부자는 무엇을 할 수 있을까?

이 책에서 이야기하는 변화를 만들어가기 위해서는 기부자의 역할도 중요하다. 사실, 기부자가 변해야 할 것은 없다. '기부자도 기부하려는 단체에 대해 더 알아보고 기부해야 한다'는 의견도 있지만, 나는 이 말에 동의하지 않는다. 우리가 앞에서 살펴본 것처럼, 서로 자신의 차별점을 이야기하지도 않고, 제대로 정보가 공개되어 있지도 않은 상황에서, 기부자가 할 수 있는 일은 별로 없다.

좋은 단체를 찾는 방법을 묻는다면, 질문하는 것을 추천한다. 거의 모든 단체들의 겉으로 드러난 정보공개 수준은 실망스럽다. 하지만, 내부적으로 그 정보를 얼마나 중요하게 생각하는 지는 단체마다 차이가 있으며, 이는 질문에 대한 답변을 통해서 확인 가능하다. 기부를 시작하기 전 후보군 3곳에만 '이 기부금이 어떻게 쓰이고, 그것을 어떻게 믿을 수 있나요?'라고 질문해보자. 두리뭉실하게 답변하는 곳도, 최대한 증빙하려고 노력하는 곳도 있을 것이다. 기부금을 소중히 다루는 좋은 단체를 찾는 가장 빠른 방법이다.

다만 단체들의 부실한 정보공개와는 별개로 당부하고 싶은 것이 있다. 기부를 진지하게 고민하면서 기회가 된다면 기부자들에게 하고 싶었던 말이다.

먼저 남을 돕는데 생각보다 많은 돈이 들어간다는 것을 알아주었으면 한다. 우리가 앞에서 봤던 많은 오해들, 운영비가 15%이내라든지, 85%가 전달된다거나, 인건비가 15% 안에 모두 포함된다는 식의 오해는 모두 '남을 돕는 것을 생필품을 전달하는 것이고 생필품 전달은 돈이 들지 않는다.' 이라는 오해에서 비롯된 것이다.

이 책을 착실히 읽은 사람은 알겠지만 이건 정말 큰 오해다. 먼저 소외계층에게 생필품만 전달하려고 해도 돈이 많이 든다. 고

립운둔 청년이나 영케어러[1] 같이 수혜대상을 찾는데 어려움이 있거나, 학대피해아동처럼 심리상담이나 보호공간의 확보가 필요한 사업, 아동권리 캠페인 처럼 다른 이들의 인식을 개선하는 사업들의 사업운영비는 훨씬 더 높다. 더 어려운 문제를 고민하고, 혁신적인 방법이 적용된 사업일수록 사업운영비는 더 들어간다.

여기에 일반관리비나 모금비까지 고려한다면, 85%이니 뭐니 하는 이야기들은 그냥 잘못된 이야기라고 넘기는 것이 맞다. 물론 가장 큰 잘못은 모금을 위해 '전달' 사업을 중심으로 소통해 온 기부단체에 있지만, 기부자들의 인식 전환도 필요하다. 무조건 높은 전달률을 요구할 것이 아니라, 운영비를 인정하고 그 사용 내역을 공개하라고 해야 한다. 이 운영비를 인정하는 기부자들이 많아진다면, 기부단체들의 변화 속도도 빨라질 것이다.

둘째, 기부를 중단하지 않았으면 좋겠다. 정보를 공개하지 않거나, 조금 덜 효율적으로, 혹은 덜 혁신적으로 사업을 할 뿐, 아예 엉터리로 사업을 하는 단체는 거의 없다. 적어도 이 책에서 언급한 단체들은 더 그렇다. 기부자로써 기부단체의 변화를 촉구하더라도, 단체가 변하기까지 기부를 유지하며 기다려주었으면 한다. 만약 기부자의 심기를 건들 기부금 유용 사건이 발생하거나, 지금 기부하는 단체를 도저히 못믿겠다면, 기부 자체를 중단하기보단 기부단체들이 모금함을 세분화하기 전까지 기부처를 당분간 '프로젝트형 기

---

[1] 가족이나 친척의 돌봄을 담당하는 청년이나 청소년.

부'로 옮겨둘 것을 당부한다(다시 한번 강조하지만 당분간이다). 네이버 해피빈이나 카카오 같이가치가 대표적이며, 불신이 커져 아예 영수증까지 받아보고 싶다면 곧장기부도 추천한다. 그러면서 다른 전문 기부단체들의 변화에 관심을 가져주었으면 한다.

마지막으로, 사회문제를 해결하는 사업 모델에도 관심을 더 가져줬으면 한다. 비영리 특유의 느슨한 경쟁과, 대형단체들의 보수적인 사업방식에 가려져있지만, 혁신적이고 실험적인 사업 모델을 가지고 있는 작은 기부단체들도 있다. 다만 이들은 인지도도 없고, 규모를 키우기도 힘들기에 눈에 띄지 않을 뿐이다. 모금함 세분화가 안착되고, 개별 사업 모델과, 사업운영비에 대한 관심이 높아진다면, 이런 단체들이 조금 더 주목받는 시기가 올 것이다. 곧장기부에서도 시각장애아동 점자학습이나 발달장애아동 포옹조끼 등 임팩트 기부라는 실험적인 모금을 선보이고 있으며, 다음세대재단이나 루트임팩트에서 진행하는 '비영리스타트업' 지원사업에 관심을 기울이면, 더 재미있는 모델들을 만날 수 있다. 모두 높은 운영비를 인정하면 누릴 수 있는 기부들이다.

사회에서 도울 수 있는 일은 무엇일까?

가장 중요하고 확실한 방법은 정부에서 새로운 규제를 만드는 것이다. 하지만, 이건 너무 가혹한 면이 있다. 개인적으로는 정부가 더 개입하는 것을 환영하지만, 신중해야 할 필요가 있다.

중요한 것은 민간 단체들의 역할이다. 먼저 각 기부단체들을 제대로 비교해 줄 수 있는 플랫폼이 필요하다. 지금도 몇몇 기관에서 단체들의 투명성을 평가하고 있지만, 기부자들의 관점을 담아내지 못하고 있다.

솔직히 이 책을 쓰면서 놀란 것은, 모금비용이나 인력비용같이 매번 공시되는 여러 단체들의 자료를 제대로 비교해 놓은 곳이 전무하다시피 하다는 점이었다. 모든 공익 법인을 다 조사하는 것은 당연히 어려운 일이지만, 모금 상위 10개 기관을 선정해서 서로 비교하는 것은 마음만 먹으면 충분히 가능한 일이다. 지금도 열심히 이 중요한 일을 꾸준히 해오고 있는 가이드스타(guidestar.or.kr)나, 기부를 위한 모든 정보를 서로 비교·분석하게 할 수 있게 만든 마이오렌지(myorange.io)등에 많은 기대가 가는 이유기도 하다.

모금함 세분화를 위해서는 IT기술의 접목도 필요하다. 각 단체가 하나하나 시스템을 구축하긴 비용이 크겠지만, 도너스(donus.org)같은 기업에서 나선다면, 비용을 크게 절감시킬 수 있다.

하지만 이런 도움은 모두 기부단체의 마음가짐이 온전히 변화를 바라볼 때의 이야기다. 데이터를 가진 곳의 공개 의지가 없다면 기부 투명성의 이야기는 하나마나다. 투명한 기부를 만들어줄 줄 알았던 블록체인 기부가 하나같이 실패한 것이 이를 방증한다. 내부의 자료를 어디까지 오픈할 수 있을지, 처음에 기부금이 줄어들더라도 장기적인 안목에서 기부 투명성을 어디까지 강화할 수 있을

지, 내부의 체질 개선 의지를 먼저 확보해야 한다.

이 책 한 권으로 기부 시장이 바뀌진 않을 것이다. 사실 관심을 두고 읽어보는 사람만 있어도 다행이라고 생각한다. 하지만 기부불신 문제를 제대로 해결해보고 싶고, 단체의 투명성을 정말로 높이고 싶은 누군가가 있다면, 이 책이 도움이 되었을 것이라 믿는다.

다시 한번, 부디 이 책으로 기부불신 현상에 대한 제대로 된 토론이 시작되기를 기대한다.

초판 1쇄 발행 2024년 5월 24일

지은이 이보인
펴낸이 김영근
편집 김영근, 최승희
마케팅 김영근
디자인 강초원
펴낸곳 마음 연결
주소 경기도 수원시 팔달구 인계로 120 스마트타워 1318
이메일 nousandmind@gmail.com
출판사 등록번호 251002021000003
ISBN 979-11-93471-04-3
값 17500원

이 책은 저작권법에 의해 국내에서 보호받는 저작물입니다.
저작권자의 승인 없이 본문의 내용을 무단으로 복제하거나
다른 매체에 기록할 수 없습니다.